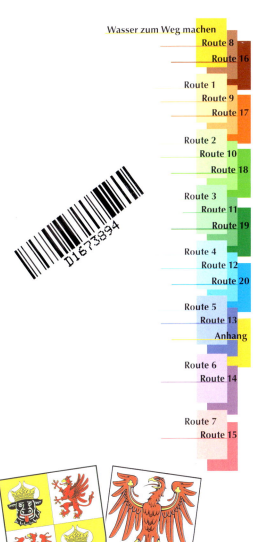

Wasser zum Weg machen

- Route 8
- Route 16
- Route 1
- Route 9
- Route 17
- Route 2
- Route 10
- Route 18
- Route 3
- Route 11
- Route 19
- Route 4
- Route 12
- Route 20
- Route 5
- Route 13
- Anhang
- Route 6
- Route 14
- Route 7
- Route 15

Rainer Höh, Horst Herbert Herm
Mecklenburg/Brandenburg: Wasserwandern

*„Wer zu neuen Ufern aufbrechen will,
muss das Wasser zum Weg machen."*
Alte Paddlerweisheit

Impressum

Rainer Höh, Horst Herbert Herm
Mecklenburg/Brandenburg: Wasserwandern
erschienen im
REISE KNOW-HOW Verlag Peter Rump GmbH
Osnabrücker Str. 79, 33649 Bielefeld

© **Peter Rump** 1995, 1996, 1999, 2002, 2004, 2007, 2009
8., neu bearbeitete und komplett aktualisierte Auflage 2012
Alle Rechte vorbehalten.

Gestaltung
  Umschlag: G. Pawlak, P. Rump (Layout);
    G. Pawlak (Realisierung)
  Inhalt: G. Pawlak (Layout), Anja Grebe (Realisierung)
  Karten: Catherine Raisin, der Verlag, Bernhard Spachmüller
    (Umschlagkarten)
  Fotos: Rainer Höh (rh und Cover)

Lektorat (Aktualisierung): André Pentzien

Druck und Bindung: Wilhelm & Adam, Heusenstamm

ISBN 978-3-8317-2171-9
Printed in Germany

Dieses Buch ist erhältlich in jeder Buchhandlung Deutschlands,
der Schweiz, Österreichs, Belgiens und der Niederlande.
Bitte informieren Sie Ihren Buchhändler über folgende
Bezugsadressen:

Deutschland
  Prolit GmbH, Postfach 9, D-35461 Fernwald (Annerod)
  sowie alle Barsortimente
Schweiz
  AVA Verlagsauslieferung AG, Postfach 27, CH-8910 Affoltern
Österreich
  Mohr Morawa Buchvertrieb GmbH, Sulzengasse 2, A-1230 Wien
Niederlande, Belgien
  Willems Adventure, www.willemsadventure.nl

Wer im Buchhandel trotzdem kein Glück hat, bekommt unsere
Bücher auch über unseren **Büchershop im Internet:**
www.reise-know-how.de

*Wir freuen uns über Kritik, Kommentare und Verbesserungsvorschläge,
gern per E-Mail an info@reise-know-how.de.*
*Alle Informationen in diesem Buch sind von den Autoren mit größter Sorgfalt gesammelt
und vom Lektorat des Verlages gewissenhaft bearbeitet und überprüft worden.
Da inhaltliche und sachliche Fehler nicht ausgeschlossen werden können, erklärt der
Verlag, dass alle Angaben im Sinne der Produkthaftung ohne Garantie erfolgen und
dass Verlag wie Autoren keinerlei Verantwortung und Haftung für inhaltliche und
sachliche Fehler übernehmen. Die Nennung von Firmen und ihren Produkten und
ihre Reihenfolge sind als Beispiel ohne Wertung gegenüber anderen anzusehen.
Qualitäts- und Quantitätsangaben sind rein subjektive Einschätzungen der Autoren
und dienen keinesfalls der Bewerbung von Firmen oder Produkten.*

Rainer Höh, Horst Herbert Herm

*Mecklenburg/
Brandenburg:
Wasserwandern*

REISE KNOW-HOW im Internet

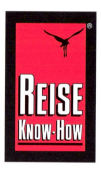

Vorwort

Mecklenburg-Vorpommern und die in diesem Buch beschriebenen Regionen Nord-Brandenburgs gehören zu den mit Abstand am dünnsten besiedelten Gebieten der Bundesrepublik. Nennenswerte Industrie gibt es hier nicht, und selbst die Landwirtschaft wurde in den letzten Jahrzehnten eingeschränkt und zunehmend naturschonend betrieben. Mehr als 10 % seines Territoriums hat das nördlichste der fünf „neuen" Länder unter Naturschutz gestellt – weit mehr als jedes andere Bundesland. Und weitere Schutzgebiete sind geplant. Kaum irgendwo sonst in Deutschland gibt es ähnlich große Gebiete weitgehend intakter Natur – nirgends ein auch nur entfernt vergleichbares Paradies der Seen und Kanäle.

Kanäle?! Moment! Nicht dass Sie sich falsche Vorstellungen machen: Abgesehen vom Oder-Havel-Kanal, sind dies keine schnurgeraden, sterilen Wasserstraßen mit betonierten Ufern, sondern jahrhundertealte gewundene Wasserwege, die längst nicht mehr von der Berufsschifffahrt genutzt werden. Lange schon hat die Natur sie zurückerobert, und viele Tier- und Pflanzenarten haben sich dort angesiedelt. Zugewachsene, überwucherte Wasserarme, überragt von alten Baumkronen, gesäumt von Schilf oder Lilien und von Seerosen bedeckt. Diese „künstlichen" Wasserstraßen sind viel natürlicher und lebendiger als mancher begradigte Bach oder Flusslauf in anderen Bundesländern.

Die Seen, Kanäle und Wasserläufe sind ein in ganz Deutschland einzigartiges Paradies für Wasserwanderer. Es ist geradezu unfassbar, wie diese Gewässer untereinander vernetzt und verwoben sind. Geringes Gefälle und ausgleichende Schleusen ermöglichen es, die gesamte Region kreuz und quer zu durchpaddeln und schließlich wieder zum Ausgangspunkt zurückzugelangen. Alle in diesem Buch beschriebenen Routen – außer der

Vorwort

Etappe Feldberg – Lychen und dem Parsteiner See – lassen sich zu einer großen Rundfahrt mit Abstechern kombinieren. Wochenlang kann man unterwegs sein. Wochenlang nur mit Boot und Zelt. Und die Vielfalt der eiszeitlich geprägten Landschaft, der Reichtum ihrer Tier- und Pflanzenwelt und die so unterschiedlichen Gewässer sorgen dafür, dass es nie langweilig wird.

Ein „Paradies für Wasserwanderer" – in der Tat. Und doch hat diese Bezeichnung etwas Verhängnisvolles; denn viele Wasserwanderer scheinen das Wörtchen „für" falsch zu verstehen – in einem sehr besitzergreifenden Sinne nämlich. Und so gesehen könnte die Bezeichnung falscher gar nicht sein. Zunächst einmal und in erster Linie sind diese See- und Flusslandschaften ein Paradies für Adler, Biber, Fischotter und andere – oft stark bedrohte – Arten. Paddler können dort zu Gast sein und diese großartige Natur auch „für sich" als ein Paradies erleben – solange sie sich tatsächlich wie Gäste verhalten und nicht wie Eroberer!

Durch die sprunghaft gestiegenen Besucherzahlen ist dieses Paradies gefährdet – und manche scheinen sich überhaupt nicht wie Besucher benehmen zu wollen. Das Paradies ist zum Konfliktfeld geworden. Da Industrie fehlt und die Landwirtschaft stark zurückging, ist die Arbeitslosigkeit hoch – und der Tourismus die aussichtsreichste, oft vielleicht einzige Einnahmequelle. Die intakte Natur ist das Kapital dieser Region – ein kostbares Kapital, mit dem man sehr behutsam umgehen muss, um es nicht für schnelle Gewinne in kurzer Zeit zu verspielen. Die Interessen der Naturschützer und Touristikunternehmen kollidieren. Die einen wollen möglichst viel absperren, die anderen möglichst viel erschließen. Schützen contra Nützen. Wie so oft muss ein Mittelweg gefunden werden, der beiden Seiten gerecht wird. Ein Mittelweg, an den auch wir Paddler uns halten müssen.

Als Autoren des vorliegenden Buches standen wir oft mit uns selbst im Konflikt, welche Route wir

VORWORT

aufnehmen, welche bereits beschriebene – und liebgewordene – Tour wir doch wieder streichen sollten. Oder ob wir das ganze Buch besser gar nicht veröffentlichen sollten. Der Natur zuliebe und um nicht noch mehr Besucher anzulocken, die blind zertrampeln. Als wir sehen mussten, wie blind und sogar arrogant sich manche verhalten – auch Paddler! – da standen wir kurz davor, das Manuskript zwar nicht im Stechlinsee, aber doch in der tiefsten Schublade unseres Schreibtisches zu versenken.

Und doch: Wer einen Paddelführer kauft, der hat bereits vor, die betreffende Region zu besuchen und muss nicht erst „angelockt" werden. Und all diejenigen, die dort unterwegs sein werden, wollen wir dazu anleiten, dies noch etwas bewusster und naturschonender zu tun. Damit allen geholfen ist: Ihnen, den Paddlern, der Natur und den örtlichen Touristikanbietern. Diese Hoffnung verbinden wir mit unserem Buch. Sie hat uns bewogen, es letztlich doch zu veröffentlichen. Enttäuschen Sie uns nicht.

Horst Herbert Herm
Rainer Höh

Inhalt

Vorwort	7
Hinweise zur Benutzung	12

Das Wasser zum Weg machen

Vorbereitung	16
Schleusen	30
Naturschutz – Naturschonung	35

20 Routen durch ein Naturparadies

1	Obere Havel: Kratzeburg – Wesenberg	48
2	Wesenberg – Neustrelitz	67
3	Obere Havel von Wesenberg bis Fürstenberg/Havel	77
4	Feldberg – Fürstenberg/Havel	90
5	Templin – Fürstenberg/Havel.	112
6	Fürstenberg/Havel – Rheinsberg	126
7	Rheinsberg – Mirow	138
8	Rundfahrt Rheinsberger Seen, Flecken Zechlin – Kagar	150
9	„Alte Fahrt" Mirow – Müritz	160
10	Die Müritz von Mirow bis Waren (Müritz)	172
11	Müritz – Nebelsee	189
12	Rheinsberg – Lindow	196
13	Der Rhin von Lindow bis Neuruppin	210
14	Neuruppin – Oranienburg	226
15	Die Havel von Fürstenberg/Havel bis Dannenwalde	240
16	Die Havel von Dannenwalde bis Liebenwalde	251

INHALT

17 Oder-Havel-Kanal oder Finowkanal:
Liebenwalde bis Üdersee 262
18 Oder-Havel-Kanal oder Finowkanal:
Finowfurt bis Oderberg 272
19 Über den Werbellinkanal
in die Schorfheide 283
20 Natur-Urlaub Parsteiner See 294

Anhang

Literaturtipps 304
Glossar 305
Register 318
Kartenverzeichnis 323
Über die Autoren 324

Exkurse

Geschichte des Kanalbaus 32
Der Seeadler 52
Die Havel 63
Eine Wanderung um den Großen Zechliner See 155
Alfred-Wegener-Museum, Zechlinerhütte 157
Wisente – die Büffel Europas 183
Die Rhinquelle 207
Neuruppiner Bilderbogen –
die Boulevardpresse des 19. Jahrhunderts 222
Lebensraum Luch 231
Der Storch 234
Geschichte des Finow- und des Oder-Havel-Kanals 269
Rinnensee 289
Urstromtäler 299

Hinweise zur Benutzung

Der vorliegende Wasserwanderführer ist so konzipiert, dass man einerseits einen schnellen Überblick über die einzelnen Routen bekommt und andererseits – hat man sich erstmal für eine Tour entschieden – eine genaue Routenbeschreibung und detaillierte praktische Informationen erhält.

Um den Überblick zu erleichtern, sind alle **Routen** nach demselben System aufgebaut; die Informationen werden in folgender Reihenfolge aufgeführt:

- Länge der Route in Kilometern und Tagen
- Kurzer Überblick
- Informationen und Landkarten
- Anreise
- Einsetzen
- Streckenverlauf und Entfernungen der einzelnen Abschnitte
- Schleusen (wo erforderlich)
- Übernachtung
- Bootsvermietung
- Rückfahrt
- Anschlussrouten
- Charakter der Tour
- Routenbeschreibung
- Gegebenenfalls Varianten, Abstecher oder Tipps für Wanderer

Wer also noch überlegt, welche Tour er wählen soll, der lese zunächst nur die Abschnitte „Überblick" und „Charakter der Tour", um sich danach in die Einzelheiten zu stürzen.

Tipps zur **Vorbereitung und Planung** erhält man im Kapitel „Das Wasser zum Weg machen"; zusätzliche **Hintergrundinformationen** stehen in den einzelnen Exkursen (siehe Inhaltsverzeichnis).

Ein **Glossar, Literaturhinweise** und ein ausführliches **Register** sind im Anhang dieses Buches zu finden.

Hinweise zur Benutzung

Zu jeder Route gibt es eine eigene **Landkarte.** Achtung: Die Karten sind nicht unbedingt nach Norden ausgerichtet, sondern so angelegt, dass der Wasserwanderer, der Routenbeschreibung folgend, immer von unten nach oben paddelt, das Buch also nicht dauernd drehen muss.

Jede Karte ist sowohl in den Kopfzeilen der jeweiligen Kapitel als auch über das **Kartenverzeichnis** im Anhang zu finden.

Am Ufer des Stechlinsees

14 Das Wasser zum Weg machen

Das Wasser zum Weg machen

Vorbereitung

Wer öfter mit dem Kanu unterwegs ist, der hat seine Packliste bereits im Hinterkopf und braucht kein eigenes Kapitel zu diesem Thema. Aber da die hier beschriebenen Gewässer gerade auch für weniger erfahrene Paddler ein geeignetes Übungsfeld sind, werden einige grundsätzliche Worte zur Ausrüstung sicherlich hilfreich sein. Und selbst die alten Hasen unter den Wasserwanderern, die sich dort neue Reviere erschließen wollen, werden vielleicht noch den einen oder anderen nützlichen Tipp darin entdecken. Schließlich ist die Ausrüstung ja immer auch vom Zielgebiet abhängig, in dem man paddeln will.

Allerdings kann dieses Kapitel natürlich ein eigenes Buch zum Thema Ausrüstung und Zubehör nicht ersetzen. Wer sich näher mit dem Wasserwandern befassen will, der sollte sich das „Kanu-Handbuch" besorgen, das in der Praxis-Reihe des REISE KNOW-HOW Verlags erschienen ist.

Seil mit einem Auge am Ende

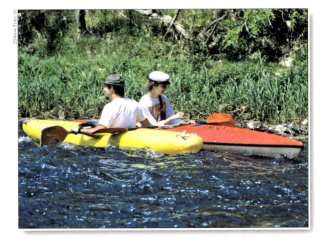

VORBEREITUNG

Boote

Nicht nur unter Neulingen gehen die Begriffe *Kanu*, *Kajak* und *Kanadier* tüchtig durcheinander. Was ist was? Es gibt zwei Grundtypen von Paddelbooten: jene, die mit einem Doppelpaddel vorangebracht werden, und solche, für die man ein Stechpaddel mit nur einem Blatt benutzt.

Kajak Erstere heißen Kajak, sind oben mehr oder weniger geschlossen und wurden von den Eskimos entwickelt; zur Kategorie der Kajaks gehören also auch die Faltboote.

Kanadier Die Stechpaddel-Boote werden von den Korrekten *Kanadier* genannt, sind oben fast immer offen und gehen auf die Indianer Kanadas zurück.

Kajak-Walzer

Bei Wind ideal: Faltbootsegler (Schmaler Luzin)

VORBEREITUNG

Kanu

Der Oberbegriff, unter dem beide Typen zusammengefasst werden, heißt *Kanu*. Etwas durcheinander geraten ist die Terminologie dadurch, dass in der Umgangssprache der Kanadier mit ‚Kanu' bezeichnet wird und ein Oberbegriff nicht existiert. Alles klar?

Auf offenen Seeflächen

Die in diesem Buch beschriebenen Touren kann man zwar grundsätzlich mit jedem Kanu (Kajak oder Kanadier) fahren. Auf den offenen Seeflächen (und die machen bei vielen Routen einen erheblichen Teil der Strecke aus) sind jedoch **Kajaks** günstiger (insbesondere moderne Tourenkajaks, s.u.), da sie dank ihrer flachen und weitgehend geschlossenen Bauweise weniger windempfindlich sind und die Wellen nicht so leicht ins Bootsinnere gelangen lassen. Da die meisten Faltboote zudem eine Steuervorrichtung haben, kann man mit ihnen auch dann noch relativ mühelos seinen Kurs halten, wenn Kanadier bereits zu einem Spielball des Windes werden bzw. besser am Ufer bleiben.

Kanadier sind um so windempfindlicher, je stärker Bug und Heck nach oben gezogen sind (Winnetou-Optik).

Am schwersten hat man es bei Wind in den aufgeblasenen Gummiwürsten, die man korrekt als **Schlauch-Kanadier** bezeichnet (aber auch mit denen haben wir so manche Seeroute gepaddelt).

Tipp: Wer mit einem **Kanadier gegen den Wind** paddeln muss, sollte sein Boot tunlichst so beladen, dass der Bug etwas tiefer im Wasser liegt als das Heck. Dann hält das Boot die Richtung von alleine, während man mit schwererem Heck seine liebe Mühe hat, die Nase in den Wind zu drehen! Im Notfall kann man sich auch selbst zur Gewichtsverlagerung weiter nach vorne setzen.

In das Auge eines Taus kommt eine Kausch aus Metall

Ideales Familenboot: Dreierkanadier

Wasser zum Weg machen

Seichte Gewässer

Für die meisten Touren am besten geeignet sind sicher Kajaks – insbesondere **Tourenkajaks** aus PE oder Glasfaser- bzw. Kevlar-verstärktem Kunststoff, deren Formgebung an die der Seekajaks angelehnt ist. Sie sind mindestens 5 m (1er Kajaks) bzw. 5,40 m (2er-Kajaks) lang, verfügen über eine Steueranlage, abgeschottete Gepäckluken, einzelne Einstiegsöffnungen mit Spritzdecken und Gepäckbefestigungsmöglichkeiten auf dem Oberdeck. Durch ihre große Länge mit relativ gerader Kiellinie garantieren sie einen guten Geradeauslauf auch bei Wind und Wellen. Wegen ihrer geringen Wendigkeit sind sie für stärker fließende und enge, kurvenreiche Gewässer weniger geeignet. Doch abgesehen von Rhin und Küstrinchenbach kommen solche Gewässer hier kaum vor. Allerdings sind sie empfindlich gegen Grundberührung, was sich auf seichten Wasserläufen negativ bemerkbar macht.

Unter den **Kanadiern** eignen sich für die Seestrecken vor allem lange, schmale Boote mit niedrigem Bug und Heck und mit gerader Kiellinie.

Vorteile des Kanadiers sind seine große Ladekapazität, bequem zugänglicher Stauraum und höhere Kentersicherheit. Daher werden jetzt als Mietboote oft auch Kanadier angeboten.

Mietboote

Für nahezu alle beschriebenen Routen kann man Boote mieten. Die Adressen sind bei der jeweiligen Routenbeschreibung aufgeführt. Sollte keine **Bootsvermietung** angegeben sein, so kann man bei der genannten Info-Stelle erfragen, wo die nächste Möglichkeit besteht oder ob inzwischen eine Vermietung eröffnet wurde.

Mit dem Schäkel kann man ein Tau durch das Auge befestigen

Viele Vermietstationen sind nur von Mai bis September geöffnet, und in der Hauptsaison (Sommerferien) empfiehlt sich rechtzeitige **Reservierung** – besonders für Gruppen. Da wir außerdem feststellen mussten, dass ständig neue Vermietungen aufmachen und alte schließen, empfehlen wir auf jeden Fall, bereits vor Abreise mit dem Vermieter kurz Kontakt aufzunehmen.

Mit folgenden **Preisen** (in €) muss man bei der Bootsmiete in der Hauptsaison rechnen:

	Std.	Tag	2. Tag
1er-Kajak	5–8	20	15
2er/3er-Kanadier	6–10	20–35	30
4er-Kanadier	10–12	30–45	35

	weitere Tage	Woche
1er-Kajak	15	70–100
2er/3er-Kanadier	20	100–170
4er-Kanadier	30	150–230

Im Preis inbegriffen sein sollten Paddel, Schwimmwesten, wasserdichte Gepäckbehälter und Spritzdecken. Die Preise in der NS sind oft nur minimal günstiger.

Inzwischen gibt es eine große Auswahl und ein sehr breites Spektrum an **Vermietstationen** – von großen, professionell arbeitenden Firmen bis zu Kleinvermietern im „semi-professionellen" Bereich, wie z. B. Imbissbuden, die als Nebenerwerb Boote verleihen. Dort kann man zwar zu relativ günstigen Konditionen Boote mieten, die Ansprüche sollten aber entsprechend niedrig sein. Geboten wird oft ungepflegtes, veraltetes Bootsmaterial, keine oder schmutzige Schwimmwesten, kein Rückhol-Service, schlechte Beratung, etc.

Achtung: Der Preisunterschied bei den Booten macht sich vor allem auch im **Gewicht** bemerkbar. Wer nur eine Tagesrunde auf dem See paddeln will, der kann ruhig ein billiges und schweres Boot nehmen. Aber für längere Touren mit Umtragestellen und Landtransporten kann sich der Mehrpreis für ein leichteres Boot durchaus lohnen. Das merkt man selbst am Abend, wenn man das Boot am Campingplatz aus dem Wasser nimmt.

Wer etwas mehr will als eine schwere Plastikwanne, zwei Paddel und einen „Schönen Tag noch", der sollte sich besser an eine professionelle Kanustation halten. Gute Stationen sind „ihren Preis wert" und sorgen dafür, dass die Tour zu einem vergnüglichen Erlebnis wird. Woran erkennt man **eine wirklich gute Vermietstation?** Sie bietet für den jeweiligen Einsatzzweck geeignetes und gepflegtes Bootsmaterial namhafter Hersteller (1er, 2er, 3er, 4er, Tagesausflugsboote oder Tourenboote), Paddel- und Schwimmwesten abgestuft in individuellen Größen auch für Kinder, wasserdichtes Verpackungsmaterial und Bootswagen, Verleih oder Verkauf von gutem Kartenmaterial, Tourenberatung vor Ort, Einweisung in die Paddeltechnik für Anfänger oder für wenig Geübte, ausreichendes und kompetentes, freundliches Personal, das auch die Routen der Gegend kennt, Organisation oder zumindest Vermittlung von ordnungsgemäßen Boots- und Personentranspor-

Boote gehören aufs Wasser

Nach dem Motto „Die Boote gehören aufs Wasser und nicht auf die Straße", empfiehlt der Vermieter Pack & Paddel für vereinfachte Organisation und mehr Umweltschutz, nach Möglichkeit Rundkurse zu fahren und keine Einwegtouren mit aufwendigen und Benzin verbrauchenden Bootstransporten. Diesem Aufruf kann ich mich nur anschließen – und wohl kaum ein anderes Kanurevier bietet so ideale Möglichkeiten dafür!

ten, das heißt mit Personenbeförderungsgenehmigung (oftmals nicht vorhanden!), zugelassenen Fahrern und Versicherungsschutz.

Bei **Preisvergleichen** ist zu beachten, dass manche Vermieter minderwertige 300 €-Kanus zum gleichen Mietpreis anbieten, den andere für hochwertige Boote der 1000 €-Klasse verlangen.

Im Preis inbegriffen sind auf jeden Fall Paddel und normalerweise auch Schwimmwesten sowie weitere Sicherheitsausrüstung. Bei manchen Vermietern kann man zusätzlich Zelt und Kochausrüstung, Packbehälter und Dachträger mieten.

Die Hinterlegung einer Kaution oder eines Passes ist nicht üblich; allerdings ist normalerweise ein gültiger Ausweis vorzulegen.

Die Abholung vom Bahnhof ist nach Absprache meist möglich, ein Rückholservice ist vor allem bei größeren Anbietern meist kein Problem. Einige größere Anbieter (z. B. Nordlicht) haben zudem ein ganzes Netz von Stationen, zwischen denen nach Absprache auch Einweg-Miete möglich ist.

Bootszubehör

- **Paddel** – in jedem Boot sollte nicht nur ein Paddel pro Kanute, sondern auch ein **Reservepaddel** sein (griffbereit, aber sicher befestigt). Besonders wichtig ist dies bei Einzelpaddlern, die sonst manövrierunfähig sind, wenn ihnen das Paddel über Bord geht. Sie können dann nur noch zusehen, wie es davontreibt.
- **Spritzdecke** – oder *Persenning*. Sie bietet die Möglichkeit, ein offenes Boot oben dicht zu machen – gegen Wellen, Spritzwasser und Regen. Auf den hier beschriebenen Routen gibt es kaum Fließgewässer, die eine Spritzdecke erfordern, aber auf größeren Seeflächen kann sie bei Wind sehr nützlich sein. **Tipp:** Die Spritzdecke verringert zugleich die Windempfindlichkeit!

Im grünen Labyrinth der Gräben und Kanäle

VORBEREITUNG 23

Ist ein Tau aus 3 verdrillten Schnüren (Kardeelen) gedreht, nennt man das Trossenschlag

- **Bug- und Heckleinen** – sollten aufgerollt und mit einem Gummiband zusammengehalten an beiden Bootsenden befestigt sein. Empfohlen wird eine schwimmende Leine von etwa 5–7 m Länge. Zum **Treideln** ist zwar eine weit längere Leine erforderlich, aber wenn auf den hier beschriebenen Routen getreidelt werden muss, dann nur weil das Wasser zu seicht ist. Und in diesem Fall kann man direkt vor oder hinter seinem Schiffchen nach Kneippscher Manier durchs Wasser waten.
- **Schwimmweste** – eine für jeden, das sollte klar sein. Sie muss auf das Gewicht des Trägers abgestimmt sein und hilft bekanntlich nur, wenn man sie auch trägt! Besonders wichtig ist dies auf offenen Seeflächen. Schwimmwesten werden meist vom Vermieter zur Verfügung gestellt.
- **Bootswagen** – sind für die meisten der beschriebenen Touren sehr empfehlenswert, da es nicht überall Bootsschleppen gibt und in der Hauptsaison an den Bootsschleppen oft Warteschlangen entstehen. An manchen Tragestellen sind sie auch preiswert zu mieten.
- **Bootssack** – Für die An- und Abreise und falls man auch längere Fußwanderungen einplant, ist ein Rucksack sicherlich ganz praktisch. Aber eine wasserdichte Zusatzverpackung kann ihm für die Bootsfahrt nicht schaden, sonst hält er allenfalls

Wasser zum Weg machen

VORBEREITUNG

Beim Wantschlag werden die Kardeele um eine Seele geschlagen

Spritzwasser ab. Zumindest sollte man ihn auf irgendetwas drauflegen – und seien es nur ein paar Äste – damit er nicht am Bootsboden in einer Pfütze liegt.

Besser sind spezielle Packbeutel und Bootssäcke, wie z.B. der Kanusack von *Ortlieb*, Typ *X-Tremer*. Mit 130 l Volumen schluckt er alles (auch einen kompletten Rucksack), ist robust, absolut wasserdicht verschließbar und lässt sich mit gepolsterten Schultergurten auch ganz gut tragen. Sehr zuverlässige wasserdichte Bootssäcke mit Roll-Steck-Verschluss in allen Größen (von 1 l bis 95 l) und verschiedenen Ausführungen bietet auch die Firma *EXPED* (www.exped.com).

Alternativ dazu kann man Tonnen und Kunststoff-Container mit dicht schließenden Schraubdeckeln benutzen, die ebenfalls in den verschiedensten Größen erhältlich sind. Sie sind noch etwas robuster, aber in leerem Zustand recht sperrig und im Boot nicht leicht zu verstauen.

Fraglos die billigsten wasserdichten Container sind Farbeimer, die man in Malereien meist kostenlos bekommen kann. Es gibt sie in drei verschiedenen Größen, die ineinander geschachtelt werden können (die inneren beiden allerdings ohne Deckel), und sie besitzen einen Bügelhenkel, an dem man sie im Boot anbinden kann. Die Dinger sind unglaublich vielseitig verwendbar. Sie können darin nicht nur allerlei Ausrüstung und Kleinkram wasserdicht verstauen, sondern auch Wasser damit holen oder das Boot lenzen, den ganzen Eimer als Tischchen oder den Deckel allein als Schneidebrett verwenden, zum Teigkneten oder um Fische zu panieren; mit Wasser gefüllt können sie als Ballast oder als Zeltbefestigung dienen, oder – falls im Boot benötigt – als Trimmgewicht verwendet werden. Außerdem können sie auch als Sitzgelegenheit benutzt werden, wenn man nicht zu schwergewichtig ist.

Literaturtipp: „Kanu Handbuch" REISE KNOW-HOW Verlag, Reihe Praxis

●**Schöpfgefäß und Schwamm** – um Spritz- oder Regenwasser aus dem Boot zu entfernen.

Improvisation ist alles: „Schirmsegler"

Ausrüstung

Kocher und Brennstoff

Da man auf den beschriebenen Routen viel durch Naturschutzgebiete fährt, in denen man kein Holzfeuer machen darf, ist man auf einen Kocher angewiesen. Und auch dort, wo **Feuermachen** grundsätzlich gestattet ist, sind die Brandschutzbestimmungen (s.u. *Naturschonung*) zu beachten. Falls man auf die Lagerfeuerromantik doch einmal nicht verzichten will, sollte man seine Feuerstelle anschließend unbedingt wieder beseitigen, sodass keinerlei Spuren zurückbleiben.

Gaskocher mit Kartusche

Einfacher hat man es mit einem gut funktionierenden **Campingkocher.** Als sehr vorteilhaft hat

VORBEREITUNG

sich z. B. ein Spirituskocher wie der *Sturmkocher* von *Trangia* erwiesen, der einen hervorragenden Windschutz und einen kompletten Satz Kochgeschirr umfasst. Bei vielen Gaskochern mangelt es an einem ausreichenden Windschutz. Die neuen Modelle aus Ultraleicht-Alu (z. B. *Primus EtaPower*) stehen stabil, heizen sehr effizient, wiegen mit allem Zubehör unter 900 g und brennen selbst bei Sturm problemlos. Für Solo-Paddler empfiehlt sich z. B. der *EtaSolo*, der samt 0,5-l-Topf nur 365 g wiegt.

Kochgeschirr   Soweit es nicht im Kocherset bereits enthalten ist, sollte man mitnehmen: 1–2 Töpfe, Wasserkessel, Pfanne, Topfgriff und Holzschaber sowie Essnapf, Tasse und Löffel.

Zelt   Zelt, Schlafsack, Liegematte muss mitnehmen, wer für das Übernachten nicht auf Herbergen und Hotels angewiesen sein will.

Karte & Kompass   Für die unten beschriebenen Touren kann ein Kompass zwar manchmal hilfreich sein (etwa um einen versteckten Seeausgang zu finden), er ist aber nicht unbedingt erforderlich. Da das vorliegende Buch zu jeder Route spezielle Kartenskizzen umfasst, kann man auch auf zusätzliches Kartenmaterial verzichten. Wer allerdings von den beschriebenen Routen abweichen und andere Gewässer erkunden möchte, sollte sich evtl. zusätzlich eine spezielle Karte zulegen.

Tipp: Die derzeit wohl besten und genauesten Wasserwanderkarten kommen von *Erhard Jübermann* (www.juebermann.de), einem Kartografen, der selbst begeisterter Paddler ist, hervorragend und sehr genau arbeitet und ständig aktualisiert. Für die Mecklenburgische Seenplatte eignen sich die Wassersport-Wanderkarte Nr. 6 Deutschland Nordost bzw. der Tourenatlas Wasserwandern Nr. 6 Mecklenburg-Vorpommern (der allerdings auch viele für den Paddler nicht sehr interessante Rou-

Literaturtipp:
„Orientierung mit Kompass und GPS"
REISE KNOW-HOW Verlag,
Reihe Praxis

ten enthält). Gute Karten mit einer Fülle von speziellen Informationen für Wasserwanderer sind auch die beiden Wasserwanderkarten *„Feldberg-Lychener Seenlandschaft"* und *„Stelitzer Seenplatte"* im Maßstab 1:50.000 (Studio Verlag, Gabriele Maiwald, Lärchenstieg 19, 22850 Norderstedt, Tel. 040/5238333, Fax 5239479, www.studioverlag-maiwald.de). Sie decken zusammen das gesamte Gebiet zwischen Feldberg und Templin im Osten und Rheinsberg-Waren im Westen ab. Wer noch weiter nach Westen bis zum Plauer See paddeln will, dem ist die Wasserwanderkarte *„Vom Plauer See zur Müritz"* aus der gleichen Reihe zu empfehlen.

Mücken-schutz

Bei so viel Wasser wird es keinen wundern, dass im Gebiet der Kanurouten auch die Mücken gedeihen. Es sind nicht die Riesen-Moskitos wie in Lappland und auch keine schwarzen Wolken, die einen ständig umschwirren, aber vor allem in der **Dämmerung** können sie doch recht lästig werden. Ein gutes Mückenmittel sollte daher nicht fehlen, und das Zelt muss unbedingt mückendicht sein. Den Tag über hat man selten Probleme; in der Dämmerung ist es auf offenen, windigen Flächen besser als im dichten Wald. Auf einigen Plätzen (z. B. am Dreetzsee) hatten wir gar keine Probleme. Dort gab es zwar auch Mücken, aber keine, die stechen.

Weitere Gegenstände

Waschzeug, Sonnenbrille, Sonnencreme, Lippenschutz, Insektenschutzmittel, Toilettenpapier, Klappspaten, Zeltleine, Erste-Hilfe-Ausrüstung, Flickzeug für das Boot, stabile Plastiktüten, kleines Tuch, Notizbuch und Bleistift, Taschenmesser.

Kleidung

Man kann grundsätzlich die gleiche Kleidung mitnehmen wie für eine Fußwanderung zur entsprechenden Jahreszeit. Außer während der heißen Zeit des Sommers ist es jedoch für Wasserwanderer noch wichtiger, dass – besonders die Unterwäsche – auch in nassem Zustand warmhält und dass sie schnell trocknet (also keine Baumwolle, sondern Polypropylen-Unterwäsche, Fleece-Pullover etc.).

Verstauen Beim Verstauen der Ausrüstung im Boot ist zweierlei zu beachten: erstens sollten die Packsäcke so im Boot befestigt sein, dass sie bei einer möglichen Kenterung nicht den Bach runter gehen, und zweitens sollte die Last so verteilt sein, dass das Boot – inklusive Paddler(n) – gleichmäßig im Wasser liegt. Die oft gesehene und manchmal sogar empfohlene Hecklastigkeit rächt sich spätestens bei Gegenwind und bestimmten Manövern (wie z. B. Seilfähre rückwärts)!

Übernachten

Camping An den meisten der beschriebenen Routen gibt es

genügend Campingplätze, die – für Wasserwanderer ideal – direkt am Ufer liegen und eine variable Etappeneinteilung erlauben. Manche sind recht schlicht ausgestattet, liegen dafür aber inmitten herrlicher Landschaften und sind so naturbelassen, dass man fast das Gefühl haben kann, „wild" zu zelten. Auf vielen Campingplätzen (z. B. auf den neuen Plätzen von Haveltourist) sind für Wasserwanderer nicht abgegrenzte Stellplätze direkt am Ufer reserviert, sodass man sein Gepäck nicht quer über den Platz schleppen muss. Fragen Sie auf den Haveltourist-Plätzen nach der Pauschale für Wasserwanderer bzw. nach der Kanu-Camping-Card für 3–7 Nächte (www.haveltourist.de/wasserwanderer.html)

● **Info:** Haveltourist Camping- und Ferienpark Havelberge, 17237 Groß Quassow (Userin), Tel. 03981/2479-0, Fax 247999, www.haveltourist.de

Biwak-plätze In einigen **Schutzgebieten** Brandenburgs sind speziell für Kanuten Rast- oder Biwakplätze eingerichtet worden. Auf solche Plätze wird in den Routen-

VORBEREITUNG

Literaturtipp:
„Wildnis Küche"
REISE KNOW-HOW Verlag,
Reihe Praxis

beschreibungen hingewiesen; Adressen und Telefonnummern (soweit existent) für nähere Informationen etc. sind angegeben. Achtung: **Fehlende Differenzierung zwischen Rast- und Biwakplätzen hat zu erheblichen Problemen geführt.** Rastplätze erlauben nur das Anlegen und Rasten – keine Übernachtung! Lediglich auf Plätzen, die ausdrücklich als Biwakplätze ausgewiesen sind, ist auch einmaliges(!) Übernachten gestattet. Da selbst die Info-Stellen nicht immer korrekt unterscheiden, ist die Verwirrung groß – und trotz aller Bemühungen kann es vorkommen, dass auch in diesem Buch nicht alle Bezeichnungen korrekt sind. Beachten Sie daher auf jeden Fall vor Ort stets die Bezeichnung an den Plätzen, um nicht versehentlich auf einem Rastplatz zu biwakieren.

Wildniskocher

Freies oder **wildes Zelten** ist inzwischen auch außerhalb der Schutzgebiete nicht mehr zu vertreten und sollte unbedingt vermieden werden. Aber auch beim Picknick oder Biwak, bei jedem Anlegen und jedem Schritt gilt stets die Devise: keine Spuren hinterlassen!

Feste Unterkunft

Oft findet man an den Seen und Kanälen auch **Jugendherbergen, Gasthöfe mit Fremdenzimmern** oder **Hotels,** in denen man sich zwischendurch eine komfortablere Nacht gönnen kann. Manche Tour könnte man sogar – wenn man denn will – ganz ohne Zelt und nur mit Hotelübernachtungen paddeln. Zumindest für die erste und letzte Übernachtung der Tour kann ein Zimmer durchaus praktisch sein. Adressen von entsprechenden Unterkünften in Ufernähe sind deshalb bei jeder Route angegeben.

Verpflegung

Proviant

Bei vielen Routen genügt es, Vorräte für 1–2 Tage mitzunehmen, da man praktisch jeden Tag an Ortschaften mit Einkaufsmöglichkeiten vorbeikommt. Allerdings sind in den letzten Jahren einige der kleinen Läden geschlossen worden und mit weiteren Schließungen ist zu rechnen, sodass man eine zusätzliche Sicherheitsreserve für weitere 1–2 Tage einpacken sollte. Auf vielen Campingplätzen gibt es außerdem Kioske mit einem begrenzten Angebot an Getränken und Lebensmitteln.

Man sollte Trinkwasser nicht vergessen, denn auch wenn das Wasser vieler Seen klar ist, so haben doch längst nicht alle Trinkwasserqualität.

**Gastro-
nomie**

Gaststätten entlang der Routen sind im jeweiligen Infoteil mit Adresse und Telefonnummer aufgeführt. Manche davon sind biedere Dorfgaststätten mit Hausmannsküche zu günstigen Preisen, andere sind moderne Restaurants, die mehr auf Touristen von der Landseite her eingerichtet sind. Insgesamt sind jedoch alle Restaurants der Region erstaunlich preiswert.

Einige hingegen haben sich speziell auf **Wasserwanderer** eingestellt und sind zu beliebten Treffs für Kanuten und Freizeitkapitäne geworden. Hie und da kann man mit seinem Boot am eigenen Steg des Gasthauses anlegen und sich mit Blick aufs Wasser stärken.

Schleusen

Auf einer Kanutour in Mecklenburg/Brandenburg werden Sie früher oder später vor einem Schleusentor stehen. Denn viele Gewässer wurden hier durch Kanäle verbunden und Höhenunterschiede soweit ausgeglichen, dass die Strömung praktisch aufgehoben ist. Fast immer sind es **alte Wasserstraßen,** die längst nicht mehr von der Berufsschifffahrt genutzt werden. Viele der kleineren Schleusen werden daher nur für die Sportschifffahrt bedient – manchmal nur während der Sommersaison.

Mit dem Faltboot durch die Schleuse

Schleusen 31

Wasser zum Weg machen

Geschichte des Kanalbaus

17. Jh.
- 1605 bis 1620: Bau des **Finowkanals,** der aber während des 30-jährigen Kriegs (1618–48) verfällt.

18. Jh.
- 1740: Bau der **Schleuse Bredereiche;** Holz- und Mahlmühle sind damit vorhanden.
- 1744 bis 1746: Wiederaufbau des **Finowkanals** durch Friedrich II.; 17 Schleusen gleichen den Höhenunterschied aus.
- 1745 bis 1750: Der **Polzowkanal** wird auf 8 m verbreitert, und damit wird eine Verbindung vom Roofensee/Stechlinsee über Wentowseen zum Vosskanal geschaffen.
- 1766: Bau des **Werbellinkanals.**
- 1790: Bau des **Ruppiner Kanals.**

19. Jh.
- Um 1820: Die Wentowseen werden durch den Bau der **Schleuse Marienthal** an die Havel angeschlossen.
- 1827 bis 1828: Bau des **Malzerkanals.**
- 1836: Verlängerung des **Malzerkanals** nach Friedrichstal; 50 Jahre später Weiterbau in Richtung Norden.
- 1833: Bau des **Kammerkanals** zum Zierkersee bei Neustrelitz.
- 1831 bis 1836: **Kanalisierung des Rhins** bei Alt Ruppin und Bau der **Schleuse Neumühle.**
- 1857: Kanalisierung des **Lindower Rhins** bis zum Zermützelsee.
- 1860 bis 1870: Der **Müritz-Havel-Kanal** wird gebaut und damit die Voraussetzung für eine Verbindung von Schwerin nach Berlin geschaffen; Bau der **Schleuse Diemitz.**
- 1877 bis 1879: Ein 13 km langer Kanal verbindet die **Seen vom Grienericksee** bis zum **Kleinen Palitzsee** bei Kleinzerlang mit der Müritz-Havel-Wasserstraße.
- 1878 bis 1887: Anschluss der **Seen von Zechlin und Rheinsberg** an den Müritz-Havel-Kanal.
- 1880 bis 1884: wird durch die **Verlängerung des Vosskanals** eine Verbindung von Liebenwalde bis Zehdenick geschaffen.

20. Jh.
- Anfang 20. Jh.: Bau des **Oder-Havel-Kanals.**
- 1927 bis 1933: Bau des **Schiffshebewerkes Niederfinow.**
- 6.11.1990: In **Bischofswerder** wird eine zweite Schleuse freigegeben. Sie ist 85 m lang und hat eine Hubhöhe von 3,30 m.

SCHLEUSEN

Schleuszeiten
Die Schleusenzeiten sind bei den Routenbeschreibungen angegeben; oft wird aber auch zwischendurch geschleust – je nach Bedarf. Die Berufsschifffahrt hat in der Regel Vorrang. Oft wird die Einfahrt durch „Ampeln" geregelt.

Durch die Schleuse
In der Wartereihe vor der Schleuse können Paddler an den größeren Booten vorbeifahren und davor anlegen – bei der Einfahrt in die Schleuse kommen jedoch zuerst die größeren Boote und danach die Paddler. Wer zum ersten Mal mit seinem kleinen Bötchen in eine Schleuse einfährt, der sollte darauf achten, dass er nicht gerade zwischen die „dicken Pötte" gerät, sondern ein **Plätzchen an der Schleusenwand** erwischt, wo er an einer Stange oder Leiter Halt findet, während der Wasserspiegel steigt oder fällt.

Beim **Bergauf-Schleusen** nicht zu dicht an das obere Schleusentor heranfahren, wenn man nicht das „wildeste Wildwasser nördlich von Berlin" kennen lernen will (beim Einströmen des Wassers kann es dort ganz ordentlich brodeln).

Bootsschleppe

Als Paddler kann man die meisten Schleusen auch umtragen, wenn man nicht warten will. Nicht wenige sind aber auch mit einer Bootsschleppe ausgestattet; das sind auf Schienen laufende stabile Eisen-Wägelchen, die im Normalfall irgendwo neben der Schleusenkammer auf dem festen Grund stehen. Manchmal befinden sie sich aber auch unter dem Wasserspiegel. Erkennbar sind diese Vorrichtungen daran, dass ein Schmalspur-Schienenstrang im Wasser verschwindet. Den darauf laufenden **Bootswagen** kann man – an einer Kette gesichert – unter das Boot rollen lassen und dann sein Schiffchen (ohne es entladen zu müssen) damit über Land bis zum jenseitigen Ende der Schleuse ziehen. Das leibhaftige Gegenstück zu einer Roll-on-roll-off Fähre also. Eine feine Sache!

Aber passen Sie ja auf, dass sich keiner Ihrer Zehen unter die Eisenräder verirrt! **Bremsen** Sie daher – wenn es bergab geht – tunlichst von hinten, indem Sie an der Kette festhalten, und sehen Sie zu, dass sich nichts und niemand vor dem Gefährt aufhält. Lassen Sie die Kette nicht aus der Hand, sonst müssen Sie womöglich tauchen, um den Bootswagen wieder aus dem Wasser zu bekommen. Und stellen Sie ihn nach getaner Arbeit wieder oben auf der ebenen Strecke ab, wo Sie ihn zusätzlich sichern können, indem Sie auf beiden Seiten etwas unter die Räder legen – und sei es nur die Zugkette.

Noch einfacher geht es mit dem eigenen Bootswagen, der viel leichter ist und ebenfalls ein beladenes Boot transportieren kann. Vor allem im Sommer, wenn es an den Bootsschleppen zu Warteschlangen kommt, ist man mit dem eigenen Wägelchen fein raus!

An manchen Stellen sind auch große **Rollen** in den Boden eingelassen, über die man sein Boot (selbst beladen) ohne Schaden und mit wenig Mühe ziehen kann.

Karte S. 36 **NATURSCHUTZ – NATURSCHONUNG**

Wasser zum Weg machen

Naturschutz – Naturschonung

Bei unseren ersten Touren durch das Gebiet der Mecklenburger Seen – gleich nach der Wende – da haben wir mit großen Augen gestaunt und konnten es kaum fassen, dass es mitten in Europa – im dicht bevölkerten Deutschland! – noch solche Naturparadiese gibt. Ausgedehnte Urlandschaften, Stille und Einsamkeit. Biber, Fischotter und Dutzende von Vogelarten, die sonst in Deutschland längst ausgestorben sind. Seerosenteiche, Bruchwälder und urzeitliche Sumpflandschaften. Es war wie ein Traum.

Folgen der Wende Ein wundervoller Traum. Sollte er schon ausgeträumt sein?! Tatsächlich drohte ein hartes Erwachen. Wo wir vor Jahren noch über intakte Natur gestaunt haben, da sind wir heute fassungslos, wie

Beim Bootswagen braucht nicht entladen zu werden – sogar Passagiere können sitzen bleiben!

Bei Paddlern nicht sehr beliebt:
Motorboot in voller Fahrt

Naturschutz – Naturschonung

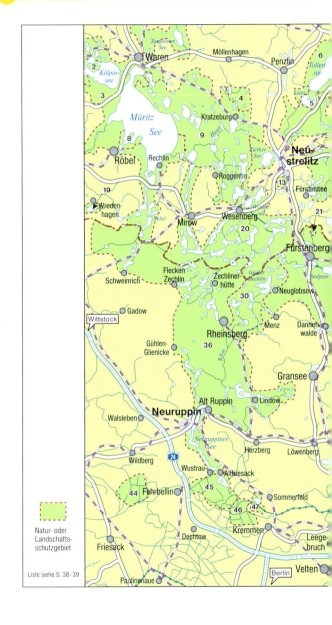

Legende S. 38

NATURSCHUTZ

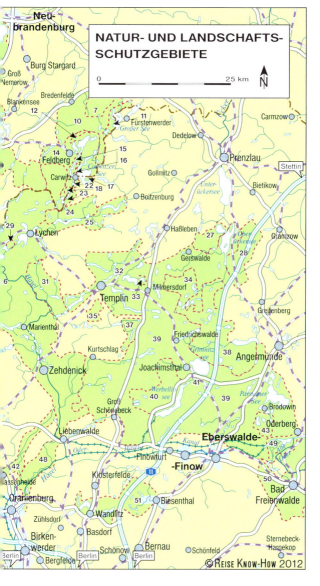

Wasser zum Weg machen

NATURSCHUTZ – NATURSCHONUNG

Natur- und Landschaftsschutzgebiete
(Kartenlegende zu S. 36/37)

Mecklenburg/Vorpommern

Naturschutzgebiete
- 2 Damerower Werder
- 5 Nonnenhof
- 7 Hinrichshagen
- 8 Großer Schwerin mit Steinhorn
- 12 Feldberger Hütte
- 13 Kalkhorst
- 15 Schmaler Luzin
- 16 Hauptmannsberg
- 17 Conower Werder
- 18 Krüselinsee bei Feldberg
- 19 Mönchsee

Landschaftsschutzgebiete
- 1 Torgelower See
- 3 Müritz-Seen-Park
- 4 Havelquellseen Kratzburg
- 6 Tollense-Becken
- 11 Großer See bei Fürstenwerder
- 14 Feldberger Seelandschaft
- 20 Kleinseenplatte Neustrelitz

Naturpark
- 10 Feldberger Seenlandschaft

Nationalpark
- 9 Müritz-Nationalpark

Brandenburg

Naturschutzgebiete
- 21 Thymen
- 23 Großer Kernbruch
- 24 Großer Küstrinsee
- 27 Eulenberge
- 28 Melzower Forst
- 29 Mellensee bei Lychen
- 30 Stechlin
- 31 Tangersdorfer Heide
- 33 Labüskewiesen
- 34 Poratzer Moränenlandschaft
- 35 Buchheide
- 36 Ruppiner Schweiz
- 37 Bollwinwiesen/Großer Gollinsee
- 38 Grumsiner Forst/Redernswalde
- 40 Kienhorst/Köllnseen/Eichheide
- 41 Großer Lubowsee

Naturschutz – Naturschonung

- 42 Schnelle Havel, Fließgraben und Soldatengraben
- 43 Plagefenn
- 47 Kremmener Luch
- 49 Niederoderbruch

Landschaftsschutzgebiete
- 22 Feldberger Seenlandschaft
- 25 Lychen-Boitzenburg
- 26 Neuruppin-Rheinsberg-Fürstenberger Wald- und Seengebiet
- 32 Templiner Seenkranz
- 48 Schnelle Havel
- 50 Bad Freienwalde
- 51 Wandlitz-Biesenthal-Prendener

Nationalpark
- 14 Naturpark Feldberg-Lychener Seenlandschaft

Biosphärenreservat
- 39 Biosphärenreservat Schorfheide-Chorin

Schongebiete
- 44 Schongebiet Fehrbellin
- 45 Schongebiet Wustrauer Luch
- 46 Schongebiet Kremmen

drastisch sich das Bild gewandelt hat. Stille und Einsamkeit sind dahin. Die politische Wende brachte auch die Wende für Adler und Kraniche. Wenn man sich damals noch darüber freute, hie und da einem jener blauen Boote zu begegnen, so sieht man sich heute in der Hauptsaison stellenweise mit ganzen Pulks knallbunter Plastikkähne konfrontiert, vor denen man lieber Reißaus nimmt.

Motorboote In den stillsten Buchten sieht man sich plötzlich mittelmeertauglichen Jachten gegenüber. Und manche Freizeitkapitäne scheinen sich als PS-Protze zu gefallen: Mit rauschender Bugwelle brausen sie durch die schmalsten Kanäle – und denken nicht daran, dass ihre großen Wellen die Uferbefestigungen zerstören und im Schilf das Gelege der Vögel zerschlagen. Günstige Wasserstraßen von

Naturschutz – Naturschonung

Hamburg her und vom nahen Berlin haben eine wahre Welle überdimensionierter, lärmender und stinkender „Dickschiffe" über die Naturidylle hereinbrechen lassen. Gewiss brauchen auch diese Boote ihre Reviere – und wir wollen hier keine neue Front aufbauen – aber ebenso gewiss gibt es Reviere, von denen sie sich rücksichtsvoller- und vernünftigerweise fernhalten sollten.

Paddler Andererseits: Als Paddler mit langen Fingern auf die Motorisierten zu zeigen, wäre nicht nur zu einfach, sondern grundverkehrt. Denn so lange man die Schuld bei andern sucht, ändert sich bekanntlich gar nichts. Außerdem sind es auch und nicht zuletzt die Paddler, die viele der Schäden und Störungen verursachen. Überall stößt man auf ihre Spuren – sowohl an den Ufern der Seen und Kanäle, als auch in den regionalen Medien. Bei unseren Recherchen sind wir von örtlichen Stellen immer wieder sehr schmerzlich mit der Nase darauf gestoßen worden.

Es ist wahrhaft deprimierend, wenn man hört, welche Schäden auch Paddler anrichten (aus Dummheit oder Rücksichtslosigkeit?), Paddler, die doch eigentlich einen Sinn für die Natur und ein Gespür für das angemessene Verhalten haben sollten. Da paddelt man ungeniert durch Seerosen und Schilf und glaubt, „die paar Halme wachsen rasch wieder nach" (die zerstörten Gelege aber nicht!), da werden Schutzzonen nicht respektiert und Adler wiederholt von ihren Nistplätzen vertrieben, bis sie gar nicht mehr zum Brüten kommen. Beim wilden Zelten werden seltene Pflanzen zertrampelt und zahllose Feuerstellen zurückgelassen (wenn nicht gar brennende Wälder!). Abfälle werden einfach vergraben – oder auch nicht! Und an einem schönen Ufer inmitten üppiger Vegetation einfach mal anlegen? Warum eigentlich

Heute längst gesperrt: Pagelseekanal

Naturschutz – Naturschonung 41

Wasser zum Weg machen

NATURSCHUTZ – NATURSCHONUNG

nicht? Weil die Schäden in der empfindlichen Uferzone weit größer sind, als man ahnt – besonders wenn noch ein paar hundert Paddler nach einem kommen. Deshalb!

Steigende Besucherzahlen

Vor 25 Jahren hat die Natur Uferschäden und gelegentliches Wildzelten vielleicht noch mühelos weggesteckt – doch die Zahl der Paddler ist seitdem stetig angestiegen. Wo hundert oder zweihundert Boote am Tag passieren, da kann schon bloßes Anlegen Schäden verursachen – und selbst Grundberührungen bei niedrigem Wasserstand beeinträchtigen die Pflanzen und Kleinlebewesen unter Wasser! So kann auch die sanfte Art des Reisens zur Belastung werden.

An allen Ecken und Enden geraten jetzt Kanuten und Naturschützer in Konflikt. Und da wir – wie viele Kanuten – beides gleichermaßen sind, tragen wir den Konflikt in uns. Gerade beim Paddeln sollte es doch möglich sein, trotz relativ hoher Besucherzahlen die Beeinträchtigung der Natur auf ein Minimum zu beschränken, schließlich sind wir Paddler die einzigen, die nicht einmal Fußspuren hinterlassen (müssen).

Streckensperrungen

Doch Kanu-Rowdies scheint es leider überall zu geben. Und sie liefern den Naturschützern ganze Bootsladungen der besten Argumente dafür, dass man möglichst alle reizvollen Gewässer sofort und total sperren sollte. Eine ganze Reihe von Strecken, die wir noch gefahren sind (und für dieses Buch bereits beschrieben hatten), ist inzwischen gesperrt und musste wieder gestrichen werden. Weitere Totalsperrungen sind im Gespräch. Es liegt an den Paddlern und ihrem Verhalten (*Ihrem* Verhalten!), möglichst viele davon überflüssig zu machen!

Hand aufs Herz – wer von uns hat denn nicht schon geglaubt, er selbst verhalte sich so rücksichtsvoll und behutsam, dass er auch dort umherstreifen könne, wo dies zum Schutz der Natur ver-

Naturschutz – Naturschonung

boten ist?! Machen wir uns nichts vor! Wenn es um die Erhaltung empfindlicher Biotope geht, darf man sich nicht selbst Ausnahmegenehmigungen erteilen. Ein Einzelner mag kaum Spuren hinterlassen. Aber wenn ihm am gleichen Tag noch 99 weitere folgen?!

Naturschonung

„Naturschutz" ist zu einem allseits beliebten Schlagwort geworden. Jeder ist dafür, und doch wird's immer schlimmer! „Naturschonung" hingegen ist ein Begriff, der offensichtlich erst noch geprägt werden muss. Die meisten halten es schlicht für einen Versprecher, weil sie den Unterschied nicht begreifen zwischen Schutz und Schonung. Und der wäre? Na klar: Schützen tut man etwas vor anderen – schonen muss man es selbst und ganz alleine. Da muss man sich womöglich selber an der Nase packen, sich einschränken, verzichten. Das ist recht unbequem. Und dann kann man noch nicht einmal damit glänzen, weil die Selbstbeschränkung von Natur aus nicht so spektakulär ist wie großartige Aktionen. Alle Erhabenheit ist dahin, und schnöder Verzicht wird verlangt. Kein Wunder, dass sich die Begeisterung in Grenzen hält.

Aber genau das ist es! Nur so und nicht anders können die sensiblen Ökosysteme bewahrt werden – sei es im Müritz-Nationalpark, im Biosphärenreservat Schorfheide-Chorin oder am Rheinsberger Rhin. Nicht große Worte machen, sondern sich bewusst und behutsam bewegen – wie ein Indianer auf Mokassins. Keine Spuren hinterlassen – nicht die kleinsten. Da kann man ruhig einen Sport daraus machen, auch wenn es anderen übertrieben vorkommen mag.

Verhaltenstipps

Die meisten verantwortungsbewussten Paddler werden auch ohne unsere Hinweise wissen, wie sie sich verhalten müssen. Außerdem wissen wir Reisebuchautoren sehr wohl, dass auch die bestgemeinten Ge- und Verbote die Eigenverantwortung des einzelnen Wassersportfreunds nie ersetzen können. Dennoch haben wir eine Liste der wichtigsten „Dos & Don'ts" zusammengestellt – für alle, die etwas Hilfestellung brauchen, und damit keiner nachher sagen kann, er hätte es nicht gewusst.

Sperrzonen
- Sperrzonen respektieren! Adler z. B. reagieren sehr empfindlich auf Störungen und können nicht brüten, wenn Menschen wiederholt in die Sperrzone um ihren Horst eindringen.

Schilfgürtel, Ufergehölz
- Meiden Sie das Einfahren in Schilfgürtel und Ufergehölze, und halten Sie möglichst große Distanz dazu. Sie sind Zuflucht und Gelegezonen vieler Vogelarten! Selbst ein einzelnes Boot richtet dort viel mehr Schaden an, als die geknickten Schilfhalme erkennen lassen.

Kiesbänke
- Auch zu Vogelansammlungen auf dem Wasser sollten Sie größeren Abstand halten; ebenso zu Kies-, Sand- und Schlammbänken, denn sie sind Rastplätze für Vögel.

Flachwasser
- Seichte Kanäle und Fließe meiden; Grundberührung und insbesondere Treideln und Paddeln gegen den Strom schädigen am Grund lebende Organismen erheblich!

Anlegestellen
- Anlegen sollten Sie nach Möglichkeit nur an dafür vorgesehenen Stellen (z. B. Stege, gekennzeichnete Anlegestellen) oder an Stellen, an denen kein sichtbarer Schaden angerichtet werden kann (die Ufervegetation ist oft sehr empfindlich!)

Zelten
- Zelten Sie nur auf Camping- oder Biwakplätzen und nutzen Sie die dortigen Ver- und Entsorgungsmöglichkeiten. Wildes Zelten ist auch außerhalb der Schutzgebiete nicht mehr zu verantworten.

Feuer
- Offenes Feuer (dazu gehören auch Fackeln, Laternen, Kerzen und Zigaretten) ist sowohl im Wald als auch im Abstand von weniger als 100 m zum Wald zumindest in der Zeit vom 1. März bis 31. Oktober verboten. (Waldbrandgefahr! Es können Strafen bis 50.000 € verhängt werden!) Keine Feuerstellen anlegen und beim Benutzen zulässiger Stellen das Feuer nachher sorgfältig löschen! Waldbrandwarnstufen beachten!

NATURSCHUTZ – NATURSCHONUNG

Abfälle
- Abfälle gehören weder in den Wald noch ins Wasser! Auch nicht vergraben! Alles, was man mit auf die Fahrt nimmt, kann man auch wieder zurückbringen oder auf Campingplätzen „entsorgen".

Toiletten
- Toiletten sind selten da, wenn man sie braucht (und hier hat auch das „Wieder-Zurückbringen" des Abfalls seine Grenzen). Aber selbst ohne Klappspaten ist es kein Problem, mit einem Stock ein kleines Loch in den Waldboden zu scharren und es nachher wieder so zuzudecken, dass keine Spur zurückbleibt – auch kein Klopapier, das wie eine Gebetsfahne durch die Schonung flattert!

Lärm
- Lärm und andere Störungen wird man schon im eigenen Interesse vermeiden. Je vorsichtiger und behutsamer („indianischer") man sich bewegt, desto mehr hat man von seinem Aufenthalt in der Natur.

Lineares Bewegungsmuster
- Neuere Untersuchungen haben gezeigt, dass die Störungsempfindlichkeit von Wasservögeln deutlich abnimmt, wenn sie sich an ein gleichförmiges und kalkulierbares Bewegungsmuster gewöhnen. Das heißt, wenn man sich als Paddler an die auf Seen durch grüne Tonnen markierten Routen hält, sind selbst Gruppenfahrten möglich, ohne bei der Tierwelt Fluchtreaktionen auszulösen.

Motorboote
- Motorbootfahrern sei ans Herz gelegt, dass sie sich an die Hauptrouten halten und kleinere Kanäle und Seen aus freiwilliger Selbstbeschränkung meiden, auch wenn sie für Motorboote (noch?) nicht gesperrt sind. Warum nicht ein Paddelboot mit an Bord nehmen und solche idyllischen Winkel ohne Motorenlärm genießen? (Wer weiß, vielleicht kommen Sie auf den Geschmack und wollen es gar nicht mehr anders.)

Strafen
- Übrigens: Die obigen „Regeln" sind zumindest für die Naturschutzgebiete juristisch verankerte Gesetze (bei Verstößen drohen Geldstrafen bis zu 10.000 €).

Einsicht
- Als Naturfreund sollte man sie aber nicht „nur" als Gesetze betrachten (gegen die man verstoßen kann, solange es keiner merkt), sondern als Notwendigkeit und Selbstverständlichkeit. Alle Bemühungen werden nicht ausreichen, solange Kanuten nur deshalb nicht ins Schilf paddeln, weil sie Strafen fürchten. Erst wenn sie kapieren, was sie zerstören würden, und deshalb verzichten – erst dann hat die Natur eine Chance.

20 Routen durch ein Naturparadies

20 Routen durch ein Naturparadies

KRATZEBURG BIS WESENBERG

Route 1

Länge: 32 km, **Dauer:** 2 Tage

Obere Havel: Kratzeburg – Wesenberg

Überblick Einfache Route fast ohne Strömung und in beiden Richtungen befahrbar. Abgesehen vom längeren Landtransport zwischen Schulzen- und Pagelsee, völlig problemlos; auch für Anfänger und Kinder geeignet. Auf den größeren Seen ist bei Wind Vorsicht geboten.

Um Himmelfahrt und Pfingsten sowie in den Sommerferien ist die Strecke bei gutem Wetter oftmals überlastet. Ruhiger ist es im zeitigen Frühjahr oder im Herbst.

Hervorzuheben ist, dass die Route durch den Nationalpark für Motorboote gesperrt ist und dass außerhalb der vorgesehenen Stellen nicht angelegt und auch nicht gezeltet werden darf.

Achtung! **Organisierte Gruppenveranstaltungen** sind beim Nationalparkamt anzumelden! Die Gruppenstärke sollte 8 Boote nicht überschreiten.
● **Nationalparkamt Müritz,** Tel. 039824/2520, www.mueritz-nationalpark.de

Info

● **Unterkunftsvermittlung und Information:**
Fremdenverkehrsverein „Havelquellseen" e.V., Dorfstr. 24, 17237 Kratzeburg, Tel. 0700/38842835, www.havelquellseen.de
● **Töpferhof,** 17237 Granzin, Tel./Fax 039822/20242, www.toepferhof-steuer.de (Töpferei, Info, Rastplatz, Hofcafé, Wasser-, Rad- und Wanderkarten, feste Unterkünfte am See, Zimmervermittlung, Kanuverleih, Rückholservice; geöffnet: Mai bis Okt. tägl. 9–18 Uhr)
● **Kormoran Kanutouring,** Adresse siehe unten bei „Bootsverleih"
● **Infobüro Wesenberg,** Burg 1, 17255 Wesenberg, Tel. 039832/20621, www.wesenberg-mecklenburg.de, www.klein-seenplatte.de

Kratzeburg bis Wesenberg

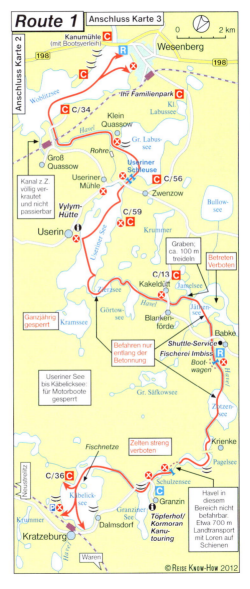

KRATZEBURG BIS WESENBERG

Anreise

- **Bahn:** Berlin-Neustrelitz; dort umsteigen in Richtung Waren und bis Kratzeburg fahren. Kratzeburg liegt an der Strecke Güstrow-Waren-Neustrelitz. Vom Bahnhof Neustrelitz fährt an Schultagen die Buslinie 680 nach Kratzeburg und Granzin.
- **Auto:** B 96 bis Neustrelitz; dort auf die B 193 Richtung Penzlin; nach ca. 5 km vor Brustdorf erste Abzweigung links, Landstraße in Richtung Kratzeburg/Granzin.

Angel-karten

Für den Bereich Käbelicksee bis Pagelsee gibt es beim Fischer *Berkholz* (ein echt mecklenburgisches Original!) in Kratzeburg, Dorfstr. 34, Tel. 039822/29966, www.fischerei-berkholz.de.

Sehenswert

- **Kratzeburg:** Fachwerkkirche, Infostelle des Müritz-Nationalparks;
- **Granzin:** Töpferhof;
- **Wesenberg:** Burg, Stadtkirche;
- **Userin:** Vylym-Hütte (naturkundliche Bildungsstätte des Müritz-National-Parks).

Einsetzen

Badeplatz nahe dem Bahnhof am Nordende des Sees oder beim Campingplatz C/36 am Ostufer des Sees. Von der B193 kommend, am Ortseingang Kratzeburg nach links auf den schmalen Asphaltweg einbiegen und unter der Bahnlinie hindurch fahren. Dahinter geht es rechts zu der Badestelle, links zum Campingplatz. Das Fahrzeug kann man – gegen eine Gebühr von 2,50 € pro Tag – auf dem Campingplatz abstellen. Einen großen und bisher kostenlosen Parkplatz findet man an der Gabelung Campingplatz/Badestelle, Alternativen: in Granzin hinter der Havelbrücke rechts an der öffentlichen Einsetzstelle.

Einkaufen

Nachdem die Läden in Granzin, Babke und Blankenförde geschlossen wurden, gibt es nur noch Lebensmittelgeschäfte in Userin und Wesenberg sowie begrenzte Einkaufsmöglichkeiten auf den Campingplätzen (Kioske).

Route

Käbelicksee – Granziner See – Schulzensee – Pagelsee – Zotzensee – Jäthensee – Görtowsee – Zierzsee – Useriner See – Großer Labussee – Woblitzsee

Entfernungen

- Kratzeburg – Campingplatz C/13 Jamelsee: 14 km
- Kratzeburg – Campingplatz C/59 Useriner See: 22 km
- Campingpl. C/59 – Campingpl. C/34 Woblitzsee: 7 km
- Campingplatz C/34 – Wesenberg: 3 km

Landtransporte

- **Granziner Mühle** 700 m mit Schienenwagen;
- **Babke** 60 m Bootsschleppe;
- **Zwenzower/Useriner Schleuse** mit ca. 100 m Bootsschleppe

KRATZEBURG BIS WESENBERG

Beschränkungen

Hier paddeln Sie durch den Müritz-Nationalpark und müssen folgende Beschränkungen beachten:
- **Anlegen** nur in Ortschaften und an ausgewiesenen Raststellen. An Raststellen darf nicht gezeltet werden.
- **Havel:** zwischen Granziner Mühle u. Pagelsee Landtransport mit Bootsschleppe
- **Zotzensee, Jäthensee, Zierzsee:** Befahren nur entlang der markierten Durchfahrt (grüne Bojen)
- **Useriner See:** nördliche Bucht und Kramssee für jeglichen Bootsverkehr gesperrt (gelbe Bojen)
- Die gesamte Route bis zum Großen Labussee (Schleuse Zwenzow) ist **für Motorboote** gesperrt!

Weitere Informationen über **Verhaltensregeln** und mögliche Einschränkungen beim Amt Nationalpark Müritz unter www.nationalpark-mueritz.de, in den Nationalparkinformationen und auf den zahlreichen Hinweistafeln entlang der Wasserwanderstrecke.

Wer eine **geführte Kanutour** durch den Nationalpark machen will, ist bei *Frank* oder *Anemone Henning* von „Raus ins Grüne" in besten Händen. Kompetent und einfühlsam führen sie ihre Gäste durch die bezaubernde Wasserwelt des Nationalparks, erklären die Entstehungsgeschichte dieser Landschaft und öffnen die Augen für manch verborgenen Schatz, den die Natur am Uferrand zu bieten hat. Nähere Informationen: Dorfstr. 21, 17252 Roggentin, www.raus-ins-gruene.de oder Tel. 039829/22562, mobil: 0171/4447344 (Frank) bzw. 0174/9251538 (Anemone).

Übernachtung

- **Campingplatz Naturfreund C/36** Kratzeburg, Familie Wolski, 17237 Kratzeburg, Dorfstr. 3, Tel. 039822/20285, www.campingplatz-naturfreund.de
- **Campingplatz Zum Hexenwäldchen C/13** Jamelsee, Uwe Fischer, 17237 Blankenförde, Tel. 039829/20215, www.hexenwaeldchen.de (naturnaher Platz mit Bootsvermietung; 1.4.–30.10.)
- **FKK-Camping am Useriner See C/59** (Haveltourist), 17237 Zwenzow, Tel. 03981/2479-0, Fax 2479-99, www.haveltourist.de (zwischen See und Wald im Müritz-Nationalpark; Kanuverleih, Bootssteg, Plätze für Wasserwanderer; Kiosk & Gaststätte 1700 m entfernt)
- **Campingplatz Zwenzower Ufer C/56,** Großer Labussee, 17237 Zwenzow, Tel./Fax Haveltourist s.o. (1.4.–31.10. komfortabler Platz mit Laub- & Nadelbäumen direkt am Müritz-NP; Kanu- u. Bootsverleih, Bootssteg; Plätze für Wasserwanderer; Kanu-Camping-Card)
- **Campingplatz Ihr Familienpark,** Kleiner Labussee, 17255 Wesenberg, Tel. 039832/20525, www.ihr-familienpark.de, N 53° 17' 29.14", O 12° 56' 49.88" (kleiner, persönlicher Platz mit wenig Dauercampern)

Der Seeadler

Der Seeadler ist mit einer Spannweite von bis zu zweieinhalb Metern der gewaltigste Greifvogel und einer der größten Vögel Europas überhaupt. Zu erkennen ist er –außer an seiner Größe – an den breiten, brettartigen Schwingen, seinem kräftigen, gelben Schnabel, den nur zur Hälfte befiederten Läufen und dem kurzen, keilförmigen Stoß, der bei ausgewachsenen Seeadlern weiß gefärbt ist. Das übrige Federkleid ist bis auf den helleren Kopf und Hals fast einfarbig dunkelbraun.

Männchen und Weibchen sind in der Gefiederfärbung gleich, unterscheiden sich jedoch deutlich in der Größe. Während die Männchen (nur) eine Spannweite von 2,10 bis 2,30 m und ein Gewicht von 3 bis 3,5 kg haben, erreichen die Weibchen eine Spannweite von bis zu 2,50 m und ein Gewicht von 4,5 bis 6,5 kg.

Hauptlebensraum der Seeadler sind fisch- und wasservogelreiche Seen und Flüsse sowie Küstengewässer. Als Brutvogel ist der Seeadler an Waldungen mit hohen Bäumen, die in der Nähe von geeigneten Jagdgewässern sein müssen, gebunden.

Auf alten Bäumen baut er in durchschnittlich 20 m Höhe seinen riesigen **Horst,** meist sichtgedeckt, jedoch mit freier Anflugmöglichkeit an Lichtungen oder Waldrändern. Das Gelege aus meist zwei Eiern ist etwa Anfang März vollständig und wird 35–40 Tage bebrütet. Die Jungvögel sind mit etwa 90 Tagen flügge, werden aber erst mit 5–6 Jahren geschlechtsreif. Als Paare sind die Seeadler sehr standorttreu und bleiben gewöhnlich zeitlebens zusammen. In Gefangenschaft haben Seeadler ein Alter von bis zu 42 Jahren erreicht.

Im Gegensatz zum Fischadler besteht die **Nahrung** der Seeadler nicht nur aus Fischen, sondern in erster Linie aus Wasservögeln bis zur Größe von Gänsen, Schwänen und Reihern und gelegentlich auch aus Säugetieren bis zur

●**Camping- und Ferienpark Havelberge am Woblitzsee C/34** (Haveltourist), 17237 Groß Quassow, Tel. 03981/ 2479-0, Fax 03981/247999 (Restaurant, Freizeiteinrichtungen und Programm mit Shows und Live-Musik. Wassersportzentrum. Kanuverleih; Kanu-Camping-Card)

●Eine weitere Möglichkeit bieten der sympathische **Mini-Zeltplatz der Kanumühle** (s. u. „Vermieter") auf einer Insel sowie der gepflegte **Rastplatz für Wasserwanderer am Stadthafen von Wesenberg** mit sauberen, modernen und sogar behindertengerechten Sanitäranlagen (Anmeldung bis 18 Uhr: Hafen- und Informationsbüro; Gebühren wie auf Campingplätzen).

Größe von Hasen. Meist schlägt er seine Beute auf dem Wasser oder auf der Erde, seltener in der Luft.

Der **Bestand** an Seeadlern war zu Beginn des 19. Jh. noch wesentlich größer als heute. So wurden allein in den Revieren von Mecklenburg-Schwerin in den Jahren 1841–1853 rund 800 Adler erbeutet.

Anfang des 20. Jh. war dieser gewaltige Vogel fast ausgerottet. Seit den 1920er und 1930er Jahren hat sein Bestand allmählich wieder zugenommen. Hauptzentren der europäischen Population sind heute die boddenreichen Küstengebiete Darß/Zingst, Rügen und Usedom sowie die Mecklenburgische Seenplatte. Insgesamt gibt es hier noch etwa 80–100 Brutpaare, während in den Alt-Bundesländern (Oberholstein) nur etwa noch 5 Paare leben.

Bedroht ist der Seeadler vor allem durch bleihaltige Munition, die das Tier im Aas von geschossenem Wild aufnimmt. Das Blei führt zu Nervenschädigungen und schließlich zum Tod. Zweite Haupttodesursache sind Kollisionen der Vögel an Verkehrswegen, vor allem Bahnstrecken, wenn das Tier versucht, angefahrenes Wild zu fressen. Außerdem ist es wichtig, Störungen durch Besucher und Fotografen zu vermeiden, besonders während der Brutzeit. Die Horstschutzzonen mit einem Radius von 100 m ganzjährig und 300 m während der Brutzeit vom 1.2. bis 31.7. sollten unbedingt eingehalten werden.

Rückfahrt Von Wesenberg mit der Bahn über Neustrelitz (umsteigen) oder durch den Kammerkanal und den Zierker See nach Neustrelitz paddeln (s. Route 2); von dort geht es weiter mit Bahn oder Bus nach Kratzeburg oder Granzin. In beiden Fällen ist der Bahnhof ein ganzes Stück von dem Endpunkt entfernt.

Von Neustrelitz mit der Bahn Richtung Waren/Müritz oder mit dem NP-Bus oder Linie 680 bis Kratzeburg bzw. Granzin. Personen- und Kanubeförderung von verschiedenen Endpunkten auch durch Kormoran Kanutouring, s. „Bootsverleih". (Verbindung von hier zur Route „Alte Fahrt" s. S. 60).

Kratzeburg bis Wesenberg

Boots-
verleih

- **Kormoran Kanutouring,** Granzin 38, 17237 Granzin, Tel. 039822/29888, Fax 29895, mobil: 0172/2740966, www.kormoran-kanutouring.de (Kanadier und Tourenkajaks, Einweisung für Paddelanfänger, Fahrradvermietung, Personen- und Kanutransporte, geführte Touren, gute Beratung; sehr nette und kompetente Leute!)
- **Campingplatz Naturfreund** (s. o. bei „Übernachtung")
- **Kanumühle,** Havelmühle 1, Ahrensberger Weg, 17255 Wesenberg, Tel. 039832/20350, www.kanu-muehle.de (Mini-Zeltplatz auf einer Insel, geführte Paddeltouren und Verleih verschiedener Kajaks sowie 2er-, 3er-, 4er- und 12-er Kanadier mit kompletter Ausstattung und Zubehör; auch Verleih von Campingausrüstung; Touren-Beratung und Einweisung für Anfänger, Rückholservice, Kanu- und Outdoorshop, Unterkunft im Indianer-Tipi)
- **Kanuverleih am Käbelicksee,** Tel. 039822/20241 (Abholung bei Bahnanreise möglich)

Charakter der Tour

Havel

Die Havel entspringt in den Wiesen zwischen Pieverstorf und Ankershagen. Bis zu ihrer Mündung in die Elbe bei Havelberg legt sie 361 km zurück, obwohl Quelle und Mündung nur 90 km Luftlinie auseinander liegen.

Ab dem Käbelicksee ist die Havel als kleiner Wiesenfluss mit Einern und Zweiern ganzjährig (sofern eisfrei) befahrbar. Die ehemalige Panzer-Furt an der Granziner Mühle wurde renaturiert. Es gibt dort eine Anlegestelle mit bislang sehr seichtem Wasser; der Wasserstand wurde allerdings inzwischen durch Anstauen erhöht. Auf der anderen Straßenseite wurde eine Fischtreppe angelegt. Von der Anlegestelle bei der ehemaligen Mühle bis zum Pagelsee ist die Havel für jede Art von Bootsverkehr gesperrt, da ein Befahren oder Treideln auf diesem seichten und engen Abschnitt zu erheblichen Schäden an Flora und Fauna führen würde.

Für den 700 m langen Landtransport stehen mittlerweile Loren auf Schienen zur Verfügung. Achtung: Durch **Überlastung** (Personentransport) und hohe Geschwindigkeiten können die Loren entgleisen und die Boote schwer beschädigen!

Schrittgeschwindigkeit einhalten! Durch die Länge der Landtransportstrecke kann es bei hohem Andrang zu Wartezeiten kommen.

Ab dem Pagelsee ist die Obere Havel ohne längere Landtransporte befahrbar. Das Wehr bei Babke und die Zwenzower Schleuse zwischen Useriner und Labussee sind mit Bootsschleppen ausgestattet. Da die Havel fast keine Strömung hat, kann man getrost auch in Gegenrichtung paddeln.

Urwüchsige Landschaft

Mit ihren zahlreichen einsamen Seen, Seerosenteichen, Schilfufern und Fließstrecken und Kanälen gehört die Obere Havel zu den reizvollsten, abwechslungsreichsten und beliebtesten Bootsrevieren Mecklenburgs. Man durchpaddelt eine von den Gletschern der Eiszeit geprägte Landschaft mit ausgedehnten Kiefernwäldern und urwaldhaften Buchen- und Eichenwäldern. Die abwechslungsreiche Natur mit vielfältiger Tier- und Pflanzenwelt, urwüchsige Sumpf- und Schilfufer sowie die Fahrt durch ursprüngliche Gebiete des „Müritz-Nationalparks" (Zelten ist hier verboten!) verleihen der Tour einen romantischen Charakter.

Da die Strecke bis einschließlich Useriner See für Motorboote gesperrt ist und auch kaum Ortschaften berührt, kann man Stille, klares Wasser und die ursprüngliche Natur noch weitgehend ungestört genießen.

Außerhalb der Spitzensaison kommt man sich stellenweise fast wie in den Sümpfen der Everglades vor. Und selbst im Sommer, wenn die Hauptroute stark befahren ist, kann man auf Abstechern noch stille und einsame Winkel entdecken.

Saison

Im Winter sind die Seen meist zugefroren, manchmal sogar bis Ende März. Im April sind sie sehr wenig befahren, von Mai bis Anfang Juni wenig befahren (außer am Himmelfahrts- und Pfingstwochenende, dann sind sie sehr stark befahren), von Juni bis Anfang Juli sind die Seen mäßig, bis zur dritten Juliwoche stärker befahren, von der letzten

Kratzeburg bis Wesenberg

Juliwoche bis zur 2. Augustwoche ist sehr viel los! In der letzten Augusthälfte sind sie mäßig, ab September dann wieder wenig, und ab Oktober bis zur Eisbildung nur sehr wenig befahren.

Variable Etappen Mehrere einfache und meist schön gelegene Campingplätze ermöglichen eine variable Einteilung der Etappen. Viele Anschlussrouten bieten die Möglichkeit, in verschiedene Richtungen weiterzupaddeln und die Fahrt beliebig zu verlängern.

Routenbeschreibung

In Kratzeburg selbst findet man u. a. eine schöne alte Fachwerkkirche, eine „Wollwerkstatt" (Spinnen, Weben, Filzen), die Mitmach-Tage für Interessierte veranstaltet und den Hofladen von Fischer Berkholz, wo man einen köstlich geräucherten Fisch direkt aus dem Rauch auf seinen Teller serviert bekommt (Fischimbiss, Räucherfisch, Fischsuppe, Frischfisch). Gegenüber der Kirche befindet sich im Gemeindegebäude eine Natio-

Kratzeburg bis Wesenberg

nalparkinformation mit einer interaktiven Fledermausausstellung und einem Spielplatz. Ein kleines Café liegt am östlichen Ortsausgang Richtung Adamsdorf.

Käbelicksee

In südlicher Richtung geht es von Kratzeburg über den Käbelicksee und links an einer Insel vorbei, in deren Uferbereich man auf Fischernetze achten muss. Der Seeausgang liegt hinter einer Landzunge verborgen, die sich von rechts her weit in den See erstreckt und somit wie das südliche Ufer aussieht. Links halten!

Havel

Hat man die Landzunge umrundet, erkennt man rechts im Süd-Westzipfel des Sees zwischen Weiden und Schilf die ausfließende Havel. Sie ist mit einer grünen Markierungsboje zur Orientierung versehen. Hier gelangt man unvermittelt in eine ganz neue und faszinierende Welt.

Zwischen Seerosen, Schilfufern und üppig wucherndem Grün paddelt man durch die ursprüngliche Landschaft des ruhigen und eng gewundenen Flüsschens. Am Grund des klaren Wassers kann man große Muscheln sehen, an den Ufern die Spuren von Fischottern entdecken, und mit etwas Glück sieht man eine Ringelnatter oder sogar einen Fischadler.

Granziner See

Nach Unterqueren einer Straßenbrücke gelangt man auf den Granziner See. Dort biegt man nach links, um den Seeausgang zu finden. An einem Badesteg mit sandigem Ufer bei den Bootshäusern vorbei ist dieser rasch erreicht. Nach ungefähr 50 m erreicht man rechts eine öffentliche Ein- und Aussetzstelle mit Parkplatz. Ein kurzes Stück hinter der Brücke befindet sich rechts die Anlegestelle der Kanustation Kormoran.

Bootslore zwischen Granziner Mühle und Pagelsee

Einen Abstecher wert ist auch der **Töpferhof** in Granzin. Um dorthin zu gelangen paddelt man von der Einmündung der Havel in den Granziner See direkt zur gegenüber liegenden Anlegestelle. Der Töpferhof bietet nicht nur Keramikarbeiten, sondern auch einen Bootsverleih, Karten, Ausstellungen, umfangreiches Infomaterial, Getränke, Eis, Imbiss und Unterkünfte. Eine empfehlenswerte Gaststätte ist auch der Havelkrug (www.havelkrug-granzin.de).

Wieder unter einer Straßenbrücke hindurch gelangt man hinter Granzin auf den kleinen, seerosenbedeckten **Schulzensee,** der vielen Vogelarten Lebensraum bietet.

Landtransport

Hinter dem Schulzensee fließt die Havel durch ein ehemaliges militärisches Gelände, durch das bei meinem ersten Besuch noch die Panzer der Roten Armee dröhnten – an einer Stelle quer durch die Havel! Inzwischen ist die Sowjetarmee längst abgerückt. Direkt bei der damaligen Panzer-Furt an der **Granziner Mühle** befindet sich nun die Ausstiegsstelle für den 700 m langen Landtransport mit Loren. Die Havel unterhalb der Fischtreppe ist wegen Wassermangels und aus Naturschutzgründen nicht befahrbar.

Im Kernbereich des NP die Wege nicht verlassen! Bei der Granziner Mühle und an der Einmündung in den Pagelsee wurden **Rastplätze** mit Holztischen angelegt, wo gerastet, aber nicht übernachtet werden darf.

Pagelsee

Ab dem malerisch und einsam gelegenen Pagelsee hat man das einstige Militärgelände hinter sich, und ab hier hält die Obere Havel keine längeren Hindernisse bereit, sondern ist problemlos befahrbar. Am rechten Ufer befindet sich eine schöne Badestelle mit Sandstrand und Picknickplatz, die aber

Idylle pur! Sandiges Badeufer am Pagelsee

auch auf der Straße erreichbar ist und entsprechend viel genutzt wird. Man umrundet die Halbinsel und gelangt unter einer historischen Holzbrücke hindurch zum Seeausgang.

Zotzensee Ein kurzer Kanal führt weiter zum völlig von Sumpfwiesen und einem breiten Schilfgürtel umgebenen Zotzensee, der – ebenso wie eine Reihe der folgenden Seen – im Kernbereich (strengste Schutzzone!) des **Müritz-Nationalparks** liegt. Man sollte Abstand zu den Uferbereichen wahren, in denen Wasservögel Schutz und Ruhe suchen, und unbedingt die mit grünen Bojen markierten Routen einhalten. Hier leben und brüten unter anderem Fischadler, Reiher, Enten, Blässhühner, Rallen, Graugänse und sogar die Große Rohrdommel. Letztere ist im Frühjahr an ihren seltsam dumpfen Rufen zu erkennen, die so gar nicht an einen Vogel denken lassen und ihr daher im Volksmund den Namen „Moorochse" eingetragen haben.

Babke Weiter geht es durch einen geraden Kanal. Dort, wo er zu enden scheint, befindet sich das **Wehr** von Babke (ehemalige Flößerschleuse) mit einer Bootsschleppe (ca. 60 m), die das Umsetzen des Bootes wesentlich erleichtert. Hier befindet sich

Kratzeburg bis Wesenberg

eine Fischerei, die in der Saison einen Imbiss betreibt (z. B. Fischbrötchen, frischer Räucherfisch) und auf Anfrage eine einfache Zeltmöglichkeit bietet. Kurz vor der Ausstiegsstelle bei der Fischerei befindet sich rechts ein Steg, der eine weitere öffentliche Ein- und Aussetzstelle darstellt. Dieser Punkt ist sehr beliebt für Shuttleaktionen in das parallele Seensystem, die sogenannte „Alte Fahrt" zum Leppinsee rüber. Angeboten wird diese Dienstleistung von Taxi und Mietwagenunternehmen, die auch auf Bootstransporte spezialisiert sind, z. B. *Taxi und Mietwagen Hänsch,* Wesenberg, mobil: 0171/5459485, *Paddel-Paul,* mobil: 0174/8275230, *Taxi Moritz,* Tel. 039833/20454 oder auch von *Kormoran Kanutouring* (siehe oben unter „Bootsverleih"). Durch die Kombination der Routen kann man eine etwa einwöchige Rundfahrt unternehmen, die zu den schönsten der ganze Region gehört.

Obere Havel bei hohem Wasserstand

Ein wenig weiter passiert man eine Straßenbrücke, von der es nur noch etwa 200 m bis nach Babke sind. Man kann sein Boot hinter der Brücke links festmachen und in das kleine Dörfchen spazieren (einen Laden gibt es dort leider nicht mehr, aber bei den Ferienhäusern am Ortseingang findet man ein kleines Café). Man sollte das holzgeschnitzte **Sonnentor** vor dem zweiten Gehöft auf der linken Seite beachten.

Jäthensee Der flache, von Schilf und Feuchtwiesen gesäumte Jäthensee ist ein weiterer Kernbereich des Nationalparks mit artenreicher Vogelwelt. Auch hier die markierte Route einhalten! Mit etwas Glück kann man hier sogar Seeadler und Fischadler bei der Jagd beobachten. Die sumpfige und von stark verkrauteten Untiefen umgebene Insel **Schulzenwerder** lässt man rechts liegen und paddelt entlang der markierten Route quer über die Wasserfläche zum Seeausgang.

Jamelsee Die Havel verlässt den Jäthensee, und nur etwa 200 m weiter führt nach rechts ein sehr schmaler, aber ebenso kurzer Kanal zum ruhigen Jamelsee (wegen des flachen Wassers ist – außer bei hohem Wasserstand – auf ca. 100 m Treideln erforderlich). Wer für den ersten Tag genug hat, findet am Ostende dieses kleinen Sees den **Campingplatz** „Zum Hexenwäldchen" C/13.

Blankenförde Hinter der Straßenbrücke zwischen Kakeldütt und Blankenförde lohnt es sich anzulegen. Rechts befinden sich ein Rastplatz mit Tischen, Toilette, Müllentsorgung und Kiosk und eine Allee mit prachtvollen Kastanien, die unter Naturschutz stehen. Geht man rechts über die Brücke kommt man zum Ortsteil Blankenförde. Dort gibt es eine **Fachwerkkirche** von 1702 und die **Gaststätte „Räucherkate"** (Dorfstr. 24) mit nicht eben herausragender, aber solider und preisgünstiger Küche (am besten war der Hirschbraten) und schönen

Plätzen im Freien. Ein kurzes Stück hinter der Kirche kommt man zur Nationalparkinformation mit einer Ausstellung zum EU-Lifeprojekt „Große Rohrdommel", einem sehr interessanten Renaturierungsprojekts der Havelniederung zwischen Granzin und dem Jäthensee.

Görtowsee An einigen Bootsschuppen vorbei geht es weiter zum Görtowsee. Dort erreicht man einen der urwüchsigsten Abschnitte der Oberen Havel. Zunächst paddelt man im Südzipfel des Görtowsees durch eine Wasserlandschaft mit Schilfinseln, Weidensträuchern und Seerosenfeldern. Besonders in der Morgen- und Abenddämmerung ist man hier von einer faszinierenden Atmosphäre umgeben. Die Seerosenfelder sind ab Juli am schönsten.

Zierzsee Weiter gelangt man auf den *Moosbäk* genannten wildromantischen Abschnitt der Havel. Er windet sich durch ein urwaldhaftes Schutzgebiet mit herrlichen alten Buchen zum kleinen Zierzsee. In diesem See gibt es eine kleine Insel, die aber recht sumpfig ist und nicht betreten werden darf. Der Abschnitt Görtowsee-Zierzsee befindet sich wieder in einer Kernzone des Nationalparks, die besonderen Schutz erfordert. Achten Sie deshalb unbedingt darauf, dass Sie nicht durch die Seerosen oder durch das Schilf paddeln, halten Sie sich an die vorgegebene Route, legen Sie nirgends an, betreten Sie die Ufer nicht, und hinterlassen Sie auch sonst keinerlei Spuren!

Useriner See Vom Zierzsee paddelt man in den Useriner See (bei starkem SW-Wind sollte man unbedingt in Ufernähe bleiben). Die Bucht links und der von Sumpfwäldern eingesäumte **Kramssee** liegen in der Kernzone des Nationalparks und sind für jeglichen Bootsverkehr gesperrt.

Auf dem 5 km langen Useriner See nimmt der **Bootsverkehr** zu; Motorboote sind auch hier nicht zugelassen, es darf jedoch gesegelt werden.

Im Südostteil des Sees liegt eine **Insel,** auf der einst eine slawische Siedlung stand. Früher war sie ein beliebter Rastplatz für Wasserwanderer. Sie darf jedoch nicht mehr betreten werden, weil hier Seeadler nisten. Bitte halten Sie sich unbedingt an diese wichtige Einschränkung, denn die majestätischen Vögel brauchen viel Ruhe, um zu brüten.

Am Ostufer kann man auf halber Strecke bei **Userin** anlegen, um einzukaufen oder Bier zu trinken. Besonders empfehlenswert ist ein Besuch der spitzgiebeligen **Vylym-Hütte,** einer Informationsstelle, in der Herr *Schmidt* über die Tier- und Vogelwelt der Region informiert (geöffnet So 10–11.30 Uhr und Do 18–21 Uhr, für Gruppen auch andere Termine nach Anmeldung: Tel. 03981/ 204395).

Auf der Weiterfahrt kann das Speichergebäude der **Useriner Mühle** als Orientierung dienen. Links davon befindet sich der Ausgang in den Mühlen- oder Floßkanal, der den Weg über den Labussee abkürzen würde, aber zugeschüttet worden ist. Man hält sich daher weiter rechts und fährt in den Kanal zum Großen Labussee. Reste alter Holzpfähle erinnern daran, dass hier früher die Stämme festgemacht wurden, die man in Flößen über die Seen transportierte.

Die Havel

Horst Herbert Herm schreibt in „Die unwahren und wahren Geschichten vom lächelnden Rhin" über die Havel:

„Ich sage immer, weil die Landschaft hier so schön in ihrer Einfachheit ist, hat sich die Glücksträne Gottes, die Havel, hier besonders vor Freude und Neugier gewunden. Hier konnte sie sich allein und frei entfalten. So hüpfte sie hin und her, mal vor und mal zur Seite und schlug einen Havelbogen nach dem anderen. Sie war in ihrer Einsamkeit froh, glücklich und verspielt. Und so ist die Landschaft. Gott sei's gedankt!"

KRATZEBURG BIS WESENBERG

Großer Labussee

Sofern die Tore der **Zwenzower Schleuse** (auch „Useriner Schleuse" genannt; Schleusenzeiten Mai bis Sept. 10.30, 12.13 und 17.30 Uhr) nicht zufällig gerade geöffnet sind, kann man sie mit einer Bootsschleppe (links, ca. 100 m) umgehen und gelangt danach auf den Großen Labussee. Hier endet der Müritz-Nationalpark, und auf allen Seen und Kanälen der weiteren Hauptroute dürfen nun auch Motorboote verkehren.

Von **Zwenzow** (Kiosk am Campingplatz) kann man eine schöne kleine Fußwanderung zum **Krummen See** unternehmen, einem sehr reizvoll im Wald gelegenen Klarwassersee.

Havel

Links am Ufer entlang (bei SW-Wind in Ufernähe halten! Wellen!) gelangt man nach 2 km wieder auf die Havel (schöne **Badestelle** rechts neben der Einfahrt), die hier einen 3 km langen Kanal mit ruhigem und tiefem Wasser bildet. In diesem Ka-

Bootslore am Wehr von Babke

nal sollen noch Fischotter leben, auf den Wiesen kann man Kreuzottern antreffen und die ungiftige Ringelnatter beobachten, die hier ideale Lebensbedingungen findet. Allerdings muss man in den engen Kurven auch auf Motorboote achten, an die man nach der bisherigen Route sicher noch nicht gewöhnt ist.

Woblitzsee Unter einer Eisenbahn- und einer Straßenbrücke hindurch gelangt man auf den Woblitzsee.

Wer sich den (bei Wind evtl. mühsamen) Weg nach Wesenberg sparen und außerdem möglichst nah an einen Bahnhof heran gelangen will, der biegt auf dem Woblitzsee nach links und paddelt um die Landzunge herum in den kurzen (aber meist völlig verkrauteten und kaum passierbaren!) Kanal in Richtung **Groß Quassow**.

Als Alternative bietet es sich an, die Straßenbrücke kurz vor der Mündung in den Woblitzsee zu unterqueren und dahinter links anzulegen (Anlage des Motorbootclubs Neustrelitz). Wegen der Uferbefestigung ist es dort nicht ganz einfach, das Boot aus dem Wasser zu holen. Einen kleinen Sandweg hinauf gelangt man zur Straße, biegt dort nach rechts und geht bis zur Schienenkreuzung, wo man schon den „Bahnhof" sieht, der nur aus dem Bahnhofsschild und einer Bank besteht (insgesamt ca. 5 Minuten Gehzeit). Die Züge verkehren täglich etwa zwischen 7 und 19 Uhr alle zwei Stunden. Auf der Woblitz nach links biegend, kann man über den **Kammerkanal** auch mit dem Boot nach Neustrelitz gelangen (siehe Route 2).

Nach rechts paddelt man der Länge nach über den Woblitzsee etwa 4 km bis **nach Wesenberg.** Diese Strecke kann für kleine Boote bei starkem Wind gefährlich werden. Besonders bei Südwind sollte man daher am besten in Ufernähe fahren und, falls der Wind stärker wird, lieber anlegen und abwarten bis sich der Wind dreht oder abflaut, zumal man dann die Hauptwindrichtung gegen sich hat.

Wesenberg Bei Wesenberg kann man am Bootshaus des Kanuvereins *Union Wesenberg* anlegen (Zelten für DKV-Mitglieder nach Anmeldung möglich, Tel. 039832/20311, sv-union-wesenberg-kanu.cabanova.de), um das Städtchen zu besichtigen (Reste einer Burg von 1282 sowie eine spätgotische Kirche aus dem 15. Jh.) oder um die Tour hier zu beenden (Bahnverbindung nach Neustrelitz).

Eine bessere Übernachtungsmöglichkeit ist der **Wasserwanderrastplatz** am **Sportboothafen** direkt an der Wesenberger Burg mit Campingwiese, Sanitäranlagen und nur 3 Minuten Fußweg ins Zentrum (Hafenmeisterei bis 18 Uhr besetzt). Unweit der Burg befindet sich auch ein kleiner, gut sortierter Kanu- und Outdoorladen („Wasserwanderer", Vor dem Mühlentor 1, Tel. 039832/26470, www.wasserwanderer.com).

Wer will, kann seine Tour natürlich auch auf der Havel fortsetzen und in Richtung Fürstenberg weiterpaddeln (siehe Route 3) oder weiter nach Rheinsberg (Route 6) bzw. nach Mirow und zur Müritz (Route 6 + 7).

Tipps für Wanderer

Das Gebiet um die **Havelquelle** (Middelsee, Großer Diecksee, Tannensee) nördlich von Kratzeburg ist nur für Rad- und Fußwanderer zugänglich, da die Havel hier nicht befahrbar ist (Fahrradverleih bei Kormoran Kanuverleih in Granzin). Rings um die Quellseen findet man eine ruhige und reizvolle Landschaft mit vielen seltenen Pflanzen, wie z. B. Rundblättriger Sonnentau, Blasenbinse und Großer Händelwurz, sowie eine reiche Vogelwelt. Selbst der Fischadler nistet hier noch.

Und sowohl in der Umgebung von Pieverstorf als auch bei Ankershagen stößt man auf sehenswerte Hügelgräber. Bei **Pieverstorf** ist außerdem noch ein bronzezeitlicher Burgwall zu sehen. Bei einem Abstecher nach **Ankershagen** kann man das Heinrich-Schliemann-Museum besuchen.

Karte Seite 68 **WESENBERG BIS NEUSTRELITZ**

Route 2

Länge: 12 km, **Dauer:** Tagesfahrt

Wesenberg – Neustrelitz

Überblick Einfache Route ohne Strömung. Kann zu jeder eisfreien Zeit und in beiden Richtungen gefahren werden. Keine Hindernisse; problemlos zu paddeln und auch für Anfänger und Familien mit Kindern geeignet. Auf den beiden Seen ist allerdings bei Wind Vorsicht geboten. Möglichst in Ufernähe bleiben um im Zweifelsfall schnell anlegen zu können.

Info
- **Touristinformation Wesenberg,** 17255 Wesenberg, Burg 1, Tel. 039832/20621, Fax 039832/20383, www.wesenberg-mecklenburg.de, www.klein-seenplatte.de
- **Wassersportverein „Einheit" e.V.,** Zierker Nebenstr. 31, 17235 Neustrelitz, Tel. 03981/204-338, www.wsv-neustrelitz.de
- **Touristinformation Neustrelitz,** Strelitzerstr. 1, 17235 Neustrelitz, Tel. 03981/253-119, Fax 239-6870, touristinformation@neustrelitz.de, www.neustrelitz.de

Anreise
- **Bahn:** Berlin – Neustrelitz oder von Lübeck her Güstrow – Neustrelitz; dort umsteigen nach Wesenberg
- **Auto:** B 96 3 km vor Altstrelitz links ab, geradeaus an Klein Trebbow vorbei und nach weiteren 2 km links nach Neustrelitz; dort auf die B 198 nach Wesenberg; oder von der Autobahn Berlin – Rostock bei der Ausfahrt Röbel auf die B 198 in Richtung Mirow-Wesenberg
- **Boot:** siehe Route 1 Obere Havel ab Kratzeburg oder Route 3 ab Fürstenberg

Einsetzen Einsetzen kann man an der Badestelle am Woblitzsee an der B 198 in Richtung Neustrelitz auf der linken Seite hinter dem Ortseingang, bei der Kanumühle und am Wasserwander-Rastplatz am Hafen unterhalb der Burg.

Entfernungen
- Wesenberg – Kammerkanal: 5 km
- Länge Kammerkanal: 5 km
- Kammerkanal – Neustrelitz: 2 km

Route Woblitzsee – Kammerkanal – Zierker See

WESENBERG BIS NEUSTRELITZ

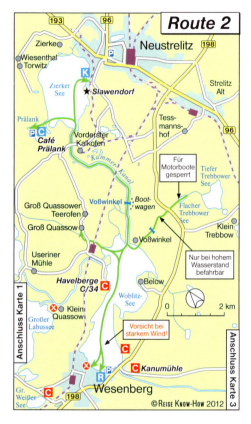

Übernachtung

- **Biwakplatz** am Sportboothafen Wesenberg
- **Villa Pusteblume,** Burgweg 1, 17255 Wesenberg, Tel. 039832/21305, Fax 21360, www.villa-pusteblume-wesenberg.de (Ferienwohnungen und zwei reizvolle Bootshäuser!)
- **Campingplatz C/34 Woblitzsee,** „Havelberge" Groß-Quassow, Haveltourist, 17237 Groß Quassow, Tel. 03981/2479-0, Fax 03981/247999, www.haveltourist.de
- **Café Prälank,** Prälank Kalkofen 4, Tel. 03981/200910, www.landhotel-praelank.de (Zierker See, s. „Routenbeschreibung")
- **Öko-Hotel,** Sandberg 3 a, 17235 Neustrelitz, Tel. 03981/203145, Fax 203175, www.basiskulturfabrik.de

WESENBERG BIS NEUSTRELITZ

● **Hotel-Gaststätte Haegert,** Zierker Str. 44, 17235 Neustrelitz, Tel. 03981/203156, Fax 203157, www.hotel-haegert.de (EZ/DZ 47–65 €/67–95 €)

Rückfahrt Bahnverbindung Neustrelitz – Wesenberg – Mirow

Bootsverleih
● **Kanumühle,** Havelmühle 1, Ahrensberger Weg, 17255 Wesenberg, Tel. 039832/20350, www.kanu-muehle.de (geführte Touren und Verleih verschiedener Kajaks sowie 2er-, 3er-, 4er und 10er Kanadier mit kompletter Ausstattung und Zubehör; auch Verleih von Campingausrüstung; Touren-Beratung und Einweisung für Anfänger, Rückholservice; Verkauf von Outdoor- und Kanuausrüstung und Booten; sehr gute Station)
● **Wassersportverein „Einheit" e.V.,** Zierker Nebenstr. 31, 17235 Neustrelitz, Tel. 03981/204-338, www.wsv-neustrelitz.de

Charakter der Tour

Tagestour Die Strecke zwischen Woblitzsee (landläufig „die Woblitz" genannt) und Zierker See via Kammerkanal empfiehlt sich in Kombination mit den Routen 1 und 3 oder wenn man eine Tagesfahrt unternehmen will, von deren Zielort es eine gute Bahnverbindung zurück zum Startpunkt gibt.

Größere Boote Die Route ist auch mit Segel- und Motorbooten befahrbar, wobei zwischen dem Woblitzsee und dem 2 m höher gelegenen Zierker See eine Schleuse mit Bootsschleppe passiert wird. Auf dem sehr flachen Zierker See müssen sich größere Boote jedoch an die ausgebaggerte und betonnte Fahrrinne halten. Der Zierker See, früher schlammig und verschmutzt, ist auf dem besten Wege, wieder ein reines Gewässer zu werden; Zander und Wels sind schon wieder da.

Für Paddler Für den Paddler, der Zeit hat, bieten sich verschiedene Möglichkeiten für Abstecher in landschaftlich sehr reizvolle Winkel, die mit größeren Booten meist nicht erreichbar sind. Bei Wind (vor allem aus südwest- bis nordwestlichen Richtungen) sollte man die Seen mit kleinen Booten meiden.

Routenbeschreibung

Wesenberg Sehenswert in Wesenberg selbst sind u. a. die komplett sanierte Burganlage mit Touristinformation, Heimatstube, Fischerei-Ausstellung und Aussichtsturm, die Marienkirche mit einer ca. 620 Jahre alten Linde, der Findlingsgarten sowie das Museum für Blechspielzeug und mechanische Musikinstrumente.

Woblitzsee Bei der Anlegestelle des Wesenberger Kanuvereins, am Sportboothafen oder an der Badestelle am Ortsausgang Richtung Neustrelitz kann man sein Boot in „die Woblitz" einsetzen. Hinter sich sieht man am südlichen Seeausgang den Turm der Burgruine von 1282. Am Sportboothafen gibt es einen Rastplatz für Wasserwanderer mit Sanitäranlagen, und unterhalb der Burganlage findet man den kleinen, gut sortierten Kanu- und Outdoorladen „Wasserwanderer" (Vor dem Mühlentor 1, Tel. 039832/26470, www.wasserwanderer.com).

Man sollte dem linken Ufer am Fuß der Havelberge entlang folgen und bei südwestlichen Winden darauf achten, dass man stets in Ufernähe bleibt (Hauptwindrichtung ist Südwest). Nach knapp 4 km gelangt man zum **Campingplatz C/34 „Havelberge"**, der sich an der Havel-Einmündung den Hang hinauf erstreckt. Er ist in den 1960er Jahren ursprünglich als „Kanulager des Deutschen Kanu-Sportverbandes der DDR" entstanden. Inzwischen findet man hier überwiegend Wohnwagen und Bungalows. Im Sommer gibt es Animationsprogramme und abends Open-Air-Veranstaltungen (vielleicht nicht unbedingt das, was naturverbundene Wasserwanderer suchen ...). Oben am sandigen Hang gelangt man zu einer kleinen Gaststätte mit einer Terrasse, von der man einen herrlichen Ausblick über den See hat. Dort kann man eine schöne Pause machen, um sich bei kalten Getränken oder Eis zu erfrischen. Gleich bei der Gaststätte gibt es auch eine Einkaufsmöglichkeit, einen Briefkasten und eine Telefonzelle. Wer sich Zeit lassen und vielleicht auch einen Abstecher die Havel aufwärts machen möchte (s. Route 1), der kann auf diesem Platz auch gleich sein Zelt aufstellen oder sich ein ruhigeres Plätzchen havelaufwärts suchen.

Tipp: Sehen Sie sich zunächst den kleinen Winkel jenseits der Havelmündung an. Dort sind die Wasserwanderer unter sich.

Floßgraben Der etwas östlich des Kammerkanals einmündende Floßgraben war früher eine Verbindung zum Flachen und Tiefen Trebbower See, ist aber stark verkrautet und nicht mehr passierbar.

Kammerkanal Einen Kilometer nordöstlich der Havelmündung erreicht man den Eingang in den Kammerkanal, der mit einer Bake markiert ist. In diesem bereits 1833 erbauten Kanal gelangt man nach etwa 1 km zur **Schleuse Voßwinkel** (Tel. 03981/200549), die jeden Tag von 7 bis 20 Uhr in Betrieb ist, aber auch eine Bootsschleppe hat (rechts). Paddler müssen auf Segler und Motorboote achten.

Hinter der Schleuse unterfährt man zunächst eine Straßenbrücke, die Groß Quassow und Voßwinkel verbindet, dann eine Eisenbahnbrücke. Die Route führt durch ein abwechslungsreiches Gelände, vorbei an Wiesen und Wäldern.

Zierker See Man passiert eine weitere Brücke (wegen der früheren Bullenställe örtlich die *Kuhbrücke* genannt mit einer Aus-/Einsetzstelle) und paddelt dann auf den Zierker See hinaus. Größere Boote müssen sich an die ausgebaggerte und markierte Fahrrinne halten. Paddler sollten bei SW-Wind tunlichst in Ufernähe bleiben, da auf dem sehr flachen Gewässer rasch gefährliche Wellen entstehen.

Am linken (westlichen) Ufer kann man einen lohnenden Abstecher durch ein kurzes Fließ zu zwei kleineren Teichen unternehmen. Am zweiten

davon, dem **Wittpohl,** befindet sich links das Café *Prälank* (täglich geöffnet) mit Fremdenzimmern.

Das flache, stark verschilfte **West- und Südwestufer** mit seinen Verlandungsgebieten und Sumpfwiesen ist Brutgebiet zahlreicher Wasser- und Sumpfvögel. Hier sind Schwäne, Enten, Rohrdommeln, Rallen und Rohrsänger zu Hause. Bitte halten Sie Abstand zu Schilf- und Sumpfufern, um die brütenden Vögel nicht zu stören.

Am Ostufer Richtung Neustrelitz sieht man den Aussichtsturm eines nach historischen Vorlagen rekonstruierten **Slawendorfes** (Freilichtmuseum). Im Sommer gibt es dort zahlreiche Veranstaltungen und Vorführungen alter Handwerkskünste

Schleuse an der Müritz-Havel-Wasserstraße

WESENBERG BIS NEUSTRELITZ

(www.slawendorf-neustrelitz.de, Tel. 03981/273 135, 16. April bis 31. Oktober Mo–Fr 10–17 Uhr, letzter Einlass: 16.30 Uhr, Erw. 4 €). Zwischen dem Slawendorf und dem Stadthafen bieten die Gaststätten „Bootshaus" und „Helgoland" (www.inselgaststaette-helgoland.de), die auf einer kleinen Halbinsel liegen, schöne Einkehrmöglichkeiten direkt am Wasser.

Neustrelitz Beenden kann man die Fahrt in Neustrelitz am Ostufer des Sees beim neu angelegten Stadthafen (mit Wohnmobilhafen) oder am Gelände des Wassersportvereins 300 m nördlich von der Hafeneinfahrt; sie ist auch über die betonnte Fahrrinne zu erreichen (Blinkzeichen beachten!). Der WSV bietet auch Unterkünfte. Da Neustrelitz eine gute Verkehrsanbindung hat, ist es ein günstiger Punkt, um eine längere Tour zu beginnen oder zu beenden. Außerdem bieten sich hier günstige Einkaufsmöglichkeiten. In den Läden der Strelitzer Str. (Haupteinkaufsstraße, geht vom Marktplatz ab) bekommt man nicht nur Lebensmittel, sondern auch Angelausrüstung, Campingzubehör etc.

Die ehemalige **Residenzstadt** mit 21.000 Einwohnern ist eine vergleichsweise junge Stadt. Als 1712 das Schloss in Alt-Strelitz abgebrannt war, wurde das damalige Jagdhaus „Glienicke" zur neuen Residenz ausgebaut. In seiner Umgebung wurde die Stadt Neustrelitz angelegt, deren Name übrigens auf den slawischen Begriff *Strelitzen* (= Bogenschützen) zurückgeht.

Sehenswert sind vor allem der **Schlossgarten** mit zahlreichen Skulpturen, Wasserspielen und bemerkenswerten Bauten, das Slawendorf sowie die 1859 im romantisierenden neogotischen Stil von *F.W. Buttel* errichtete **Schlosskirche,** ein hübscher Backsteinbau mit schlanken Spitztürmen und einer reich gegliederten Westfassade.

Jenseits der Schlosskirche erstreckt sich der über 40 Hektar große **Tiergarten,** einst das herzogliche Jagdrevier.

Wesenberg bis Neustrelitz

Außerdem lohnt Bummel rings um den Markt, von dem sternförmig acht Straßen ausgehen. Einen schönen Ausblick hat man vom **Turm der Stadtkirche** am Marktplatz (220 Stufen).

Tipp für Wanderer

Naturschutzgebiet Kalkhorst

Die Kalkhorst ist ein 231 ha großes Naherholungsgebiet mit einem 75 ha großen NSG südlich von Neustrelitz. Hier findet man Bruchwald mit alten Buchenbeständen, Feuchtwiesen, Rohrdickichte und Reste eines Hochmoores. Interessant ist dieses Gebiet vor allem wegen seiner ungewöhnlichen Vegetation mit zahlreichen seltenen Pflanzenarten (z. B. Rauschbeere, Bärlapp, Waldvögelein, Sumpfporst, Zahnwurz und Königsfarn) und vielen Wasservögeln, wie Kranich, Kolkrabe, Turm-

Ort der Ruhe und Erholung: der Schlossgarten in Neustrelitz

falke, See- und Fischadler, Rohrweihe, Graugans und zahlreiche Entenarten.

Anfahrt

Vom Marktplatz in Neustrelitz fährt man mit dem Stadtbus in Richtung Spiegelberg und steigt bei der ehemaligen Altstrelitzer Kaufhalle aus. Beim Bahnhof überquert man die Gleise in westlicher Richtung und gelangt auf den Kalkhorstweg, eine befestigte Straße, die zur **Fernerkundungsstation der DLR** (Deutsche Gesellschaft für Luft- und Raumfahrt) führt. Autofahrer können von Neustrelitz auf der B 198 in Richtung Wesenberg fahren, ca. 2,3 km südlich von Neustrelitz (2. Abfahrt; Schild „Wasservogelwarte") links abbiegen (beschildert) und bei der Station parken.

Wanderung

Vor dem Eingangstor der DLR-Station zweigt in Richtung Süden (von Altstrelitz kommend links) ein unbefestigter Weg ab, der zur Försterei führt. Von dort führt in östlicher Richtung ein Weg quer durch das NSG Kalkhorst, das jedoch von dieser Seite nicht betreten werden sollte. Wenn man weiter in Richtung Süden geht, so gelangt man nach 1,5 km zum **Wolfsfang,** einer alten Wolfsgrube, in der 1718–22 mindestens 14 Wölfe gefangen worden sind. Die Wände der heute trichterförmigen Erdgrube von 7 m Durchmesser waren damals senkrecht und befestigt. Die Grube wurde mit Aas oder einem meckernden Ziegenlamm beködert (wobei das Zicklein in einem Käfig auf einem hohen Pfahl mitten in der Grube eingesperrt war und wohl Todesängste ausstand, aber seine Aufgabe sonst unversehrt überlebte). Die Grube war zwar nicht so tief, dass ein Wolf nicht auch hätte wieder herausspringen können (sonst hätte er sich vielleicht gar nicht erst hineingewagt), aber sie war so eng, dass er nicht den dazu nötigen Anlauf nehmen konnte.

Wenige Schritte südlich der Wolfsgrube gelangt man zu einer Stelle, an der im Mittelalter Kalk abgebaut wurde – sogenannter „Wiesenkalk", der durch die häufigen Überschwemmungen vom Wasser abgelagert worden war. Einige flache Gruben erinnern noch heute an die **Kalkgewinnung,** der das NSG seinen Namen verdankt.

Beim Wolfsfang verzweigt sich der Weg. Nach rechts biegend, gelangt man durch abwechslungsreichen Mischwald nach 1,5 km zum **Tiefen Trebbower See.** Diesen Weg sollte man jedoch nicht in Sandalen oder gar barfuß gehen, da hier noch vereinzelt Kreuzottern leben, die ebenso wie die häufigeren Ringelnattern unter Naturschutz stehen. Es ist ratsam, die Wege nicht zu verlassen! Der Flache und der Tiefe Trebbower See sind sehr nährstoffreiche Seen mit stark verschilften Ufern, die nur an wenigen Stellen betreten werden können. Vom Südrand der Kalkhorst hat man jedoch einen guten Ausblick über den Tiefen Trebbower See, der ein wahres Paradies für Wasservögel ist. Auf einer Insel, die nicht betreten werden darf, brüten u. a. Graugänse und Lachmöwen.

Weiter geht man zunächst 150 m den gleichen Weg zurück und biegt dann nach rechts auf einen Weg, der zwar **Wiesenweg** heißt, aber dennoch ein Waldweg ist. Von dort hat man schöne Ausblicke über das NSG und die umliegenden Wiesenflächen. Auf dem ersten nach links ins Waldinnere abbiegenden Weg gelangt man zurück zum Wolfsfang (Hinweisschild) und weiter zur Försterei und zum Ausgangspunkt.

Die Wanderung auf dem **Pfad quer durch das NSG** ist nur bei trockenem Wetter zu empfehlen, da ein Waldmoor passiert werden muss. Ausgangspunkt ist ein Hinweisschild am Wiesenweg. Der Pfad führt durch eine dichte Gebüschvegetation. Dort findet man den die Landschaft prägenden Faulbaum und im moorigen Gelände die Rauschbeere.

Bitte bewegen Sie sich als naturliebender Wanderer in dem gesamten Gebiet sehr behutsam und verlassen Sie die Wege nicht, damit auch spätere Generationen sich noch daran erfreuen können.

Karte Seite 78 **WESENBERG BIS FÜRSTENBERG/H.**

Route 3

Länge: 25 km, **Dauer:** 1–2 Tage

Obere Havel von Wesenberg bis Fürstenberg/Havel

Überblick

Einfache Strecke über Seen und durch Kanäle, ohne Hindernisse. Auch für Anfänger und Familien mit Kindern geeignet. Auf den Seen ist bei Wind Vorsicht geboten. Keine Strömung und genügend Wassertiefe, sodass man die Tour zu jeder eisfreien Zeit mit allen Bootstypen in beiden Richtungen fahren kann.

Info und Landkarten

- **Touristinformation Wesenberg,** 17255 Wesenberg, Burg 1, Tel. 039832/20621, Fax 039832/20383, www.wesenberg-mecklenburg.de, www.klein-seenplatte.de
- **Touristinformation des Tourismusvereins „Fürstenberger Seenland" e.V.,** Markt 5, 16798 Fürstenberg/H., Tel. 033093/32254, www.fuerstenberger-seenland.de

Anreise

nach Wesenberg:
- **Bahn:** DB ab Berlin über Neustrelitz (umsteigen)
- **Auto:** B 96 bis zwischen Altstrelitz und Neustrelitz; dort links ab auf die B 198 nach Wesenberg; oder von der Autobahn Berlin – Rostock bei der Ausfahrt Röbel auf die B 198 in Richtung Mirow-Wesenberg
- **Boot:** siehe Route 1 Obere Havel ab Kratzeburg oder Route 2 ab Neustrelitz

nach Fürstenberg/H.:
- **Bahn:** Berlin – Stralsund – Rostock
- **Auto:** B 96 bis Fürstenberg/H.
- **Boot:** Route 16 und 15 von Liebenwalde, Dannenwalde; Route 5 von Templin, Route 4 von Feldberg-Lychen

Einsetzen

Anlegestelle des Kanuvereins „Union Wesenberg", am Wasserwander-Rastplatz beim Sportboothafen oder bei der Kanumühle (s. u. „Bootsverleih").

Route

Woblitzsee – Drewensee – Finowsee – Wangnitzsee – Priepertsee – Ellbogensee – Ziernsee – Menowsee – Röblinsee

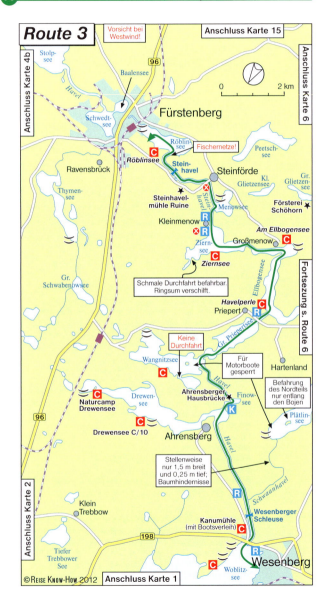

WESENBERG BIS FÜRSTENBERG/H.

Entfernungen
- Wesenberg – Campingplatz am Ellbogensee: 15 km
- Campingplatz am Ellbogensee – Fürstenberg: 10 km

Übernachtung

- **Biwakplatz** mit Toilette nahe der Havelbrücke bei Steinförde
- **Kanumühle** (s. u. „Bootsverleih") mit Kleinzeltplatz, Holzhäuschen und Zimmern
- Insgesamt 9 Plätze im Bereich der Oberen Havel werden verwaltet von der **Campingplatzvermittlung Haveltourist GmbH**, 17237 Groß Quassow (Userin), Tel. 03981/2479-0, Fax 03981/2479-99, www.haveltourist.de. Wasserwanderer sind auf diesen Plätzen privilegiert und erhalten nicht parzellierte Plätze bei den Anlegestellen.
- **Campingplatz C/10** am Drewensee, 17255 Ahrensberg, Tel./Fax s. o. (geöffnet 1.4.–31.10.; langer Platz zwischen Wald und Seeufer, Bootsverleih, Steganlage mit Liegeplätzen; Einkauf, Imbiss ca. 2 km entfernt; moderne Sanitäranlagen; Plätze für Wasserwanderer, nach der Wasserwandererpauschale fragen, Kanu-Camping-Card)
- **Naturcamping „Am Ellbogensee"**, Tel. 033093/32173, www.ellbogensee.de (neue Sanitäranlagen; Verkauf von Getränken, Brötchen und Lebensmitteln; Cafeteria, Kanuverleih)
- **Campingplatz am Ziernsee,** 17255 Priepert, Tel./Fax s. o. (geöffnet 1.4.–3.10.; Naturcamping im Nadelwald; moderne Einrichtungen; Bootsverleih, Plätze für Wasserwanderer, Kanu-Camping-Card)
- **Campingplatz am Röblinsee** (Festwiese in Fürstenberg); geöffnet April bis Okt., Tel. 033093/38278, camping-amröblinsee.de, mit Kanuverleih, Zeltwiese für Wasserwanderer und vier Hütten

Einkaufen

- Shop auf Campingplatz „Am Ellbogensee"
- Ahrensberg: nach der Brücke anlegen und ca. 500 m ins Dorf gehen

Rückfahrt

Gute Bahnverbindungen Fürstenberg – Neustrelitz, dort umsteigen nach Wesenberg (in Neustrelitz zwei getrennte Bahnhöfe, jedoch direkt nebeneinander).

Bootsverleih
- **Kanumühle**, Havelmühle 1, Ahrensberger Weg, 17255 Wesenberg, Tel. 039832/20350, www.kanu-muehle.de (geführte Touren und Verleih verschiedener Kajaks sowie 2er-, 3er-, 4er- und 10er-Kanadier mit kompletter Ausstattung und Zubehör; auch Verleih von Campingausrüstung; Touren-Beratung und Einweisung für Anfänger, Rückholservice; Verkauf von Outdoor- und Kanuausrüstung und Booten; sehr gute Station mit kleinem Zeltplatz und Holzhäuschen)

Wesenberg bis Fürstenberg/Havel

- **Nordlicht Tours,** Brandenburgerstr. 33, 16798 Fürstenberg/H., Tel. 033093/37186, www.nordlicht-kanu.de
- **Hotel „Haus an der Havel",** Schliemannstr.6, 16798 Fürstenberg/H., Tel. 033093/39069, www.haus-an-der-havel.de
- **Campingplatz am Röblinsee,** siehe auch oben bei „Übernachtung"

Abholmöglichkeit Fürstenberg-Wesenberg-Kratzeburg: mit *Taxi-Mietwagen Hänsch*, Wesenberg, Tiergartenstr. 16, mobil: 0171/545 9485; Kratzeburg-Granzin: Mit *Kormoran-Kanutouring*, mobil: 0172/2740966, www.kormoran-kanutouring.de (siehe Route 1, sehr empfehlenswert!).

Abstecher Über die Schwaanhavel und den Plätlinsee zu den Rheinsberger Gewässern (s. u.)

Anschlussrouten
- Routen 4, 5, 6 und 15

Charakter der Tour

Auch die zweite Etappe der Oberen Havel (Fortsetzung von Route 1) führt durch eine sehr reizvolle und weitgehend naturbelassene Landschaft, die von den Gletschern der Eiszeit geprägt wurde – insbesondere durch die letzte Kaltzeit. Üppig grüne Wiesen und Sandergebiete begleiten den Weg. Lichte Kiefernwälder, urige Buchenwälder und sumpfige Erlenwälder reichen bis an die Ufer heran. Auf dem ruhigen Wasser schwimmen Seerosen, die Ufer sind stellenweise von dicken Schilf-

Hausboot:
schwimmendes Wochenendhaus auf dem Finowsee

gürteln gesäumt, und bizarr geformte Bäume hängen weit über das Wasser hinaus. Auch hier kann man eine reiche Tier- und Pflanzenwelt beobachten und auf Abstechern in einsamere Winkel oder in stillen Buchten die Ruhe der Natur genießen.

Stärker befahren

Die Route ist frei von Hindernissen und kann zu jeder eisfreien Zeit auch mit größeren Booten befahren werden. Allerdings befindet man sich hier mitten im Kreuzungsbereich der Havel- und der Obere-Havel-Wasserstraßen. Diese Route ist daher stärker befahren als die erste Etappe, und man begegnet im Sommer vielen Segel- und Motorbooten. Da das geringe Gefälle durch Schleusen ausgeglichen wird, gibt es praktisch keine Strömung, sodass man die Route mühelos in beliebiger Richtung paddeln kann. Unterwegs bieten sich eine Reihe von Möglichkeiten für sehr lohnende Abstecher und Aufenthalte an abgelegenen Seen, sodass man die Tour ohne weiteres auf 3–4 Tage ausdehnen kann. Oder man kann sie mit anderen Routen zu einer längeren Tour oder sogar zu einer Rundfahrt kombinieren.

Routenbeschreibung

Havel

Von der Anlegestelle des Kanuvereins *Union Wesenberg* paddelt man nach rechts, am Hafen und der Burgruine vorbei und unter der B 198 hindurch gleich aus dem Woblitzsee heraus in die Havel. Links liegt die Kanumühle (s. o.) und wenig weiter gelangt man zur **Wesenberger Schleuse** (Tel. 039832/20214) mit einer Bootsschleppe auf der rechten Seite. Im Sommer ist hier mit starkem Verkehr von Sportbooten zu rechnen.

Etwa 500 m nach der Schleuse befindet sich nahe km 81 links ein netter Picknickplatz; rechts und direkt gegenüber der Picknickstelle ist die Einmündung der ca. 3,5 km langen **Schwaanhavel** (manchmal auch fälschlich „Schwanenhavel" geschrieben) zu sehen. Fährt man dort hinein, so biegt nach wenigen Metern rechts ein Blindarm ab. Fahren Sie links in den kleineren, aber ausgeschilderten Arm. Dieses stellenweise nur 1,50 m breite und 25 cm tiefe Fließ hat nur wenig Strömung, sodass man einen lohnenden Abstecher durch sumpfige Erlenwälder hinauf zum kristallklaren **Plätlinsee** (für Motorboote gesperrt; Nordteil Vogelschutzgebiet und nur entlang der Bojen zu befahren) unternehmen kann, der in einer sehr schönen Landschaft liegt. Am jenseitigen Ende des Plätlinsees gelangt man bei Wustrow (neuer Wasserwander-Rastplatz) mit kurzem Landtransport von ca. 100 m über den Klenzsee in die Rheinsberger Gewässer. Vor allem aber ist die nur etwa 3–5 m breite, recht flache und von urigen Wäldern gesäumte Schwaanhavel selbst schon ein

Mit dem Hausboot auf der Havel

Erlebnis – und daher an Wochenenden in der Saison leider recht überlaufen. Am besten früh am Morgen oder am Abend fahren. Zahlreiche Baumhindernisse engen das Fahrwasser ein bzw. hängen tief über dem Wasser – und wer sein Boot nicht beherrscht, wird öfters mal in den Büschen landen. In den Sumpfwäldern sind zahlreiche Vogelarten, Wildschweine und Rothirsche heimisch, und stellenweise sind Wechsel zu erkennen, die den flachen Graben kreuzen.

Paddelt man weiter die hier oft recht verkehrsreiche Havel entlang, so sieht man rechts den 72 m hohen **Kronsberg** (von *Kroan* = Kranich) und kurz darauf die Brücke bei Ahrensberg, hinter der die Havel sich zum Drewensee und Finowsee ausweitet.

Drewensee Wer die Zeit dazu hat, sollte nach links einen Abstecher in den von herrlichen Wäldern umgebenen Drewensee machen. In den zahlreichen stillen Buchten, eingesäumt von urigen Buchen oder von Erlensumpfwald, hat man tatsächlich noch das Gefühl, auf „Entdeckungsfahrt" zu sein. Wer es nicht eilig hat, kann den gesamten rund 5 km lan-

84 WESENBERG BIS FÜRSTENBERG/HAVEL

gen See umrunden (bei Ostwind in Ufernähe bleiben) und auf einem der beiden Campingplätze an seinem Ufer übernachten: auf dem Platz im hintersten südöstlichen Winkel oder auf dem Haveltourist Campingplatz am Drewensee C/10 am Nordufer (Wasserwandererpauschale). Hier kann man abends am Lagerfeuer sitzen und die Stille der Wälder genießen.

Finowsee Hat man weniger Zeit oder den Drewensee bereits umrundet, so biegt man bei Ahrensberg nach rechts auf den kleinen, aber ebenfalls sehr schönen **Finowsee**. Dort, wo dieser sich, nach links schwenkend, wieder zum Kanal verengt, paddelt man unter der **Ahrensberger Hausbrücke** hindurch, einer überdachten Holzbrücke. Sie liefert bei entsprechendem Licht ein hübsches Fotomotiv. Eine ähnliche Brücke verbindet seit 1996 die Innenstadt von Fürstenberg/H. mit dem Havelpark. Unmittelbar vor der Hausbrücke kann man rechts anlegen, um sich beim Fischer mit leckerem Wassergetier aus Pfanne und Rauch zu stärken. Nach der Brücke wird man am rechten Ufer wahrscheinlich einen altersschwarzen Fischerkahn entdecken, nebst einigen Netzen und Reusen, sowie eine Holztafel, auf der geschrieben steht, welche Fischarten man hier frisch fürs Abendessen erwerben kann.

Im Anschluss geht es in einen der urwüchsigsten Abschnitte der Havel – rechts dichte Sumpfurwälder mit Erlen, links das erhöhte, trockene Ufer mit uralten Buchen und einigen herrlichen Rastplätzchen.

Gut zu wissen, wo man gerade ist

Wangnitzsee

Danach lockt nun der Wangnitzsee zu einem weiteren Abstecher, da sein östlicher Teil (ab der ersten Insel) für Motorboote gesperrt ist. Man findet auch hier – vor allem am Nordufer – herrliche Wälder, Schilfufer und geheimnisvolle Buchten.

Großer Priepertsee

Biegt man hingegen um den Dalben (Markierungsbake) herum nach rechts, so gelangt man bald auf den Großen Priepertsee, auf dem man sich vor Motorbooten und Wasserskifahrern in Acht nehmen muss. Andererseits haben wir hier an einem ruhigen Tag auch zahlreiche Kormorane beobachtet.

Bei der Straßenbrücke von **Priepert,** das sich recht reizvoll und adrett ans Ufer schmiegt, kann man für einen kurzen Landgang links anlegen (Sportbootverkehr beachten). Der kleine Ort bietet eine Gaststätte, eine Einkaufsmöglichkeit und eine hübsche Fachwerkkirche von 1719.

Vor dem Übergang zum Kanal in Richtung Ellbogensee findet man auf der linken Seite ein öffentliches **Freibad** mit Anlegemöglichkeit. Von dort ist der Weg zur Gaststätte „Sonneneck" beschildert, die deftige Mahlzeiten serviert.

Ellbogensee

Unmittelbar hinter Priepert gelangt man auf den Ellbogensee. Rechts zweigt – jetzt schon ausgeschildert – die **Havel-Müritz-Wasserstraße** ab (siehe Route 7). Links geht es weiter havelabwärts, den schmalen Ellbogensee entlang. Am Ostufer des Sees zieht sich ein breiter Schilfgürtel hin, in dem man im Sommer viele Jachten ankern sieht. Am rechten Ufer erstreckt sich schöner Wald mit **idyllischen Rastplätzen** – ganz besonders am südlichen Ende des Sees. Kein Camping!

Unmittelbar gegenüber von diesem romantischen Fleckchen sieht man den **Campingplatz Am Ellbogensee** von Großmenow, der sich für die nächste Übernachtung anbietet.

Falls man das Bedürfnis verspürt, nach vielen Tagen im Boot seine Landbeine wieder zu finden, so

WESENBERG BIS FÜRSTENBERG/H.

kann man hier einen Tag Aufenthalt machen und durch die herrlichen Wälder in südlicher Richtung zu dem nicht nur durch *Fontane* bekannten (und nicht nur für Literaten und Studienräte interessanten) **Stechlinsee** (NSG) wandern. Hier sind sehr schöne Rundstrecken möglich (s. u.).

Ziernsee — Auf dem Wasser geht es weiter in östlicher Richtung über den Ziernsee, an dessen Nordufer der **Zeltplatz Am Ziernsee** liegt. Auf einer Halbinsel am Seeausgang links befindet sich ein idyllischer Picknickplatz.

Menowsee — Weiter havelabwärts paddelt man an Kleinmenow (links) und am Menowsee (rechts) vorbei nach **Steinförde** (rechts), das eine nette Wirtschaft

Wasserwanderrastplatz bei Stein**förde**

("Haveleck" mit guter und preiswerter Küche) hat und mitten in einem waldreichen Wandergebiet liegt (Wanderung zum Großen Stechlinsee siehe Route 6). Man kann vor der Straßenbrücke links anlegen. Dort wurde auf einer kleinen Wiese ein Biwakplatz mit Toilette angelegt (zelten erlaubt).

Kaum einen Kilometer weiter gelangt man zur Steinhavelmühle (die Mühle selbst ist nur noch eine Ruine) und der dortigen **Schleuse Steinhavel** (Schleusung 1.4. bis 30.9. täglich 7–20 Uhr und 1.10. bis 30.11. täglich 8–16 Uhr nach Bedarf, Tel. 033093/32095). Eine Bootsschleppe gibt es hier nicht. Wenn man nicht zur richtigen Zeit kommt oder nicht freundlicherweise außer der Zeit geschleust wird, so heißt es entweder warten oder umtragen.

Fürstenberg/Havel

Auf dem **Röblinsee** schwenkt man nach links um die Landzunge herum und hat bald Fürstenberg erreicht. Dort kann man kurz vor der Schleuse am *Campingplatz Festwiese* in unmittelbarer Nähe des Badestrands anlegen (Stadtanleger an der rechten Seite), um die Tour zu beenden oder um die Stadt zu besichtigen: **Barockschloss** von 1752 (wird derzeit zum Wellnesshotel umgebaut); **Kirche** mit längstem Batikteppich Europas; alte **Wasserburg** von 1333 (steht heute leer); klassizistische Bürgerhäuser; **Forsthistorisches Erlebniszentrum** und **Nationale Mahn- und Gedenkstätte Ravensbrück** auf dem Gelände des Frauen-KZs mit lohnender Ausstellung zur Geschichte des KZs. Gute Einkaufsmöglichkeiten in Fürstenberg.

Man kann die Fahrt über den Schwedtsee (Ravensbrück) und Stolpsee weiter havelabwärts fortsetzen (siehe Route 5 oder 15).

Tipp für Wanderer

Stechlinsee

Vom Zeltplatz am Ellbogensee gibt es verschiedene Routen für eine lohnende Wanderung zu dem durch *Fontane* bekannten Großen Stechlinsee.

Man kann am Großen Boberowsee vorbei in Richtung Südende des Stechlinsees wandern und gelangt an dessen Ufer entlang nach **Neuglobsow** (ca. 12 km hin und zurück).

Länger ist die Strecke, wenn man vom Großen Boberowsee in östlicher Richtung zum Glitzensee biegt und von dort nach Neuglobsow am **Nordufer** des Stechlinsees wandert (ca. 16 km hin und zurück).

Als dritte Alternative bietet sich die Route zur Försterei Schönhorn und weiter in Richtung **Fünfstern.** An dieser Wegspinne hat man dann die Wahl, entweder am Kleinen Glitzensee entlang nach Steinförde zu wandern und von dort über das Zwiebelfeld nach Großmenow zurückzugelangen (ca. 10 km) oder über Dagow und entlang der Nordbucht des Stechlinsees nach Neuglobsow zu gehen (ca. 14 km).

Mit seinem *Stechlin* hat *Theodor Fontane* diesem herrlichen See ein ewiges Denkmal gesetzt und seinen Namen weltweit bekannt gemacht. Auf den genannten Routen wandert man jedoch nicht nur zu den Schauplätzen der Weltliteratur, sondern auch durch das **Naturschutzgebiet Stechlin.** Mit 1174 Hektar gehört es zu den größten Schutzgebieten der Region und ist sicher auch eines der schönsten. Es umfasst über 30 größere und kleinere Seen sowie ausgedehnte Rotbuchen- und Traubeneichenwälder. In zahlreichen naturnah erhaltenen Biotopen lebt eine Vielfalt von seltenen Tier- und Pflanzenarten. Teilweise sind diese so stark bedroht, dass einzelne Gebiete gesperrt werden mussten. Bitte beachten Sie diese Einschränkungen, und verlassen Sie auch sonst die Wanderwege nicht.

Der Stechlinsee selbst ist für sein überaus klares Wasser bekannt, in dem sich die umliegenden Wälder besonders schön spiegeln. Mit 68 m ist er außerdem der tiefste See der Region.

Eine Wanderung von Steinförde zum Stechlinsee ist bei Route 6 beschrieben.

FELDBERG BIS FÜRSTENBERG/HAVEL

Route 4

Länge: 41 km, **Dauer:** 2–3 Tage

Feldberg – Fürstenberg/Havel

Überblick Einige Rundstrecken auf den Seen von Feldberg aus sowie in der Umgebung von Lychen und weiter bis Fürstenberg sind problemlos mit allen Bootsarten und in beiden Richtungen fahrbar (die meisten Seen zwischen Feldberg und Lychen sind für Motorboote gesperrt).

Die hier beschriebene Hauptroute hingegen ist vom Dreetzsee bis zum Oberpfuhlsee bei Lychen nur mit Paddelbooten befahrbar und birgt Hindernisse und Schwierigkeiten. Für diesen Abschnitt eignen sich Schlauchkanadier oder Kunststoffkajaks am besten. An mehreren Stellen sind Landtransporte erforderlich, wobei für den längsten (ca. 400 m) Bootswagen gemietet werden können.

Schwierige Strecken Der erfordert etwas Bootsbeherrschung. Er hat eine gute Strömung (8,6 m Gefälle auf 6,1 km) mit einer Schwallstrecke, die bei hohem Wasserstand für spritzige Abwechslung sorgt, und flachen, steinigen Abschnitten, auf denen man gut manövrieren muss. Ein ehemaliges Wehr ist nur noch an einer steinigen Stufe erkennbar, die bei gutem Wasserstand befahrbar ist und sonst umtragen werden muss (gut angelegte Umtragestellen).

Hindernisse Unterwegs muss man damit rechnen, dass Baumhindernisse den Weg versperren. Solche Hindernisse werden zwar von der Gewässerbehörde regelmäßig freigeschnitten, aber ganz geräumt wird aus Naturschutzgründen nicht mehr – und durch Windbruch können jederzeit neue Hindernisse entstehen. Bei Problemen kann man sich an den *Wasser- und Bodenverband Zabelsdorf* wenden

(Tel. 033080/451) oder an das *Landesumweltamt Brandenburg* (Tel. 03987/2477). Der Küstriner Bach erfordert auch wegen seiner Strömung an Engstellen und Baumhindernissen gute Bootsbeherrschung; kürzere Kanus sind hier von Vorteil (für Anfänger nicht geeignet).

Niedrigwasser

Der **Küstriner Bach** darf aus Rücksicht auf die Natur nur stromab (!) und nur bei ausreichendem Pegelstand befahren werden (mind. 30 cm am Bezugspegel unterhalb der Brücke Küstrinchen; Pegeltelefon Küstriner Bach: 039888/64542).

Bei Niedrigwasser sollte man auf eine Befahrung **unbedingt verzichten,** da bei eventuellen Grundberührungen nicht nur das Boot, sondern auch die Unterwasserflora und -fauna erheblich leiden. In Küstrinchen vermietet der Fischer robuste, **geländegängige Bootswagen,** um einen Landtransport (ca. 4 km) zu ermöglichen. Sie werden am Wehr hinter dem Biwakplatz Fegefeuer abgestellt. Die Strecke ist allerdings holperig und mühsam (für normale Bootswagen problematisch). Einfacher geht's mit dem **Shuttle-Taxi** (mit Bootsanhänger, Tel. 039888/2562 oder mobil: 0172/4382113) oder dem Ponywagen (Küstrinchen, Hof 4, Tel. 039888/2577). Einen weiteren privaten Shuttle-Service, der es ermöglicht, mitsamt dem Boot die Flachwasserabschnitte zwischen Krüselinsee und Küstriner Bach zu umgehen vermittelt die *Kanuvermietung Treibholz* (siehe unten bei „Bootsvermietung"; bietet auch einen Rückholservice).

Achtung: Wegen der Flachwasserproblematik diesen Abschnitt nur mit kleinen Booten befahren, die einen besonders geringen Tiefgang haben! Für schwer beladene Kanadier kann auch ein Pegel von 30 cm zu knapp sein. Zur Verringerung des Tiefgangs kann ein Teil der Besatzung sich etwas die Beine vertreten und den Pfad am Nordufer benutzen, der vom Wehr Küstrinchen bis zur ehemaligen Floßschleuse 4 führt (ca. 3 km), ab der das

Feldberg bis Fürstenberg/H.

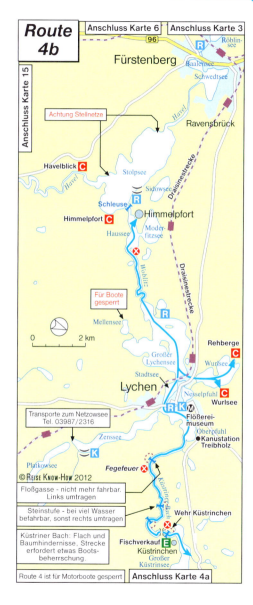

Wasser wieder tiefer ist. Es ist geplant, dass die Boote auf dieser Strecke nur mit maximal zwei Personen besetzt sein dürfen (Kinder nicht gerechnet).

Info und Landkarten

- **Touristinformation Feldberger Seenlandschaft**, Strelitzer Str. 42, 17258 Feldberger Seenlandschaft, Tel. 039831/2700, Fax 27027, www.feldberger-seenlandschaft.de
- **Fremdenverkehrsverein Lychen**, 17279 Lychen, Fürstenberger Str. 11 a, Tel. 039888/2255, www.lychen.de
- **Naturpark Uckermärkische Seen**, 17279 Lychen, Zehdenicker Str. 1, Tel. 039888/64530, Fax 64555, www.grossschutzgebiete.brandenburg.de (Christoph Thum ist sehr fachkundig, nett und hilfsbereit!)
- **Naturparkverwaltung Feldberger Seenlandschaft**, Strelitzer Str. 42, 17258 Feldberg, Tel. 039831/52780, Fax 52789, www.naturpark-feldberger-seenlandschaft.de
- **Naturpark Uckermärkische Seen**, Zehdenicker Straße 1, 17279 Lychen, Tel. 039888/64547, Fax 64555, www.uckermaerkische-seen.de, www.naturwacht.de
- **Touristinformation des Tourismusvereins „Fürstenberger Seenland" e.V.**, Markt 5, 16798 Fürstenberg/H., Tel. 033093/32254, www.fuerstenberger-seenland.de
- **Karte:** Eine Landkarte der Feldberger Seenlandschaft und Wasserwanderkarten bekommt man in Feldberg vom Verkehrsbüro und in Lychen am Kiosk.

   Tipp: Eine sehr hilfreiche Karte ist die „Wasserwanderkarte Feldberg-Lychener Seenlandschaft" im Maßstab 1:50.000, ISBN 978-3-932115-08-0, die eine Fülle von speziellen Informationen für Wasserwanderer enthält (Studio Verlag, Gabriele Maiwald, Lärchenstieg 19, 22850 Norderstedt, Tel. 040/5238333, Fax 5239479; Touren-Atlas Wasserwandern Nr. 6 Mecklenburg-Vorpommern; Jübermann-Verlag).
- An markanten Punkten entlang den Ufern der Feldberger Seen wurden **Informationstafeln** für Wasserwanderer aufgestellt. Im Raum Feldberger Seen – Hinterpfort entstand ein **Informations- und Leitsystem**, das durch Tourenvorschläge, Hinweistafeln auf Ein-/Aussetzstellen, Parkplätze, Umtragewege, Raststellen, Biwakplätze, Badeufer, Seeausgänge etc. den Paddlern hilft und zugleich zur Naturschonung beiträgt (Information: Naturpark Uckermärkische Seen und Feldberger Seen, FVV Lychen).

Bootsvermietung

Nach Auskunft örtlicher Fachleute sind insbesondere die ersten drei Adressen wegen ihrer korrekten und umsichtigen Information der Gäste besonders zu empfehlen – die übrigen müssen deswegen nicht unbedingt schlechter sein; nur haben wir mit ihnen bisher keine Erfahrung.

 Karten S. 92/93 FELDBERG BIS FÜRSTENBERG/H.

●**Kanuvermietung Treibholz, Floß & Hydrobike,**
Oberpfuhlstr. 3A, 17279 Lychen, Tel. 039888/43377,
www.treibholz.com (Kanu- und Ausrüstungsverleih, auch
Wasserfahrräder, Transfers, geführte Kanu-, Rad- und Fuß-
touren, Floßfahrten)
●**Nordlicht Tour & Kanu GmbH,** Brandenburger Str. 33,
16798 Fürstenberg/Havel, Tel. 033093/37186, www.nord
licht-kanu.de
●**Nordlicht Tour & Kanu GmbH,** 17258 Feldberg, Cam-
pingplatz „Am Bauernhof", Tel. 039831/21084 (wie oben
plus Trinkwasser, Müllentsorgung, Dusche und WC)
●**Ranger-Tours,** Tel. 039831/22174, www.ranger-tours.de
(Canadier verschiedener Größen; auch Gruppenboote)
●**Reiherhals Lychen,** OT Retzow, Lychener Str. 7,
Tel. 039888/52248, www.bootsstation-reiherhals.de

Anreise

●**Bahn:** Regionalbahn RE 5, S und U Berlin-
Hauptbahnhof bis Fürstenberg/H. – Bus 517 (UVG)
bis Lychen – Bus 615 (Tonne Omnibusverkehr GmbH) –
Triepkendorf – Feldberg

Regionalbahn RE 5, S und U Berlin Hauptbahnhof bis
Neustrelitz – Bus 619 (Tonne Omnibusverkehr GmbH) –
Feldberg

Regionalbahn RB 12 bis Zehdenick und weiter bis Tem-
plin – Bus 517 (UVG) bis Lychen – Bus 615 (Tonne Omni-
busverkehr GmbH) – Triepkendorf – Feldberg
●**Auto:** Auf der B 96 von Süden oder auf der B 198 von
Westen her nach Neustrelitz, weiter auf der B 198 bis Möl-
lenbeck, dort rechts ab auf die Landstraße nach Feldberg.
Schön ist auch die Strecke von Feldberg über Lychen nach
Fürstenberg/H.

Einsetzen

Im Ort ausgeschildert – auf der Halbinsel Amtswerder (mit
Parkplatz). Als günstige Ausgangspunkte bieten sich auch
die Jugendherberge am Ortsrand von Feldberg in Richtung
Schlicht (von Neustrelitz kommend beim Ortseingang
Feldberg links zur Klinkecken 6) und der Campingplatz
„Am Bauernhof" an. Auch am Stadtpark kann man sein
Boot zu Wasser lassen.

Weitere Einsetzmöglichkeiten bietet der Erddamm zwischen Breitem und Schmalem Luzin an der Straße nach
Wittenhagen und Prenzlau. Wer die Route noch etwas verlängern will, der kann sein Boot an der Straße nach Fürstenwerder in den Lütter See einsetzen. Um die Strecke zu
verkürzen, könnte man die Tour am Campingplatz südlich
des Dreetzsees nahe Thomsdorf beginnen oder sogar erst
bei der Brücke in Lychen, wenn man die etwas anspruchs-
vollere Etappe bis dorthin nicht fahren möchte.
●**Pegelstand:** Küstriner Bach, Tel. 039888/64542 (bei Pegel unter 30 cm gesperrt!)

Feldberg bis Fürstenberg/Havel

Route
Feldberger Haussee – Seerosenkanal – Schmaler Luzin – Bäk – Carwitzer See – Dreetz – Krüselin – Mechowsee – Küstrinsee – Küstriner Bach – Oberpfuhlsee – Lychener Stadtsee – Lychensee – Woblitz – Haussee (Himmelpfort) – Stolpsee – Havel – Schwedtsee oder Baalensee

Entfernungen
Hauptroute
- Feldberg – Lychen: ca. 26 km
- Lychen – Fürstenberg: ca. 15 km

Nebenrouten
- Lütter See – Feldberger Haussee: 5 km
- Carwitz – Zansen – Wootzen: 8 km
- Carwitzer See Südufer: 3 km

Für Motorboote gesperrt
Lütter See, Schmaler Luzin, Carwitzer See, Dreetz, Krüselin, Mechowsee, Wootzen, Zansen, Oberpfuhlsee, Küstrinsee

Schleuszeiten
1.4. bis 30.9. tägl. 7–20 Uhr
1.10. bis 30.11. tägl. 8–16 Uhr
1.12. bis 31.3. kein Betrieb

Bootstransporte
- **Pony-Shuttle Küstriner Bach,** Tel. 039888/2577
- **Taxi-Shuttle** mit Bootshänger Küstriner Bach, Tel. 039888/2562
- **Shuttle Netzowsee** zum Zenssee und Platkowsee, Tel. 03987/2316
- Bootstransporte auch über die **Kanustationen** möglich.

Übernachtung

Bitte beachten: Die Tour führt überwiegend durch Natur- und Landschaftsschutzgebiete, in denen man **nur an offiziell dafür eingerichteten Plätzen zelten** darf!
- **Campingplatz „Am Bauernhof",** am Breiten Luzin, Tel. 039831/21084, www.campingplatz-am-bauernhof.de (Kanuverleih Nordlicht)
- **Campingplatz Carwitz,** Carwitzer Straße 80, Tel. 039831/2116-0
- **Campingplatz am Dreetzsee,** Tel. 039889/746, www.dreetzseecamping.de, am Südufer des Dreetzsees; geöffnet 1.4.–31.10. Boots- und Fahrradverleih, Einkaufsmöglichkeit und Gaststätte
- **Wurlsee Camping,** Strelitzer Straße 5b, 17279 Lychen, Tel. 039888/2509, www.wurlseecamping-lychen.de
- **Naturcamp Rehberge,** Lychener Str. 8, Tel. 039888/2604, www.siebenseen.de
- **Campingplatz Himmelpfort,** Am Stolpsee 1, 16798 Himmelpfort, Tel. 033089/41238, www.camping-himmelpfort.de
- **Campingverein „Havelblick" e.V.,** Zootzen, Tel. 033087/52319 oder mobil: 0173/2185578 (Platzwart), www.camping-havelblick.de

Feldberg bis Fürstenberg/H.

- **Kanu-Campingplatz** am Röblinsee; Festwiese Fürstenberg, geöffnet April bis Nov., Tel. 033093/38278, www.camping-amröblinsee.de (auch Hütten)
- **Biwakplätze,** eingerichtet von der Naturwacht für einmaliges Übernachten im NSG (max. 24 h Aufenthalt): *Kolbatzer Mühle,* Tel. 039888/52593, *Schreibermühle,* mobil: 0162/4770812, *Küstrinchen,* Tel. 039888/2580, *Fegefeuer* am Küstriner Bach, *Platkowsee* und *Woblitz;* Information: Tel. 039888/3780. Beachten: An diesen Rastplätzen gibt es keine Abfallbehälter; bitte alle(!) Abfälle wieder mitnehmen.
- **Jugendherberge „Katja Niederkirchner",** Robert Kahn Weg 1, 17258 Feldberg, Tel. 039831/20520, www.jh-feldberg.de (mit Fahrrad, Ruderboot- und Sportgeräteverleih)
- **Hotel Hullerbusch,** 17258 Feldberg, Tel. 039831/20243 (Sauna, Fahrrad- und Bootsverleih)
- **Altes Zollhaus,** 17258 Feldberg, Erddamm 32, Tel. 039831/20259 oder 500 (schönes historisches Restaurant mit Seeblick, gutem Fisch, Grillgerichten; Terrasse direkt am Ufer mit Anlegestelle: Gästezimmer und Ferienwohnungen; Fahrten mit nachgebautem Wikingerboot!)
- **Gasthof am Stadttor,** Lychen, Tel. 039888/43116, www.gasthof-am-stadttor.de (Juli/Aug. tägl. ab 12 Uhr, sonst Di Ruhetag, Mo, Mi, Do, Fr ab 16 Uhr, Sa/So ab 12 Uhr; schöne Kneipe mit „Bierhof", Guinness, guten Wild- und Fischgerichten und Ferienwohnungen)
- **Fürstenberg:** Neuer **Wasserwanderrastplatz** direkt hinter der Touristinformation; zu erreichen über den Fisch-Kanu-Pass; direkter Zugang zum Stadtkern, Tel. 033093/32254.

Rückfahrt
- Gute **Bahnverbindungen** Fürstenberg – Neustrelitz; dort im Nebenbahnhof (s. o.) umsteigen in den Bus nach Feldberg.
- **Busverbindung** Fürstenberg – Lychen, dort umsteigen nach Feldberg (2 x tgl.).

Anschlussrouten
- Route 3 nach Wesenberg
- Route 5 nach Templin
- Route 6 nach Rheinsberg
- Route 15 nach Dannenwalde

Charakter der Tour

Eiszeitliche Landschaftsformen

Vor rund 16.000 Jahren stießen während der Eiszeit zwei Gletscherzungen des Pommerschen Stadiums rechtwinklig zusammen. Sie brachten große Mengen an Felsblöcken, Sand, Geröll und Mergel mit sich und schufen eine vielfältige und abwechslungsreiche Landschaft. Im relativ kleinen

Raum des Feldberger Endmoränengebietes, aber auch rund um das Lychener Seenkreuz kann man nahezu alle eiszeitlichen Landschaftsformen beobachten. Hier findet man Flächenseen mit Landzungen und verwinkelten Buchten, Rinnenseen mit steilen Ufern, Kesselseen und zahlreiche kleinere, teilweise bereits verlandete Gewässer. Bei Feldberg erhebt sich einer der höchsten Berge Mecklenburgs, der 143 m hohe **Reiherberg** mit einer herrlichen Aussicht über Seen, Inseln und bewaldetes Hügelland. Und gleich daneben erstreckt sich der 60 m tiefe Breite Luzin, der tiefste See Mecklenburgs. Sandige Böden wechseln mit Mooren, Kiesflächen, Felsufern und großen Findlingen.

Ausgedehnte Wälder

Ebenso vielfältig wie die Landschaftsformen sind Flora und Fauna dieses Gebietes. Rings um Feldberg erstrecken sich Kiefernwälder, Mischwälder und alte Buchenwälder, darunter die sogenannten *Heiligen Hallen* südwestlich des Städtchens, einer der **ältesten Buchenwälder Deutschlands** mit 350 Jahre alten Baumriesen. Vielleicht der einzige echte Buchenurwald, in dem diese Bäume ihre natürliche Altersgrenze erreichen. In den Lücken um die gestürzten und verrottenden Riesen wachsen neue Baumgenerationen empor, und die artenreiche Kraut- und Moosflora bietet zahlreichen Tierarten gute Lebensbedingungen. Auf fast der gesamten Route paddelt man durch ausgedehnte Wälder, die meist bis an die Ufer heranreichen.

Gewässertypen

Doch nicht nur Landschaft und Natur sorgen für abwechslungsreiche Touren, auch die Gewässer selbst bieten viele unterschiedliche Möglichkeiten. Auf den Seen kann man gemütliche Tagesfahrten mit der Familie unternehmen, während die Strecke zwischen **Dreetzsee** und **Lychen** einen ganz anderen Charakter hat – mit Umtragestellen, urwüchsigen Sumpfwäldern und dem wildromantischen Küstriner Bach in einsamer Waldlandschaft. Er ist einer der wenigen Wasserläufe Mecklenburgs mit nennenswertem Gefälle und munterer Strömung. Die Strecke von Lychen bis Fürstenberg hingegen führt wieder über Seen und breite Wasserläufe mit so geringer Strömung, dass auch Ungeübte sie mühelos in jeder Richtung paddeln kann. Die Gewässer um Feldberg und Lychen sind noch sauber und mit wenigen Ausnahmen für Motorboote gesperrt.

In der Nebensaison

Die Schönheit dieser Landschaft lockt jeden Sommer zahlreiche Urlauber an. Zwar kann man auch im Sommer noch ruhige Winkel finden, doch wer es einrichten kann, kommt im Herbst, wenn sich die Wälder bunt verfärben, oder noch besser im Frühjahr, wenn die neuen Blätter sprießen und der Küstriner Bach am meisten Wasser führt.

Routenbeschreibung

Feldberger Haussee

Von der Jugendherberge oder vom Stadtpark her paddelt man einmal um die Halbinsel **Amtswerder** herum und gelangt vom **Kleinen Haussee** durch den **Luzinkanal** zum **Breiten Luzin** und dort nach rechts zum Erddamm und durch eine Röhre in den **Schmalen Luzin**. Alternativ dazu gelangt man durch den **Seerosenkanal** von der Ostbucht des **Haussees** direkt in den **Schmalen Luzin**. Der Kanal mündet ca. 500 m unterhalb der Nordbucht in den Schmalen Luzin. Er darf befahren werden. Man muss allerdings schlammige Abschnitte und unter der Straßenbrücke eine Bootsrutsche (breites Gummiband) passieren. Hier kann man gut direkt in den Schmalen Luzin einsetzen, da es nördlich des Kanals einen Parkplatz gibt und zum Luzin hinunter eine Treppe mit anschließendem Steg.

Breiter Luzin

Wer vom **Lütter See** kommt oder vom Campingplatz „Am Bauernhof" über den Breiten Luzin paddelt, der fährt durch den **Langen Hals** (dort

FELDBERG BIS FÜRSTENBERG/HAVEL

kann man rechts am Westufer vor der Gartenwirtschaft beim „Alten Zollhaus" (s. o.) anlegen) und gelangt in einer Röhre unter dem Erddamm hindurch von Norden her auf den Schmalen Luzin.

Schmaler Luzin

Der **Schmale Luzin** ist ein etwa 7 km langer tief eingeschnittener Rinnensee. Seine steilen und überwiegend von Buchenwäldern bedeckten Ufer verleihen ihm eine geheimnisvolle Atmosphäre. Etwa auf halber Länge, zwischen Luzinhalle und dem Hotel *Hullerbusch* im gleichnamigen NSG, überquert ihn eine handgetriebene **Seilfähre.** Durch eine Verengung des Sees (Badestelle rechts) gelangt man in den südlichen Teil des Schmalen Luzin und erblickt, nach Osten biegend, die alte Windmühle von Carwitz hoch droben auf dem Steilufer.

Die **Bäk** ist ein seichter Graben (Einfahrt beschildert) mit teils steinigem Grund, Schilfufern und überhängendem Strauchwerk, der zum Carwitzer See führt. Bei niedrigem Wasserstand muss man hier treideln und evtl. 50 m tragen.

Dort, wo die Bäk unter der Straße hindurch führt (Vorsicht: bei der Brücke niedrige, enge Stufe!), kann man anlegen, um in **Carwitz** das *Fallada-Haus* (So-Di 10-17 Uhr, Okt. bis April 14-16 Uhr) zu besuchen, in dem der Dichter gelebt und gearbeitet hat. Vom Park mit der Grabstätte des Schriftstellers genießt man einen herrlichen Blick über den Schmalen Luzin.

Einen weiteren großartigen Ausblick hat man vom 119 m hohen **Hauptmannsberg** nördlich von Carwitz, der links der Bäk über seinen ginsterbewachsenen Südhang bequem zu besteigen ist.

Carwitzer See

Auf dem **Carwitzer See** mit vielen Inseln und stark gegliedertem Ufer kann man schöne Touren machen (s. u.); um unserer Route zu folgen, fährt man jedoch immer am Ufer entlang nach rechts und findet am Ende einer Bucht zwischen Röhricht den engen Durchgang zum **Dreetzsee.** Vor

der Bucht rechts liegt unmittelbar am Ufer der Campingplatz „*Carwitz*" mit ausgewiesenen Plätzen für Wasserwanderer gleich am See.

Dreetzsee Über den vom Wald gesäumten Dreetzsee mit seinem besonders klaren Wasser kann man oft Fischadler bei der Jagd beobachten. Am Südende dieses Sees liegt auf einer großen Wiesenfläche zwischen Wald und Wasser der schöne aber im Sommer nicht eben ruhige **Zeltplatz „Am Dreetzsee"** C/86 mit Ferienhäusern und Tauchbasis. Auf der weiteren Strecke bis Lychen findet sich kein Campingplatz mehr! Hier kann man sich außerdem nach dem Wasserstand des Küstriner Baches erkundigen (Pegel-Info auch unter Tel. 039888/64542; bei 30 cm und weniger gesperrt!). **Tipp:** Vom Campingplatz am Dreetzsee kann man einen kurzen Spaziergang (ca. 1 km einfach) in Richtung Osten nach **Thomsdorf** unternehmen, um sich den Kunsthandwerkerhof und **Thomsdorfer Kunstkaten** anzusehen, der in einem alten Hof im Dorfzentrum eingerichtet wurde.

Dort werden nicht nur verschiedene handwerkliche Techniken (Töpferei, Holzbearbeitung) vorgeführt, sondern auch verkauft, und unter fachkundiger Anleitung kann man selbst Hand anlegen.

Am nächsten Tag muss man das Boot dann zunächst **ca. 400 m über Land** transportieren, denn es gibt keinen oberirdischen Abfluss vom Dreetzsee zum 9 m tiefer gelegenen Krüselinsee. Das Wasser sickert hier unterirdisch durch den Rand der **Feldberger Mulde.** Wer keinen Bootswagen hat, kann gegen geringe Gebühr auf dem Campingplatz einen ausleihen.

Krüselinsee Weiter geht es über den knapp 2 km langen und einsam gelegenen Krüselinsee, durch dessen klares Wasser man Fische beobachten und die vielfältige Unterwasserflora studieren kann.

An seinem Südende gelangt man beim Wehr (links gut zu umtragen) zur **Krüseliner Mühle** (rechts des Grabens), die bereits um 1200 gegründet und erst 1957 stillgelegt wurde. Sie hat im Laufe ihrer über 750-jährigen Betriebszeit als Getreide- und als Sägemühle gedient. Dort gibt es relativ preiswerte Ferien-Bungalows, und auf der Terrasse rechts der Brücke kann man mit Blick aufs Wasser Eis und Getränke genießen.

Tipp: Wer sich für die Moorlandschaften der Region interessiert, kann in Begleitung eines kundigen Natur- und Landschaftsführers an einer **Moor-Exkursion** ins Moor am Aschberg teilnehmen und bei einer Moorbohrung die Entwicklung des Moores über mehrere tausend Jahre zurückverfolgen. Die Exkursionen kosten ca. 12,50 €/Stunde und dauern ca. 2 Stunden (auf Wunsch länger); **Information:** *Naturpark Uckermärkische Seen,* Zehdenicker Str. 1, 17279 Lychen, Tel. 039888/64530, Fax 04555.

Nach der Mühle folgt ein schmaler und seichter **Graben,** den man auf einem Weg am Bach entlang 120 m weit umtragen kann.

FELDBERG BIS FÜRSTENBERG/H.

Mechowsee

Bei wenig Wasser muss man danach evtl. noch 50 bis 100 m treideln, um in den **Kleinen** und nach einem weiteren kurzen Bachstück in den **Großen Mechowsee** zu gelangen. Beide Seen sind von einsamen Wäldern umgeben und malerisch von See- und Teichrosen bedeckt, die zeitweise nur eine schmale Fahrrinne frei lassen. Sie sind ein Paradies für viele gefährdete Tier- und Pflanzenarten wie Eisvogel, Prachtlibelle und Fischotter. Die früher schlecht erkennbare Ausfahrt ist inzwischen durch ein weißes Karo markiert, damit Kanuten in der empfindlichen Röhrichtzone nicht lange umherkreuzen müssen.

Am Ende des Großen Mechowsees steht links die ehemalige **Försterei Aalkasten.** Auf dem Bachlauf danach muss man unter einem niedrigen Steg hindurchschlüpfen (oder kurz umtragen) und hat dann freie Fahrt bis zum schmalen **Mühlenteich,** der von faszinierenden Sumpfwäldern mit Erlen und Birken umgeben ist. Hier verläuft die Grenze zwischen Mecklenburg und Brandenburg – auch wenn die dschungelhafte Wasserwildnis eher an den Orinoko erinnern mag!

Malerische Kanäle ziehen sich durch den Schilfwald

Die Forellenzuchtanlage bei der **Kolbatzer Mühle** muss man zuerst links, dann über die Brücke rechts im Wald etwa 150 m weit umtragen. Hier gibt es inzwischen einen sehr schönen **Biwakplatz** für Wasserwanderer mit großer Wiese, Feuerstellen, Tischen, Tipis und Hütten. Ideal besonders für Familien mit Kindern sind auch die vielfältigen Freizeitangebote.

Das nächste Bachstück ist flach (stellenweise treideln; Vorsicht dort, wo das Wasser der Forellenteiche von links hereinschießt!) und führt wieder durch urwaldhafte Natur und Schilfwälder zum kleinen Teich der **Schreibermühle**. Er ist stark verschlift, aber dennoch gut zu befahren. Die einstige Gaststätte „Schreibermühle" war bei unserem letzten Besuch 2010 geschlossen, ist aber grundsätzlich als einfacher aber sympathischer Ferien- und Reiterhof wieder in Betrieb (Tel. 039888/49873, www.schreibermuehle.de). Daneben gibt es auch hier inzwischen einen **Biwakplatz** für Wasserwanderer. Das Stauwehr muss umtragen werden. Das Umtragen über die Straße ist wegen

Hinter der Kolbatzer Mühle
muss man oft ein Stück weit treideln

der nicht einsehbaren Kurve sehr gefährlich. Den Bach auf der Straßenbrücke überqueren, danach rechts über den Hof der Schreibermühle (Privatgelände respektieren!) ca. 50 m tragen. Hinter dem Gebäude links zum Wasser biegen, den Graben auf einer Brücke überqueren und dann nach links noch ca. 15 m bis zur Einsetzstelle gehen (insgesamt ca. 150 m).

Wenn die oben erwähnte Fischzuchtanlage zu viel Wasser abzwackt, kann es sein, dass man auf der folgenden Strecke bis zum Großen Küstrinsee das Boot treideln muss.

Großer Küstrinsee

Auf dem **Großen Küstrinsee** (Naturpark, bitte nur an gekennzeichneten Stellen anlegen) geht unsere Route nach rechts in Richtung Lychen. Der größte Teil des Sees, der sich links in Richtung Osten erstreckt, war zu DDR-Zeiten für Paddler gesperrt, weil in dieser herrlichen und wildreichen Gegend die hohen Herren ungestört zur Jagd gehen wollten (im Wasserwanderatlas von 1988 endet der See deshalb hier einfach im Nichts). Umso mehr lohnt sich heute ein Abstecher in diesen ganz von Wald umgebenen, für Motorboote gesperrten und jahrelang kaum befahrenen Seearm. Er umfasst jedoch ein sensibles Gebiet, das nur mit besonderer Rücksicht befahren werden sollte. Abends auf jeden Fall verlassen und den **Biwakplatz Küstrinchen** (s. u.) ansteuern. Ob der Große Küstrinsee im Rahmen eines Schutzprojektes teilweise für Kanuten gesperrt wird, hängt davon ab, wie Sie sich verhalten!

Vom Ostteil des Großen Küstrinsees kann man über den Schleusengraben auf den Großen Baberowsee gelangen. Ab dessen Ostufer ist die Weiterfahrt in Richtung Boitzenburg bis zum Westufer des Hardenbecker Haussees gesperrt und wegen zu geringer Wasserführung des Bachs ist die Strecke auch unpassierbar. Hier stecken immer wieder Paddler fest, weil sie es doch versuchen wollten.

Feldberg bis Fürstenberg/Havel

Überquert man den Küstrinsee in Richtung Süden, so gelangt man zu der kleinen **Ortschaft Küstrinchen**.

Küstriner Bach

Rechts davon bei einer weiteren Fischaufzuchtanlage (40 m rechts umtragen) befindet sich der **Biwakplatz „Küstrinchen"** mit Feuerstelle. In der Fischzuchtanlage bekommt man guten Räucherfisch und Getränke (die auf manchen Karten angegebene Gaststätte gibt es längst nicht mehr!). Hier beginnt der Küstriner Bach (auf ganzer Länge NSG!), auch kurz und liebevoll das „Küstrinchen" genannt. Es ist die beliebteste **„Wildwasserstrecke"** der Region und bietet bei gutem Wasserstand einige spritzig-sportliche Passagen (bei Niedrigwasser umtragen). Das erste Wehr ist zerfallen und nur noch an einem Steinriegel (das ist das „Wildwasser") erkennbar, den man bei gutem Wasserstand fahren kann (mit Faltbooten besser nicht). Rund 6 km schlängelt sich der Bach durch herrliche Wälder mit Eschen, Erlen und Eichen. Im Walddickicht leben Wildschweine, Rot- und Damhirsche, die gelegentlich auch ans Wasser kommen. Und am Bach entlang kann man Eisvögel beobachten. Meist sollte man die Augen jedoch auf dem Wasser haben, denn das Küstrinchen ist recht flach und steinig, und auch die muntere Strömung erfordert die volle Aufmerksamkeit der Paddler. In zahlreichen engen Kehren muss man immer wieder dem Ufergestrüpp ausweichen, und umgestürzte Bäume können den Weg versperren (es werden jedoch Durchfahrten für Paddler freigehalten).

Nach etwa 4 km auf dem Küstrinchen findet man beim letzten Wehr (das zweite mit Floßgasse) am linken Ufer den malerisch gelegenen **Biwakplatz Fegefeuer** mit Trockentoilette, an dem einmaliges Übernachten gestattet ist. Hier befand sich einst die **Strafkolonie „Fegefeuer"** des Klosters Himmelpfort. Gleich unterhalb des Biwakplatzes folgt das zweite Wehr mit einer spritzigen

Floßgasse, die aber leider nicht mehr befahrbar ist, weil die baufälligen Mauern mit Stämmen gesichert wurden.

Tipp: Interessierten Naturfreunden ist für das Gebiet des Küstrinsees eine durch Natur- und Landschaftsführer begleitete **Tour** zu empfehlen. Sie vermittelt präzise Kenntnisse der örtlichen Gegebenheiten und des Verhaltens der einzelnen Arten, wodurch die bewusste Wahrnehmung erheblich gesteigert wird und man auch Tierarten begegnet, die man sonst schlicht übersehen würde (Information: Tel. 039888/2255 und 03987/6251).

Leider ist diese abwechslungsreiche Strecke viel zu kurz, und bald schon gleitet das Boot auf den **Oberpfuhlsee** hinaus.

Lychen

Am jenseitigen Ufer links erblickt man **Lychen,** das ringsum von Wasser eingeschlossen ist. Die als trutzige Wehrkirche erbaute frühgotische **Johanniskirche** aus dem 13. Jh. überragt das Städtchen und wirkt mit ihren Feldsteinmauern auch heute noch wuchtig und imposant. Sehenswert sind außerdem das Flößermuseum und das **Rathaus** von 1748. Besonders interessant für Wasserwanderer ist das **Faltboot-Kabinett** in der ehemaligen Getreidemühle an der Stabenstraße 2 im Zentrum des Orts (tägl. 9–18 Uhr, Tel. 039888/52160). Es ist das weltweit einzige Faltboot-Museum und besitzt eine Sammlung von über 100 Booten, von denen das älteste bereits 80 Jahre alt ist. Außerdem gibt es bei der alten Mühle inzwischen einen **Rast- und Reparaturplatz** sowie Ferienzimmer.

Interessant ist auch ein Besuch im **Flößereimuseum** im Stargarder Tor (Mo geschl.), das an diese alte und hier bis um 1960 lebendige Tradition erinnert. Es werden auch Floßtouren angeboten, und jedes Jahr wird ein Flößerfest gefeiert.

Aber vorher wird man vielleicht eine gemütliche Gaststätte suchen. Zu empfehlen ist der „Gasthof am Stadttor" (s. o.) – links des Bootsstegs bei den

"Flößern" anlegen und geradeaus den Hang hinauf zur Straße (dort links gegenüber).

Von Lychen kann man einen Abstecher in südöstlicher Richtung auf den ganz von Wald umgebenen und für Motorboote gesperrten **Zenssee** und **Platkowsee** (NSG) unternehmen (7 km einfache Strecke). Man paddelt durch einsame Waldlandschaft (NSG Rinnensee), in der man Eisvögel und Seeadler beobachten kann. Eine Verbindung zu den Templiner Gewässern gibt es hier nicht; einen Landtransport zum Netzowsee arrangiert das Gestüt Lindenhof, Tel. 03987/4016180.

Tipp: „Fahrrad-Draisine": Die Bahnstrecke zwischen Fürstenberg, Lychen und Templin wurde inzwischen stillgelegt. Dafür kann man auf dieser Strecke jetzt mit der **Draisine** durch die Landschaft radeln, was ein absolut außergewöhnliches Erlebnis und sehr empfehlenswert ist! Boote lassen sich auf den Draisinen zwar nicht befördern (von Falt- und Schlauchbooten einmal abgesehen) aber man kann damit zum Ausgangspunkt zurückstrampeln. Die Fahrt kostet ca. 45 €, Halbtagestour 30 €; an Wochenenden je 5 € teurer). Reservierung ist dringend zu empfehlen (Firma *Touristica*, Herr Dartsch, Tel. 030/ 8730221, www.draisine.com). Die Strecke von Lychen nach Fürstenberg zurück ist ca. 25 km lang, von Lychen nach Templin und zurück sind es ca. 34 km. Bahnhof Templin (Tel. 03987/44304); Bahnhof Fürstenberg (Tel. 033093/32108).

Um die Fahrt auf dem Wasser fortzusetzen, muss man das Boot ca. 50 m über die Straße tragen und unterhalb des Wehrs in den kleinen **Stadtsee** wieder einsetzen.

Wer einen **Campingplatz** sucht, paddelt nahe dem Ende des Stadtsees bei der Eisenbahnbrücke rechts in den Kanal, unter der niedrigen Straßenbrücke (1 m) hindurch auf den **Nesselpfuhl** und dann gleich wieder links durch einen kurzen Kanal auf den **Wurlsee,** an dessen Ufer zwei schöne Campingplätze liegen.

FELDBERG BIS FÜRSTENBERG/H.

Von dort kann man zu Fuß einen kurzen Abstecher entlang der Landstraße zum Dörfchen **Retzow** machen, um sich die dortige Kirchenruine anzusehen (hin und zurück knapp 3 km).

Tipp: In Lychen kann man Wasserfahrräder mieten und über die Seen radeln (lohnt sich!). *Kanuvermietung Treibholz* (am Ortsende in Richtung Fürstenberg nahe der Tankstelle links), siehe auch oben bei „Bootsvermietung".

Großer Lychensee

Am nächsten Tag kann man den **Großen Lychensee** erkunden (Biwakplatz nahe dem Seeende links hinter einer kleinen Insel) und auf einer seiner drei Inseln anlegen. Ein Abstecher nach Süden in den kleinen, schilfgesäumten **Mellensee** (NSG) ist nicht mehr möglich, da dieser See auch für Paddler gesperrt ist.

Woblitz

Weiter geht es in südwestlicher Richtung vom **Lychensee** auf die **Woblitz.** Der Name dieses Nebenflusses der Havel kommt aus dem Slawischen und bedeutet „Kleine Havel" *(vobla* = Havel, *voblica* = kleine Havel). Die Woblitz windet sich breit und tief genug auch für größere Boote zwischen Kiefern- und Erlenwäldern dahin.

In der Carwitzer **Bäk**

Am Anfang liegt am linken Ufer eine **Naturschutzstation** mit Anlegemöglichkeit (Vorträge und Exkursionen nach Absprache). An der Einmündung in den Haussee von Himmelpfort hat die Naturschutzwacht einen Rastplatz für Paddler geschaffen.

Himmelpforter Haussee

Nach etwa 3 km mündet die Woblitz in den **Haussee** von Himmelpfort (Biwakplatz Pian rechts mit drei Schutzhütten). Rechts gibt es eine enge Durchfahrt in den kleinen **Moderfitzsee**. Am Ende des Haussees gelangt man nach **Himmelpfort.** Links kann man mit kleinen Booten durch einen engen Kanal ca. 250 m bis zu einem guten Fischrestaurant (auch vegetarische Gerichte) paddeln, muss dann aber wenden (kein Umtragen in den Stolpsee). Rechts geht es zur Schleuse Himmelpfort, die man im Handbetrieb mit guter Erläuterung selbst bedient (Rastplatz für Wasserwanderer kurz vor dem Stolpsee rechts) und links zur dortigen Schleuse.

Stolpsee

Auf der anderen Seite der Schleuse liegt der **Stolpsee.** Über diesen großen See (bei Wind am Ufer halten) und einige weitere Kilometer auf der Havel ist **Fürstenberg** bald erreicht.

Himmelpfort und die weitere Route ab dem Stolpsee sind bei Route 15 in umgekehrter Richtung beschrieben. Auf dem Stolpsee kann man anstatt rechts in Richtung Fürstenberg auch links in südöstlicher Richtung **die Havel abwärts** nach Dannenwalde, Zehdenick und Liebenwalde paddeln (siehe Route 15 und 16) und ab der Schleuse Schorfheide links in die Templiner Gewässer gelangen (siehe Route 5).

Paddelrouten rund um Feldberg

Neben der beschriebenen Hauptroute bieten sich in der herrlichen Landschaft rings um Feldberg eine Reihe weiterer Routen an.

Zum Lütter See

Man überquert den Feldberger Haussee in nördlicher Richtung und kann dabei an der „Liebesinsel" und dem Grabenwerder vorüber in die nördliche Bucht des Sees paddeln, um von dort aus den 143 m hohen **Reiherberg** zu besteigen, von dessen Gipfel man einen herrlichen Blick über Wald und Wasser genießt. Am Nordostufer des Haussees gelangt man durch den Luzinkanal in den **Breiten Luzin,** dessen NW-Ufer streckenweise sehr steil und ganz von Wäldern gesäumt ist (NSG und LSG). Im NO des Sees gibt es einen Durchgang zum **Lütter See,** an dessen Ostufer man sich mit dem Fahrzeug abholen lassen kann, falls man nicht die gleiche Strecke zurückpaddeln will.

Zum Wootzen

Von Carwitz aus kann man auch über den **Carwitzer See** um den Bohnenwerder herum nach NW in den lang gezogenen **Zansen** paddeln. An seinem Westufer erstrecken sich Wälder mit Naturschutzgebieten, einem Naturlehrpfad und dem Hünenwall (eiszeitliche Geschiebeblöcke). Von seinem Ende konnte man früher durch einen Kanal (die Floot) in den kleineren **Wootzen** bei Fürstenhagen paddeln. Da jedoch der Pegel der unteren Feldberger Seen aufgrund der trockenen Sommer stark gefallen ist, liegt die Floot (Graben zwischen Wootzen und Zansen) heute trocken.

Tipp für Wanderer

Die gesamte Tour kann man auch zu Fuß oder mit dem Fahrrad entdecken, und auch unterwegs bieten sich in waldreicher Landschaft mit mehreren Landschafts- und Naturschutzgebieten viele Möglichkeiten für kürzere Fußwanderungen.

Rings um den **Schmalen Luzin** führt ein Naturlehrpfad mit schönen Ausblicken. Weitere lohnende Ziele sind die **Heiligen Hallen** südwestlich von Feldberg (s. „Charakter der Route") und die Wanderung vom Campingplatz Carwitz über den **Hauptmannsberg** zum Hotel Hullerbusch.

TEMPLIN BIS FÜRSTENBERG/HAVEL

Route 5

Länge: ca. 50 km, **Dauer:** 3 Tage

Templin – Fürstenberg/Havel

Überblick

Die beschriebene Hauptroute führt hauptsächlich über schmale und relativ windgeschützte Seen sowie die Havel aufwärts. Sie ist zu jeder eisfreien Zeit zu befahren, kann dank geringer Strömung mühelos in beiden Richtungen gepaddelt werden und ist auch für größere Boote befahrbar. Da die Schleuse Templin seit Herbst 2005 wieder in Betrieb ist, sind auch wieder zunehmend Motor- und Segelboote unterwegs – trotzdem ist es immer noch vergleichsweise ruhig.

Von der beschriebenen Hauptroute sind eine ganze Reihe teils längerer Abstecher möglich, die wegen geringer Wassertiefe und verkrauteten Strecken nur mit leichten Paddelbooten befahrbar sind und eventuell längere Treidelstrecken erfordern.

Info und Landkarten

- **TourismusService Templin,** mit Zimmervermittlung, Am Markt 19, 17268 Templin, Tel. 03987/2631, Fax 53833, www.tourismus-service-templin.de (dort kann man auch Kartenmaterial und aktuelle Informationen über die Gewässer und Schleusen bekommen).
- **Touristinformation Feldberger Seenlandschaft,** Strelitzer Str. 42, 17258 Feldberger Seenlandschaft, Tel. 039831/2700, Fax 27027, www.feldberger-seenlandschaft.de
- **FVV Lychen,** Stargarder Str. 6, 17279 Lychen, Tel. 039888/2255, fremdenverkehrsverein@lychen.de, www.lychen.de
- **Naturpark Uckermärkische Seen** (Besucherzentrum), Zehdenicker Str. 1, 17279 Lychen, Tel. 039888/64547, www.mugv.brandenburg.de/cms/detail.php/lbm1.c.323695.de, www.uckermaerkische-seen.de
- **Naturwacht Uckermärkische Seen,** Zehdenicker Str. 1, 17279 Lychen, Tel. 039888/43517, www.naturwacht.de

Templin bis Fürstenberg/H.

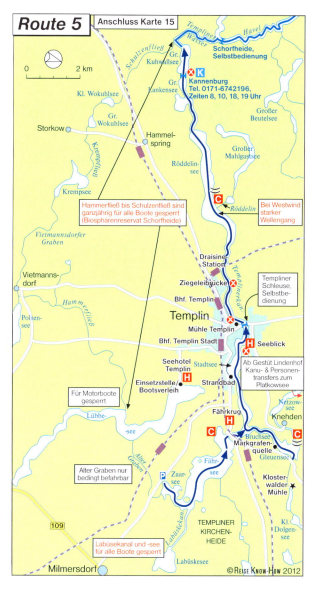

TEMPLIN BIS FÜRSTENBERG/HAVEL

Anreise

- **Bahn:** Berlin – Templin (RB 12). Wer bei Templin-Ahrensdorf einsetzen will, muss in Templin in den Bus umsteigen. Wer bereits in Templin aussteigen will, sollte beachten, dass der Bahnhof Templin etwas außerhalb des Zentrums liegt (nahe dem Templiner Kanal), während die folgende Haltestelle (Stadtbahnhof) tatsächlich näher am Zentrum liegt – und nicht weit vom Stadtsee entfernt.
- **Auto:** A 24 bis Ausfahrt Mühlenbeck/Summt und über Liebenwalde und Zehdenick nach Templin oder auf der L 100 bleiben und durch die Schorfheide bis Gollin, dort links nach Templin (landschaftlich schönere Strecke).

Einsetzen

Es bieten sich verschiedene Möglichkeiten, je nachdem, mit welchem Verkehrsmittel man anreist, welche Abstecher man paddeln will und wie weit man Boot und Ausrüstung zu tragen bereit ist.

In Templin

Karte Seite 113 — TEMPLIN BIS FÜRSTENBERG/H.

- **Ahrensdorf:** Einsetzen in den Zaarsee. Mit dem Auto kann man direkt an der Badestelle bei der Gaststätte „Seehof" halten und es dort evtl. auch stehen lassen.
- **Fährkrug:** Die Bahnstrecke endet am Bahnhof Templin Stadt, dem ehemaligen Vorstadtbahnhof. Mit der Buslinie 503 in Richtung Prenzlau bis zur Haltestelle „Fährkrug Brücke" zwischen Fähr- und Bruchsee. Einsetzen in den Bruchsee, wo man inzwischen links vor Hotel und Eisenbahnbrücke eine öffentlich ausgewiesene Ein- und Ausstiegsstelle mit Infotafel und einem kleinem Parkplatz findet; sonst auch am Zeltplatz Fährkrug (hinter dem Hotel) möglich.
- **Templin:** Entweder vom Bahnhof Templin Stadt in nördlicher Richtung und am Eichwerder bei der Seestraße in den Templiner Stadtsee einsetzen, oder vom Bahnhof Templin etwa 400 m zur Brücke nach Waldhof (Ziegeleibrücke) und dort in den Templiner Kanal.

Route

Zaarsee – Fährsee – Bruchsee – Templiner Stadtsee – Schleuse – Templiner Kanal – Röddelinsee – Großer Lankensee – Großer Kuhwallsee – Templiner Wasser – Schleuse Schorfheide – Havel – Stolpsee – Schwedtsee – Baalensee

Entfernungen

- Zaarsee – Schleuse Templin: 9 km
- Schleuse Templin – Schleuse Kannenburg: 10 km
- Kannenburg – Schleuse Schorfheide: 3 km
- Schorfheide – Schleuse Zaaren: 3 km
- Zaaren – Schleuse Regow: 6 km
- Regow – Schleuse Bredereiche: 6 km
- Bredereiche – Fürstenberg: 13 km

Anlegestelle

- **Gasthaus „Rossschwemme"** (Am Mühlentor 2, 17268 Templin, Tel. 03987/50950) – mittelalterliches Gasthaus mit Ritteressen, Biergarten und Bootsverleih.
- **Stadthafen Templin,** Tel. 03987/53661
- **Anlegestellen** am Eichwerder (Stadtsee)
- **Kaffeegarten** „Seeblick" (Stadtsee), Uferweg 7 (schöner Blick; Gästezimmer, leckere Kuchen)
- **Dampferanlegestelle** Gleuensee (Naturcamping Gleuensee)

Schleusenöffnungszeiten

- **Kannenburg, Himmelpfort:** April 8–18 Uhr, Mai bis Sept. 7–20 Uhr, Okt. 8–18 Uhr, Nov. 8–16 Uhr, Dezember bis März geschlossen
- **Templin,** Schorfheide, Zaaren, Regow, Bredereiche, Fürstenberg: April bis Sept. 7–20 Uhr, Okt. bis Nov. 8–16 Uhr, Dezember bis März geschlossen

TEMPLIN BIS FÜRSTENBERG/HAVEL

Übernachtung

- **Biwakplatz** 150 m unterhalb **Schleusenhof Regow** (Trinkwasser, Ziegenkäse aus eigener Herstellung und weitere Produkte aus extensiver Tierhaltung)
- **Naturcamp Fährsee,** Fährkrug 1b, 17268 Templin, Tel. 03987/200114, mobil: 0172/5968877, www.camping-am-faehrsee-templin.de
- **Naturcamp Gleuensee,** Am Gleuensee 1, 17268 Klosterwalde, Tel. 03987/201736, mobil: 0175/2713318, www.naturcamp-templin.de
- **Naturcamp Röddelin,** Röddeliner Dorfstraße 23 a, Tel. 03987/54222, www.camping-templin.de
- **Campingverein „Havelblick"** am Ausgang des Stolpsees, Tel. 033028/999103
- **Campingpark Himmelpfort,** Tel. 033089/41238, www.camping-himmelpfort.de
- **Campingplatz** am Röblinsee (mit Hütten und Kanuvermietung); April bis Nov. geöffnet, Tel. 033093/38278, camping-amröblinsee.de
- **Privatunterkünfte** vermittelt der TourismusService Templin, Am Markt 19 (s. o.)
- **Hotel „Zum Eichwerder",** Tel. 03987/52700
- **Hotel „Fährkrug",** 17268 Templin, Tel. 03987/480, www.faehrkrug-templin.de
- **Biwakmöglichkeit** neben der Gaststätte und Pension „Seeblick" (Uferweg 7) sowie **Ferienwohnungen** (Decker/Klinghammer, Rotdornweg 10), Tel. 03987/7034-0, eigener Anlegesteg; www.ferien-uckermark.com
- **Biwakmöglichkeit „Templiner Kanal",** an der Ziegeleibrücke mit guter Ein- und Ausstiegsmöglichkeit, Tel. 03987/7110
- **Biwakmöglichkeit Mühle Templin,** mobil: 0173/2351057
- **Biwakmöglichkeit am Gestüt „Lindenhof",** Gasthof, Nordwest – Netzowsee, ca. 500 m landeinwärts von einer Ein- und Ausstiegsstelle am See (vom See aus erkennbar durch eine Infotafel), hier Shuttlemöglichkeit zum Platkow- und Zenssee in Richtung Lychen, Tel. 03987/4016180
- **Biwakplatz Schleuse Kannenburg,** Ostufer Kuhwallsee, zwischen Kanal und Umfluter, Tel. 03987/709901 oder mobil: 0172/4328543
- **Biwakmöglichkeit am Strandbad Templin,** Templiner Stadtsee, Imbiss, Sanitär, mobil: 0172/784 1801

Achtung: Auf der ca. 18 km langen Strecke zwischen dem Ende des Röddelinsees und Bredereiche darf nicht angelegt werden (früher Militärgelände, jetzt NSG – kon-

Den Schwarzen Milan macht heut' gar nichts an

taminiert mit Munition!); der letzte Zeltplatz davor ist der Campingplatz am Röddelinsee bzw. der Biwakplatz an der Schleuse Kannenburg; der nächste liegt etwa 28 km (bzw. 24 km) weiter am Eingang zum Stolpsee. Dazwischen gibt es nur den **Biwakplatz Regowschleuse.**

Bootsverleih
- **Seehotel Templin,** Am Lübbesee (s. o.)
- **Bootsverleih am Lübbesee,** Touristik GbR Lübbesee, Postheim 25a, Tel. 03987/409550, www.templin-touristikgbr.de
- **„Bootsverleih am Eichwerder"** (Templiner Stadtsee), Seestraße, Tel. 03987/53661
- **Strandbad Templin,** Prenzlauer Allee, Tel. 03987/2514, mobil: 0172/7841801

Rückfahrt Bus (517) Fürstenberg/Havel – Lychen – Templin (Nebenstrecke)

Anschlussrouten
- **Routen 15 und 16** nach Dannenwalde und Liebenwalde
- **Route 4** nach Lychen
- **Route 3** nach Wesenberg
- **Route 6** nach Rheinsberg

Charakter der Tour

Das Gebiet um das Templiner Seenkreuz wurde stark durch die letzte Eiszeit geprägt. Sehr vielgestaltig ist die Landschaft im Bereich der Endmoräne. Ihr vorgelagert sind Sandergebiete mit Kiefernwäldern. Rund 180 größere und kleinere Seen prägen die Landschaft. Stille Weiher, Bruchgebiete,

Moore, Feuchtwiesen und verlandete Wasserflächen unterbrechen sie auf reizvolle Weise. Viele der kleineren Teiche sind als sogenannte Sölle entstanden. Große Eisblöcke, die beim Rückgang der eiszeitlichen Gletscher unter Geröllmassen begraben lagen und erst später allmählich schmolzen, haben diese rundlichen Mulden hinterlassen, die heute wie Sommersprossen die Landschaft bedecken.

Templiner Seenkreuz

15 Seen bilden das bei Wanderern wie Paddlern gleichermaßen beliebte Templiner Seenkreuz. Breite Kanäle mit minimaler Strömung verbinden die Seen untereinander. Vorherrschend sind lang gezogene schmale Rinnenseen mit teilweise steilen Ufern, die relativ windgeschützt sind.

Das gesamte Seenkreuz hat eine Fläche von über 100 km² und ist außerhalb des Stadtbereichs ein Landschafts- und teilweise Naturschutzgebiet. Ein Paradies aus Wald und Wasser, das hinsichtlich seiner Ursprünglichkeit in ganz Deutschland kaum seinesgleichen findet. Es liegt an uns Paddlern und Wanderern, ob dieses Naturparadies weiter erhalten bleibt.

Tierwelt

In einem Biberschutzgebiet im Raum Templin wurde der **Elbebiber** seit 1974 erfolgreich wieder eingebürgert, und seither hat sich dieses größte

Nagetier Europas bis hinunter nach Zehdenick und Liebenwalde sowie hinauf bis Fürstenberg/Havel und Lychen ausgebreitet. Die Besiedlung der Havel erfolgte über Jahrzehnte und ist nicht lückenlos dokumentiert. Maßgeblich wurde die Havel jedoch über die Elbe, aus den Flussauen bei Dessau wiederbesiedelt. Nur dort wurde der Elbebiber (Castor fiber albicus) im 19. Jh. nicht völlig ausgerottet. Die Populationen haben sich letztlich in der Oberen Havel vereinigt.

In den Wäldern gibt es reichlich **Rot- und Schwarzwild,** das Damwild hat sich in letzter Zeit ebenfalls wieder ausgebreitet, und in der Schorfheide sind sogar die seltenen **Mufflons** zu Hause.

Dank der vielen Gewässer und ursprünglicher Natur hat der große **Seeadler** sich bis heute erhalten, und mit viel Glück kann man auch den **Fischadler** bei der Jagd beobachten. Auf den Waldwiesen jagt der sehr seltene **Schreiadler** nach Lurchen und Kriechtieren. Mäuse- und Wespenbussard, aber auch Turm-, Baum- und Wanderfalke sowie Sperber, Milan und Habicht komplettieren die Palette der **Greifvögel.**

Sogar **Kraniche** und die sehr seltenen **Schwarzstörche** haben hier ein letztes Rückzugsgebiet gefunden. All diese Tiere brauchen Schutz und Ruhe, um zu brüten und ihre Jungen aufziehen zu können. Seit immer mehr Menschen hier Erholung suchen, ist diese Ruhe gefährdet – und mit ihr der Bestand der Tierarten.

In den Großschutzgebieten gibt es seit 1991 eine **Naturwacht,** die interessierten Besuchern gerne mit Rat und Tat zur Seite steht, aber auch die Einhaltung der Naturschutzbestimmungen durchsetzt. Verhalten Sie sich so, dass die Artenvielfalt der Tierwelt erhalten bleibt.

Der Biber wär' alleine lieber

Routenbeschreibung

Zaarsee Die hier beschriebene Route beginnt am Zaarsee bei der Badestelle nahe der Gaststätte *Seehof*. Man kann jedoch auch weiter unten einsetzen und die Fahrt am **Bruchsee,** am Templiner Stadtsee oder erst am Templiner Kanal unterhalb der Schleuse beginnen.

Fährsee Zunächst geht es zwischen Schilfinseln und Seerosen quer über den Zaarsee auf den stillen und von Wäldern umgebenen Fährsee am Rande der **Templiner Kirchenheide.** Dort mündet am rechten Ufer in einer kleinen Bucht im Nordosten zwischen Schilfwäldern der Labüskekanal vom stillen und völlig einsam gelegenen **Labüskesee.**

 Labüskekanal und **-see** liegen im NSG und sind auch für Paddler gesperrt.

 Um die Tour fortzusetzen, paddelt man auf dem Fährsee an der Fischerinsel vorbei in Richtung Westen. Am Ende des Sees liegt links der Straßenbrücke das **Hotel Fährkrug.** Es ist vielleicht für einige Paddler etwas zu nobel, hat aber auch eine extra Unterkunft für Wasserwanderer. Gleich daneben liegt ein Campingplatz, der inzwischen zum „attraktiven Naturcamp" umgebaut worden ist.

Bruchsee Weiter paddelt man unter der Straßen- und der Eisenbahnbrücke hindurch auf den kleineren Bruchsee. Dort gelangt man zwischen Schilf und Seerosen zu einer Gabelung. Links geht es weiter nach Templin, rechts locken weitere reizvolle Abstecher.

Gleuensee Durch eine recht enge Passage kann man nach rechts auf den idyllischen Gleuensee gelangen, an dessen Nordende inmitten traumhafter Natur ein idyllischer Campingplatz liegt. Wenige hundert Meter nach dem Seebeginn kann man rechts anlegen, um nahe dem Ufer zur Markgrafenquelle zu gelangen.

Dolgensee Man kann aber vom Campingplatz am Nordende des Gleuensees auch durch ein romantisches Tälchen zum Kleinen Dolgensee wandern oder das Boot bei der Straßenbrücke liegenlassen, dort zunächst ein paar Schritte nach links gehen und dann dem schmalen Fußpfad folgen, der rechts das Tälchen hinaufführt.

Netzowsee Vom Campingplatz aus in entgegengesetzter Richtung am Nordufer entlang nach Westen gelangt man zum Netzowfließ, das durch sumpfige Erlenwälder am NSG Knehdenmoor entlang zum Netzowsee führt. Das **Netzowfließ** (auch Netzowgraben) ist nur mit kleinen Booten bei gutem Wasserstand befahrbar. Meist muss man das Boot treideln. Stellenweise ist das Fließ eng und versandet, und am alten Bahndamm kurz vor Knehden be-

Handbetriebene Schleuse

hindern Trümmer die Durchfahrt. Das Netzowfließ folgt der Grenze des **NSG Knehdenmoor**. Gelegentlich ist mit Baumhindernissen zu rechnen, die aber immer wieder entfernt werden.

Der Netzowsee ist ein 7 km langer, schmaler Rinnensee. Leider gibt es von seinem westlichen Ende keine Verbindung zu den Lychener Gewässern – aber inzwischen einen Shuttle-Service (Gestüt Lindenhof, Tel. 03987/4016180, www.gestuet-lindenhof.eu). Als Übernachtungsmöglichkeit bietet sich auch das Gut Netzow am Nordufer des Sees an (Tel. 03987/201684, Reservierung über den TourismusService Templin).

Tipp: Wer sich für die Moorlandschaft der Region interessiert, kann in Begleitung eines kundigen Natur- und Landschaftsführers an einer **Exkursion ins Moor am Aschberg** teilnehmen und bei einer Bohrung die Entwicklung des Moores über mehrere tausend Jahre zurückverfolgen. Die Exkursionen kosten ca. 12,50 €/Stunde und dauern ca. 2 Stunden (auf Wunsch länger); Information: Na-

TEMPLIN BIS FÜRSTENBERG/H.

turpark Uckermärkische Seen, siehe oben unter „Info und Landkarten".

Templiner Stadtsee
Biegt man bei der Gabelung auf dem Bruchsee nach links, so geht es auf den Templiner Stadtsee (auf manchen Karten auch „Templiner See"), über den man an der Liebesinsel vorbeipaddelt – denn betreten darf man sie nicht – und in das hübsche Städtchen Templin gelangt.

Templin
Die „Stadt der Seen, Wälder und der 1000 Linden" liegt nicht nur inmitten herrlicher Natur, sondern hat auch selbst so viel zu bieten, dass man einen Besuch nicht versäumen sollte, auch wenn man sonst die Städte lieber meidet. Nicht umsonst wird sie auch die „Perle der Uckermark" genannt.

Wo sonst kann man die gesamte Altstadt entlang einer gut erhaltenen mittelalterlichen **Stadtmauer** umrunden? Sie ist stolze 1735 m lang und durchschnittlich 7 m hoch. Alle in die trutzige Feldsteinmauer zu Verteidigungszwecken eingebauten **Wiekhäuser** befinden sich noch in einem guten Zustand und sind sehr fotogen. Ebenso die drei gotischen Backsteintore: Im **Prenzlauer Tor** ist das Volkskundemuseum untergebracht, das **Berliner Tor** beherbergt eine Ausstellung über den Naturpark Uckermärkische Seen und das Biosphärenreservat Schorfheide-Chorin.

Ältestes Gebäude der Stadt ist die gotische **Georgenkapelle** (14. Jh.) mit schönem Kreuzrippengewölbe und dem spätgotischen Flügelaltar. Das barocke **Rathaus** wurde um 1751 erbaut.

Die wieder eröffnete **Templiner Schleuse** verbindet das Templiner Seenkreuz mit der Havel (Öffnungszeiten s. o.). Auf dem breiten Templiner Kanal, der auch für größere Boote tief genug ist, paddeln Sie durch offenere Landschaft auf den Röddelinsee.

Schilfrohr wird auch heute noch zum Dachdecken genutzt

124 Templin bis Fürstenberg/Havel

Röddelin-see
Bei Westwind ist hier mit starkem Wellengang zu rechnen! An seinem rechten Ufer findet man hinter der Ortschaft Röddelin einen **Campingplatz** mit Badestelle. Auf den nächsten 28 km bis zum Stolpsee gibt es keinen weiteren Campingplatz – dafür aber die neu eingerichteten Biwakplätze Kannenburg und Regow.

Großer Lankensee
Am nächsten Tag geht es weiter auf dem Röddelinsee. Eine Bake weist den Ausgang in ein kurzes Kanalstück zum Großen Lankensee, der nicht halb so groß ist, wie sein Name vermuten lässt. Der See erstreckt sich nach links zu Wald und Sumpfwiesen hin, die Route führt jedoch am rechten Ufer entlang zur **Schleuse Kannenburg,** die man links umtragen kann, um längere Wartezeiten zu vermeiden.

Templin bis Fürstenberg/H.

Großer Kuhwallsee — Dahinter paddelt man über den – ebenfalls nicht großen – Großen Kuhwallsee, an dessen Ende von links her das **Schulzenfließ** einmündet. Nun sind es nur noch 2 km auf dem **Templiner Wasser,** bis man auf die Havel gelangt.

Havel — Ab hier nimmt der Bootsverkehr (auch Motorboote) im Sommer deutlich zu. Links geht es havelabwärts nach Dannenwalde bzw. Zehdenick und Liebenwalde (s. Route 15 und 16). Richtung Fürstenberg biegt man nach rechts zur **Schleuse Schorfheide** ab und paddelt gegen eine kaum merkliche Strömung havelaufwärts. Der weitere Verlauf der Strecke bis nach Fürstenberg ist in umgekehrter Richtung bei Route 15 beschrieben. Einen möglichen Abstecher ab Himmelpfort nach Lychen beschreibt Route 4.

Lübbesee — Um den sehr reizvollen und für Motorboote gesperrten Lübbesee zu befahren, sollte man sein Boot von Templin aus direkt in den See einsetzen (an der Anlegestelle bei Postheim) und sich die bei normalem Wasserstand nicht fahrbare Strecke durch den Alten Graben (auf manchen Karten „Alter Kanal") ersparen.

Tipp für Wanderer

In der Umgebung von Templin gibt es zahlreiche gut markierte Wanderwege. An der Gaststätte *Fährkrug* vorbei kann man z.B. den 3 km langen **Templiner Stadtsee** umrunden (Rundstrecke ca. 10 km). Eine weitere Wanderung kann man auf dem idyllischen Uferweg entlang dem 10 km langen **Lübbesee** unternehmen. Am Ostufer des Gleuensees (auch per Boot erreichbar) liegt die **Markgrafenquelle,** an der die *Falsche Waldemar* (s. Exkurs bei Route 20) im 14. Jh. gerastet haben soll.

Einen hilfreichen Überblick über verschiedene Wanderungen zwischen 7 und 24 km bietet das **Faltblatt** *Naturparktour* (mit Landkarte), erhältlich vom TourismusService Templin, Tel. 03987/2631.

FÜRSTENBERG/HAVEL BIS RHEINSBERG

Route 6

Länge: ca. 31 km, **Dauer:** 1–2 Tage

Fürstenberg/Havel – Rheinsberg

Überblick — Eine einfache Route fast ohne Strömung. Kann zu jeder eisfreien Zeit und in beiden Richtungen problemlos und mit allen Bootsarten gefahren werden. Auch für Anfänger und Familien mit Kindern gut geeignet. Auf den größeren Seen ist allerdings bei Wind Vorsicht geboten.

Info und Landkarten

- Touristinformation des Tourismusvereins „Fürstenberger Seenland" e.V., Markt 5, 16798 Fürstenberg/H., Tel. 033093/32254, www.fuerstenberger-seenland.de
- Tourist-Information Rheinsberg, Remise/Mühlenstraße, 16831 Rheinsberg, Tel. 033931/2059, Fax 34704, www.tourist-information-rheinsberg.de

Anreise

- **Bahn:** RE 5 im Stundentakt von Berlin Hauptbahnhof nach Fürstenberg/Havel
- **Auto:** B 96 bis Fürstenberg/Havel
- **Boot:** Route 3 Wesenberg – Fürstenberg/Havel, Route 4 von Feldberg-Lychen, Route 5 von Templin

Einsetzen — Mit Angabe der Entfernung vom Bahnhof:
- **400 m:** Hotel „Haus an der Havel", Tel. 033093/39069, www.haus-an-der-havel.de (mit Kanuverleih, Floßabenteuer und einer schönen Terrasse mit Blick auf die Havel)
- **900 m:** Campingplatz (ehem. D/27) am Röblinsee, Tel. 033093/38278 (Fahrzeuge können gegen Gebühr auf dem Campingplatz stehen bleiben)
- **1100 m:** Vereinsgelände Jachthafen im Stadtpark, mobil: 0174/9010315 (Hafenmeister)
- Geeignet ist auch der neue **Wasserwanderrastplatz im Zentrum** (s. u.)

Rückfahrt — Wer nicht mit der Bahn angereist ist, sondern zurück nach Fürstenberg/Havel muss, um sein Auto zu holen, der hat jetzt das Nachsehen, denn um mit der Bahn zurück nach Fürstenberg/Havel zu gelangen, muss man den langen Umweg über Herzberg, Löwenberg und Gransee in Kauf nehmen.

Fürstenberg/H. bis Rheinsberg

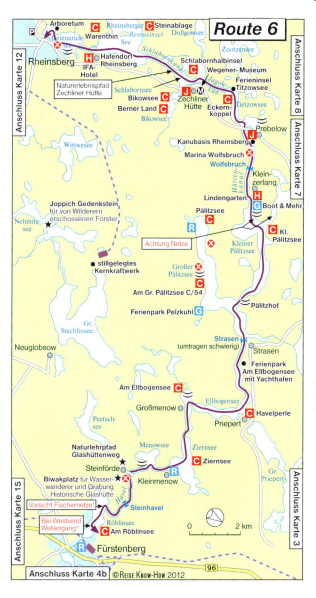

FÜRSTENBERG/HAVEL BIS RHEINSBERG

Route und Entfernungen
- Campingplatz (ehem. D/27) Röblinsee – Schleuse Steinhavel: 2 km
- Schleuse Steinhavel – Ziernsee, Campingplatz Großmenow C/53: 6 km
- Campingplatz C/53 – Schleuse Strasen: 7 km
- Schleuse Strasen – Schleuse Wolfsbruch/Kleinzerlang: 7 km
- Schleuse Wolfsbruch – Zechlinerhütte: 4 km
- Zechlinerhütte – Schloss Rheinsberg, Grienericksee: 7 km

Übernachtung

- **Fürstenberg,** neuer **Wasserwanderrastplatz** direkt hinter der Touristinformation; zu erreichen über den Fisch-Kanu-Pass; direkter Zugang zum Stadtkern, Tel. 033093/32254
- **Biwakplatz Steinförde,** hinter der Schleuse Steinhavel, siehe Karte (Zeltwiese mit Toilette, Einsetzstelle; Tische und Bänke)
- **Campingplatz C/46** am Ziernsee, Tel. 03981/2479-0 (Naturcamping; Haveltourist)
- **Campingplatz C/53 „Am Ellbogensee"** in Großmenow, Tel. 033093/32173, mit kleinem Laden
- **Campingplatz C/18 Kleiner Pälitzsee,** Mecklenburg Tourist, Tel. 033763/22922, 039832/20657, www.mecklenburg-tourist.de (mit Hütten und Bootsverleih)
- **Campingplatz N/36 Eckernkoppel** am Tietzowsee, 16831 Zechlinerhütte, Tel. 033921/50941, www.campingplatz-eckernkoppel.de (überwiegend von Dauercampern belegt)
- **Ferieninsel Tietzowsee,** 16831 Zechlinerhütte Tel./Fax 033921/70228, www.tietzowsee.de (Hütten und Ferienhäuschen)

- **Campingplatz N/23,** Reiherholz, 16831 Zechlinerhütte, Tel. 033921/70295, Schlabornhalbinsel (sehr groß, mit Bootsverleih)
- **Landhotel Lindengarten,** 16831 Kleinzerlang, Tel. 033921/768-0, www.landhotel-lindengarten.de (Hotel mit Rast- und Biwakplatz)
- **Jugendherberge Prebelow** am Prebelowsee, 16831 Rheinsberg Ortsteil Prebelow, Tel. 033921/70222 (Kanuverleih, Sportgeräte und Freizeitangebote)
- **Hafendorf Rheinsberg mit IFA-Hotel** Hafendorfstraße 1, 16831 Rheinsberg, www.ifa-hotel-rheinsberg.de, Tel. 033931-8000
- **Biwakplatz Ruderverein Rheinsberg** (DKV-Kanustation), Ostufer des Grienericksees bei km 13,5, Tel./Fax 033931/39021, www.rv-rheinsberg.de Anmeldung erforderlich unter: Tel. 01522/ 6763471 (Zeltplatz und Hütten)
- **Marina Wolfsbruch,** 16831 Kleinzerlang, Tel. 033921/88711 (mit Bootsverleih, Gastronomie, Zimmern u.v.m., mehr für Jachturlauber).

Bootsverleih

- **Kanuverleih Pack & Paddel,** Fleether Mühle 4, 17252 Diemitz/OT Fleeth, Tel. 039833/26727, Fax 26728, www.packundpaddel.de; geöffnet April bis Oktober (Kanadier-, Kajak- und Ausrüstungsverleih, Kanuschule, gute Tourenvorschläge und Beratung, Touren; von Lesern besonders empfohlen!)
- **Boot & Mehr,** Am Kleinen Pälitzsee, 16831 Kleinzerlang, Tel. 033921/70445, mobil: 0172/4106017, www.bootundmehr.com (mit Anleger, Biergarten, Ferienhaus und Restaurant)
- **Rheinsberger Adventure Tours (R.A.T.),** Robert Franck, zertifizierter Kultur- und Landschaftsführer im Naturpark SLR, Schlossstr. 42, 16831 Rheinsberg, Tel. 033931/39247, Fax 43843, mobil: 0172/6048375, www.rheinsberg-kanu.de (Kanu- und Fahrradvermietung, geführte Touren, Kanutaxi)
- **Nordlicht Tour & Kanu GmbH,** Brandenburger Str. 33, 16798 Fürstenberg/Havel, Tel. 033093/37186, www.nordlicht-kanu.de (mit sieben Vermietstationen in der Region)

Anschlussrouten

- **Routen 12, 13, 14,** nach Lindow, Neuruppin, Oranienburg
- **Route 7** nach Mirow

Flöße im Stil von Tom Sawyer werden heute immer beliebter

Fürstenberg/Havel bis Rheinsberg

Charakter der Tour

Die Route folgt einer Kette untereinander verbundener Seen des Rheinsberg/Fürstenberger Seengebietes, die sich wie Perlen aneinanderreihen. Die hügelige Landschaft ist geprägt von den Gletschern der Eiszeit. Ausgedehnte Mischwälder laden zu Wanderungen ein. Besonders abwechslungsreich und in eine vielgestaltige Landschaft eingebettet sind die bei Kleinzerlang beginnenden Rheinsberger Gewässer, auf denen man nach einem möglichen Abstecher nach Mecklenburg wieder in die nördliche Mark Brandenburg gelangt.

Stark befahren — Die gesamte Route kann mit allen Bootstypen befahren werden und ist nicht nur bei Paddlern, sondern auch bei Seglern und Motorboot-Kapitänen beliebt. Da sie zudem im Kreuzungsbereich verschiedener Hauptwasserstraßen liegt, ist sie in der Ferienzeit stark befahren. So richtig spürbar wird das zum Glück nur auf den wenigen Kanalabschnitten und an den Schleusen. Meist paddelt man auf Seen, auf denen sich die Boote verteilen.

Die landschaftliche Schönheit dieses Gebietes und die Herzlichkeit der Menschen hat immer wieder Künstler und Schriftsteller wie Theodor Fontane, Erwin Strittmatter, Hans Krause und Lora Ludwig angelockt, hier zu leben und zu arbeiten. Und nicht umsonst hat Kurt Tucholsky das Städtchen Rheinsberg 1912 als „Bilderbuch für Verliebte" geschildert. Eine Landschaft zum Verlieben.

Routenbeschreibung

Fürstenberg/Havel – Priepert — Der erste Teil der Tour – zwischen Fürstenberg/Havel und Priepert am Ellbogensee – ist bei Route 3 Wesenberg – Fürstenberg/Havel beschrieben – wenngleich in entgegengesetzter Richtung.

Oberhalb der Schleuse Strasen

Ellbogen-see	Bei Priepert biegt man dann nicht nach rechts, sondern weiter dem Ellbogensee folgend nach links (Westen) um die Landspitze herum. Der See verengt sich, und man gelangt zur **Schleuse Strasen** (Tel. 039828/20484, keine Bootsschleppe, Umtragen nur auf langem Umweg, Schleusung 9–18 Uhr, im Sommer 8–20 Uhr, im Winter nur bis 16 Uhr), bei der sich im Sommer meist eine bunte Armada verschiedener Boote versammelt. Kurz hinter der Schleuse lockt rechts an der Landspitze die Gaststätte „Zum Löwen" mit herrlicher Gartenwirtschaft am Wasser. Hier kann man unmittelbar am Biergarten sein Boot festmachen und sich mit Blick über den Kanal erfrischen. Herrlich!
Großer und Kleiner Pälitzsee	Fährt man durch das obere Tor hinaus, so verteilt sich das Gewimmel rasch wieder über den zweigegabelten Pälitzsees. Bei der Gabelung nach links kann man einen Abstecher in die ruhigeren Gewässer des **Großen Pälitzsees** machen, an dessen waldigen Ufern mehrere Camping- und Biwakplätze zur Rast oder auch zum Übernachten einladen. Am Ostufer liegt der **Ferienpark Pelzkuhl** mit Bungalows und vielen Freizeitangeboten.

Die Route nach Rheinsberg zweigt an der Gabelung rechts ab und führt über den **Kleinen Pälitzsee** zur Müritz-Havel-Rheinsberger Gewässer-

Kreuzung beim Campingplatz C/18 Pälitzsee. Hier zweigt rechts die vielbefahrene Havel-Müritz-Wasserstraße ab, die zur Müritz und den anderen „Großen Seen" Mecklenburgs führt. Links geht es weiter in Richtung Rheinsberg.

Hüttenkanal   Durch den breiten Hüttenkanal paddelt man unter der Pälitzbrücke bei Kleinzerlang hindurch zur **Schleuse Wolfsbruch** und gelangt dabei in die Rheinsberger Gewässer (Land Brandenburg). Kurz vor der Pälitzbrücke liegt die Bootsvermietung *Boot & Mehr* (Tel. 033921/70445) mit einem kleinen aber feinen Biergarten und guten, preiswerten Hausgerichten. In Kleinzerlang befindet sich am Kanal das Landhotel Lindengarten, das seit 2008 einen Rast- und Biwakplatz für Wasserwanderer anbietet. Direkt hinter der Schleuse liegt der große **Ferienpark Marina Wolfsbruch** im skandinavischen Stil (siehe „Übernachtungen").

Prebelowsee   Bei der Einmündung des Hüttenkanals in den Prebelowsee (direkt vor der Prebelowbrücke) befindet sich rechts am Kanalufer die **JH Prebelow**.

Tietzowsee   Für die Weiterfahrt biegt man nach links in den Tietzowsee, an dessen bewaldetem Ufer linker Hand der **Zeltplatz** Eckernkoppel N/36 liegt. Gegenüber befindet sich die Tietzowsiedlung mit einem eigens für Paddler errichteten Kanuhafen. Auf beiden Plätzen kann man sein Zelt aufschlagen, falls man einen Abstecher über den **Zootzensee,** den Landwehrkanal und den Großen Zechliner See bis zum Schwarzen See nach Flecken Zechlin unternehmen will (sehr lohnend! Hin und zurück ca. 18 km, s. Route 8).

Schlabornsee   In Richtung Rheinsberg hält man sich am Ende des Tietzowsees links und gelangt durch den **Jagowkanal** auf den Schlabornsee (viel Motorbootverkehr). An seinem linken Ufer erstreckt sich die Ortschaft **Zechlinerhütte** (s. Exkurs „Zechlinerhütte

FÜRSTENBERG/H. BIS RHEINSBERG

und Wegener-Museum"). Hinter der Brücke liegt am linken Ufer ein sehr empfehlenswertes Terrassencafé mit Steg. Dort kann man sein Boot festmachen oder an Land ziehen und sich zunächst mit Blick über den See stärken.

Danach sollte man sich einen Besuch des **Wegener-Museums** (s. Exkurs bei Route 8) nicht entgehen lassen. Sehr lohnend ist ein Abstecher auf der wenig befahrenen Route über Dollgowsee, Kagarbach und Kagarsee nach **Kagar** mit Restaurant und Laden (siehe Route 8).

Alfred Wegener

Als Stützpunkt für weitere interessante Abstecher und Streifzüge durch das Rheinsberger Seengebiet eignet sich der reizvoll auf einer Landzunge gelegene **Zeltplatz** N3 am Schlabornsee. Man kann aber auch vom Schlabornsee links in östlicher Richtung zum **Bikowsee** paddeln (auch dort gibt es Übernachtungsmöglichkeiten).

Rheinsberger See

In südlicher Richtung führt der Schlabornkanal vom Schlabornsee weiter zum Rheinsberger See, der mit einer Fläche von 268 ha der größte See dieser Gewässer ist. In seiner Mitte liegt die geschichtsträchtige Remusinsel mit uralten Baumriesen und Resten eines slawischen Burgwalls. Einer Legende zufolge soll hier – wie auch immer er hergekommen sein mag – der Mitbegründer Roms ruhen, nach dem die Insel benannt wurde.

Am linken Ufer fallen das **Hafendorf Rheinsberg** mit IFA-Hotel, Ferienhäusern im „Skandinavien-Look", Bootsverleih, Badewiese und besonders der „Leuchtturm" auf. Das Hotel lehnt sich im Stil stark an das Rheinsberger Schloss an.

Grienericksee

Weiter in Richtung Süden gelangt man durch einen Kanalabschnitt auf den Grienericksee, an dessen Ostufer die Rundtürme des Rheinsberger Schlosses stehen. Gleich links nach dem Kanal liegt das historische „Seebad" mit Biwak-, Dusch- und Parkmöglichkeiten. Die nebenan gelegenen Segel- und Wasserwandervereine bieten dem

Wasserwanderer ebenfalls Ihren Service an. Am Austritt des Rheinsberger Rhins aus dem Grienericksee endet die hier beschriebene Route. Aussetzen kann man am Wasserwanderrastplatz (Tel. 039631/34161), am Jachthafen oder beim Ruderverein (Tel. 39021) – alle befinden sich am südöstlichen Ufer. Man kann die Tour den Rheinsberger Rhin abwärts weiter fortsetzen (Routen 12–14).

Das Rheinsberger Schloss

Rheinsberg

Überblick Die frühere Grenzfeste der Grafen von Ruppin liegt am Austritt des Rhins aus dem Grienericksee. Der älteste Siedlungsplatz mit einer slawischen Burg lag bis Anfang des 13. Jh. auf der Remus-Insel im Rheinsberger See. Stadtrecht erhielt Rheinsberg schon vor 1368. Nach dem Brand 1740 wurde die Stadt von *Knobelsdorff* schachbrettförmig wieder aufgebaut. Die Pfarrkirche St. Laurentius (1568) ist ein Bau aus Granit und Backstein.

FÜRSTENBERG/HAVEL BIS RHEINSBERG

Das **Schloss Rheinsberg** ist eine von *Knobelsdorff und Kemmeter* errichtete Dreiflügel-Anlage im Rokokostil mit Elementen aus Renaissance und Spätbarock. Die zwei äußeren, von mächtigen Rundtürmen abgeschlossenen Flügel sind durch Kolonnaden miteinander verbunden. 1736/40 wurde das Schloss von *Kronprinz Friedrich* (später *Friedrich der Große*) bewohnt. Nachdem dieser den Thron bestiegen hatte, ging es in den Besitz seines Bruders *Heinrich* über. Schon seit 2000 besitzt es wieder ein Schlosstheater mit Musikakademie und Kammeroper.

Kurt Tucholsky

Weltbekannt wurden Rheinsberg und das Schloss nicht nur durch *Friedrich II*, sondern auch durch den im Jahre 1912 veröffentlichten Roman „*Rheinsberg – ein Bilderbuch für Verliebte*" von **Kurt Tucholsky.** Auf den Spuren seiner Romanfiguren *Claire* und *Wolfgang* sollte man einen Spaziergang durch den reizvollen Schlosspark machen, von dem aus man über die spiegelnde Seefläche auch einen hervorragenden Blick auf das Schloss selbst genießen kann. Im Schloss Rheinsberg befindet sich das „Kurt Tucholsky Literaturmuseum". Westlich des Sees wurde 1999 ein **Arboretum** eröffnet.

Tipp für Wanderer

Großer Stechlinsee

Von Steinförde kann man eine schöne Wanderung zum Großen Stechlinsee unternehmen. Man folgt von Steinförde dem mit einem gelben Balken markierten sogenannten **Glashüttenweg** in den Wald hinein (direkt bei Steinförde gibt es eine Grabungsstätte „Historische Glashütte" mit Erläuterungstafeln).

Dort, wo der Fahrweg endet, schwenkt man nach links an den **Peetschsee.** Geht man dort ein Stück nach rechts, so gelangt man zu einer schönen Badestelle mit einem Gedenkstein, der an einen Förster erinnert. Durch einen dichten Laubwald mit bis zu 250 Jahre alten Traubeneichen wandert man am Ufer entlang bis zu der Gabelung am Westende des Sees, wo man dann nach rechts abbiegt.

Der mit einem grünen Balken markierte Weg führt in einem Bogen zum Großen Stechlinsee. Über den 86 m hohen Fenchelberg geht es weiter nach **Neuglobsow,** wo es viele Wanderwege und gut gekennzeichnete Badestellen sowie einen Bootsverleih gibt. Fontanehaus und Haus Brandenburg sowie Luisenhof und Fischerei *Böttcher & Sohn* beachten. Interessant sind in Neuglobsow außerdem das „Stechlinseecenter" mit wechselnden Ausstellungen, das „Glasmacherhaus" (Museum der Glasgeschichte der Region) und die „Tauchbasis" am Stechlinsee.

Man durchquert den Ort nach links und folgt der blauen Wegmarkierung nach **Dagow** am Ufer des gleichnamigen Sees. An der Kreuzung im Ort hält man sich erneut links und wandert nun in einem weiten Rechtsbogen durch den Mischwald ans Ostufer des Peetschsees, dem man dann in nördlicher Richtung folgt. Unterwegs genießt man einen herrlichen Ausblick.

Auf dem Querweg am Ende des Sees hält man sich links und stößt bald wieder auf den Glashüttenweg, der rechts nach Steinförde zurückführt. **Gesamtlänge** der Wanderung: ca. 12 km.

Verschiedene Wanderrouten vom Campingplatz Großmenow zum Stechlinsee sind bei Route 3 beschrieben.

Route 7

Länge: ca. 50 km, **Dauer:** 3 Tage

Rheinsberg – Mirow

Überblick Einfache Route über Seen und Kanäle; auch für Anfänger und Familien gut geeignet, sofern man bei auffrischendem Wind offene Seeflächen meidet (vor allem Vilzsee bei Westwind!). Mit allen Bootsarten zu jeder eisfreien Zeit und in beiden Richtungen befahrbar. Es sind mehrere Schleusen zu überwinden, die nicht mit Bootsschleppe ausgestattet sind. Geschleust wird in der Regel werktags zwischen 6 und 19 Uhr (sonntags zwischen 7 und 18 Uhr) zu jeder vollen Stunde sowie nach Bedarf.

Info

- **Tourist-Information Rheinsberg,** Remise/ Mühlenstraße, 16831 Rheinsberg, Tel. 033931/2059, Fax 34704, www.tourist-information-rheinsberg.de
- **Tourist-Information Mirow,** Torhaus, 17252 Mirow, Tel./Fax 039833/28022, www.mirow.m-vp.de
- **Ruderverein,** RV Rheinsberg, Schillerstr. 13, Tel./Fax 033931/39021

Anreise

- **Bahn:** Verbindung ab Berlin über Oranienburg und Löwenberg nach Rheinsberg.
- **Auto:** von Berlin B 96 bis Löwenberg; B 167 Richtung Neuruppin bis hinter Herzberg; dort rechts ab in Richtung Norden durch schöne Landschaft nach Rheinsberg (landschaftlich reizvoll ist auch die kleine Straße von Gransee über Großwoltersdorf und Menz nach Rheinsberg)

Von Hamburg A 24 bis Ausfahrt Neuruppin; B 167 über Neuruppin bis Alt Ruppin; dort links ab in Richtung Norden nach Rheinsberg.

Einsetzen Am besten am **Wasserwanderrastplatz** (Tel. 039631/34161), evtl. auch beim **Seebad Rheinsberg** oder beim **Wasserwanderclub,** Reuterpromenade 5.

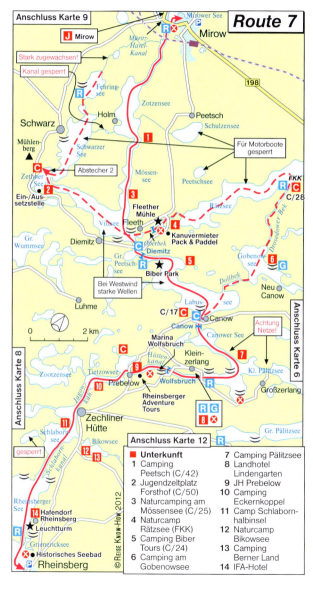

RHEINSBERG BIS MIROW

Route und Entfernungen	• Rheinsberg (Schloss) – Zechlinerhütte: 7 km • Zechlinerhütte – JH Prebelow: 3 km • JH Prebelow – Kleinzerlang: 3 km • Kleinzerlang – Fleeth: 9 km • Fleeth – JH Mirow: 11 km
Rückfahrt	Am besten mit dem Bus oder per Anhalter über Wesenberg, da es mit der Bahn sehr lang und umständlich wäre.
Bootsvermietung	• **Kanustation Rheinsberger Seenkette,** Zur Tietzowsiedlung 7, 16831 Zechlinerhütte, Tel. 033923/70228, mobil: 0174/4340488, www.kanustation-tietzowsee.de (Station am Tietzowsee in Zechlinerhütte; Kanuverleih, geführte Touren, Transfers) • **Kanuverleih Pack & Paddel,** Fleether Mühle 4, 17252 Diemitz/OT Fleeth, Tel. 039833/26727, Fax 26728, www.packundpaddel.de; geöffnet April bis Oktober (Kanadier-, Kajak- und Ausrüstungsverleih, Kanuschule, gute Tourenvorschläge und prima Beratung, geführte Touren; von Lesern besonders empfohlen!). Hier auch Biwakplatz! • **Boot & Mehr,** Am Pälitzsee, 16831 Kleinzerlang, Tel. 033921/70445, Fax 70129, mobil: 0172/4106017, www.bootundmehr.com (Kajak, Kanadier, Ruder-, Motor- und Hausboote, Bungalow am Kleinen Pälitzsee, Biergarten direkt am Wasser)

Mirow: Bootshäuser auf Pfählen

RHEINSBERG BIS MIROW

- **Kanubasis Mirow,** Servicebüro: Tel. 039923/7160, Fax 71616, www.kanubasis.de; Basis Mirow: Retzower Straße in 17252 Mirow (4 km vom Bahnhof entfernt, auf dem Gelände der JH Mirow, Abholung möglich; Kajaks und Kanadier; z. B. 2/3er Kanadier ca. 28 €/Tag, ca. 115 €/Woche inkl. Schwimmwesten und Packsäcke o. Tonnen), jeden Mo u. Do geführte Tagestouren). Weitere Basis in **Prebelow,** auf dem Gelände der JH Prebelow, 16831 Zechlinerhütte. Jeden Samstag geführte Tour (Mai bis Sept.). Reservierung erbeten.
- **Kanustation Mirow,** An der Clön 1, 17252 Mirow, Tel. 039833/22098, Fax 20345, www.kanustation-mirow.de (Kajaks, Kanadier, Großboote; geführte Touren, Fahrradverleih; Campingplatz; historische Boote; Land-/Gewässerkarten und Bücher; keine Bootsrückholung)
- **Motorboot- & Kanuverleih Ralf Behnfeldt,** Zechliner Str. 10, 16831 Zechlinerhütte, Tel. 033921/70650, mobil: 0171/7220828, www.bootsservice-behnfeldt.de (Kanu, Kajak, Ruderboote, Motorboote, Kanu- und Kajaktouren mit Rückholservice)
- **Rheinsberger Adventure Tours (R.A.T.),** Robert Franck, zertifizierter Kultur- und Landschaftsführer, Schlossstr. 42, 16831 Rheinsberg, Tel. 033931/39247, Fax 43843, mobil: 0172/6048375, www.rheinsberg-kanu.de (Kanu- und Fahrradvermietung, geführte Touren, Kanutaxi)
- **Kuhnle-Tours,** Strandstr. 2, 17192 Waren (Müritz), Tel. 03991/666764, www.kuhnle-tours.de (Hausboote)

Übernachtung

- Das **Seebad Rheinsberg,** Reuterpromenade 7, bietet Wasserwanderern Biwak, Zelten, Duschen, Parken, Einsetzen an, ebenso die nebenan gelegenen Segel-, Wasserwander- und Rudervereine.
- **Biwakplatz Landhotel Lindengarten** (siehe Route 6)
- **Biwakplatz Fleether Mühle** (siehe Kanuverleih *Pack und Paddel*)
- **Campingplatz** Schlaborn-Halbinsel
- **Campingplatz** Eckernkoppel am Tietzowsee (nähere Angaben zu diesen Plätzen s. Route 6)
- **Campingplatz am Labussee C/17,** Mirower Landstr. 4, 17255 Canow, Tel. 039828/20272, www.camp-am-labussee.de
- **Campingplatz C/24 Biber Tours** am Labussee, mobil: 0161/4412490 und Tel. 039827/30599, www.bibertours.de (sehr sympathischer Platz mit viel Atmosphäre, Bootsverleih, Hütten auf dem Wasser, Boots- und Floßvermietung u.v.m.)
- **Camping Gobenowsee,** Am See C/27, 17255 Drosedow, Tel./Fax 039828/20355, www.gobenowsee.m-vp.de (schöne und ruhige Lage, Kiosk)
- **Naturcamping C/25 Mössensee,** 17252 Fleeth, Dorfstr. 13, Tel./Fax: 039833/22030, www.naturcamp-

RHEINSBERG BIS MIROW

moessensee.de (gute Einkaufsmöglichkeit, Kochgelegenheit, Waschmaschine und Holzhütten, die man mieten kann)
- **Campingplatz C/42 Zotzensee,** 17252 Peetsch, Dorfstr. 10, Tel. 039833/22068
- **Naturcamp Bikowsee,** Am Bikowsee 3, Tel. 033921/70243, www.naturcamp-bikowsee.de
- **Campingplatz „Berner Land",** Am Bikowsee 4, 16831 Zechlinerhütte, Tel./Fax 033921/70283, www.berner-land.de
- **Wasserwanderrastplatz Mirow,** an der südlichen Einmündung in den Mirower See
- **FKK-Camping C/28 am Rätzsee** (Haveltourist), 17255 Drosedow, Tel. 03981/2479-0, Fax 03981/247999, www.haveltourist.de; geöffnet 1.4.–3.10., Naturcamping im Nadelwald direkt am See; Bootsverleih, Plätze für Wasserwanderer; Hunde nicht gestattet. Kanu-Camping-Card
- **Jugendherberge D/12 Prebelow** am Prebelowsee, 16831 Kleinzerlang, Tel. 033921/70222 (Kanuverleih, Sportgeräte und Freizeitangebote)
- **Jugendherberge C/7 Mirow,** Retzower Straße, 17252 Mirow , Tel. 039833/26100 (mit Zeltplatz)
- **Marina Wolfsbruch,** Im Wolfsbruch, 16831 Kleinzerlang, Tel. 033921/88711, Fax 88845 (mit Jachthafen und Bootsverleih)

Anschluss-Routen Routen 9 und 11

Charakter der Tour

Der erste Teil dieser Route (siehe auch Route 6) führt durch das abwechslungsreiche Gebiet der Rheinsberger Gewässer, geprägt von klarem Wasser und herrlichen Kiefern- und Buchenwäldern.

Hauptwasserstraße Bereits 1860–70 wurden der **Müritz-Havel-Kanal** gegraben und die **Diemitzer Schleuse** gebaut. Damit war eine Verbindung von Hamburg via Müritz bis nach Berlin geschaffen. Es besteht sogar eine durchgehende Wasserverbindung von Prag bis nach Schwerin. Heute wird diese Wasserstraße jedoch nur noch von Sportbooten genutzt. Die gesamte Route Rheinsberg – Mirow kann mit allen Bootstypen befahren werden und ist als Hauptverbindung zwischen der Müritz und den Rheinsberger Gewässern nicht nur bei Paddlern sehr beliebt.

Abstecher Man hat jedoch unterwegs eine ganze Reihe von Möglichkeiten für Abstecher auf wenig befahrene Gewässer, die überwiegend den Paddlern vorbehalten sind. Teilweise sind sie für Motorboote ganz gesperrt. Und selbst auf den stärker befahrenen Seen und Wasserstraßen kann man zur richtigen Tages- oder Jahreszeit Stille und ursprüngliche Natur erleben: hügelige Endmoränenlandschaften mit Buchen- und Kiefernwäldern, die viele der Seen bis zum Ufer einsäumen, Schilfufer, Seerosen-Felder und buchtenreiche Ufer, an denen Land, Wald und Wasser aufs engste ineinander verwoben sind.

Routenbeschreibung

Kleiner Pälitzsee Von Rheinsberg bis zum Kleinen Pälitzsee folgt man der Route 6 in umgekehrter Richtung.

Canower See Hinter Kleinzerlang hält man sich an der Müritz-Havel-Wasserkreuzung links und biegt in den Canower See, über den man rasch zur **Canower Schleuse** (Tel. 039828/20255, tgl. 7–20 Uhr) gelangt. Hier können sich im Sommer die Boote stauen, und es kommt gelegentlich zu längeren Wartezeiten. Die Zeit kann für einen Landgang in Canow genutzt werden. Hier bietet **„Andreas Einkaufseck"** eine gute Auswahl an Lebensmitteln. Um den Laden zu finden, geht man bei der Schleuse ca. 100 m nach rechts (vom Canower See in Richtung Labussee). In unmittelbarer Nähe des Lädchens befinden sich mehrere Gaststätten.

Rund 100 m hinter der Canower Schleuse findet man rechts am Ufer des Labussees einen kleinen Räucherfisch-Verkauf mit Außenbewirtung und schönem Blick über den See.

RHEINSBERG BIS MIROW

Labussee Den Labussee sollte man mit Vorsicht befahren, denn bei Westwind ist hier mit kräftigem Wellengang zu rechnen! Um auf direktem Weg nach Mirow zu gelangen, schwenkt man nach links und paddelt in westlicher Richtung den See entlang. Man kann ihn aber auch in Richtung Norden überqueren und gelangt dann in die **Dollbek,** ein einsamer Bachlauf in unberührter Natur, der praktisch keine Strömung hat und einen lohnenden Umweg über Gobenow- und Rätzsee eröffnet (s. u.).

An den bewaldeten Ufern des Labussees findet man zwei schöne **Campingplätze:** im Süden den **C/17 Campingplatz am Labussee** (Mirower Landstr. 4, 17255 Canow, Tel. 039828/20272, www.camp-am-labussee.de, und im Nordwesten in einer traumhaften Bucht den besonders empfehlenswerten Platz **C/24 Biber-Tours** im Nordwesten. Am Westende des Sees in Richtung Peetschsee gelangt man zur **Schleuse Diemitz,** an der man sich in der kleinen Imbissbude „Schlemmerhafen" stärken kann.

Rundfahrt Auf diesem sehr ruhig und schön gelegenen Platz von Biber-Tours kann man sein Zelt einen Tag lang stehen lassen, um abseits der Hauptrouten eine herrliche Rundfahrt über den Rätz- und den Gobenowsee zu unternehmen (ca. 18 km). Durch die **Schleuse Diemitz** (Tel. 039827/30450, kann rechts umtragen werden; mit Kiosk, Kanuladen und Rast-/Biwakplatz) und den **Großen Peetschsee** gelangt man auf den **Vilzsee** (Achtung: Bei Wind gefährliche Wellen). Hier schwenkt man nach rechts und biegt in die **Oberbek.** Bei der

Drosedower **Bek**

Fleether Mühle (Kanuverleih *Pack & Paddel*) muss man rechts aussetzen, das Boot über die Straße tragen und nach ca. 50 m unterhalb des Wehres (Sägewerk) wieder einsetzen. Unmittelbar danach folgt rechts ein Wasserwanderrastplatz und dahinter das **Naturcamp Rätzsee** (FKK). Dann kann man weiter zum malerischen **Rätzsee** paddeln, der für Motorboote gesperrt und ganz von Wäldern umgeben ist. Man paddelt den Rätzsee auf ganzer Länge und gelangt nach 4,5 km am Ende des Sees zum Zeltplatz C/28 am rechten Ufer. Rechts davon findet man die Einfahrt in die **Drosedower Bek** (2,5 km lang), die sich als breiter und tiefer, aber strömungsloser Kanal durch urwüchsige Natur mit Kiefern- und Erlenwäldern zieht.

Hier sollte man sich Zeit lassen, um die Ruhe zu genießen und Wasservögel wie Enten, Taucher und Eisvögel zu beobachten. Danach überquert man den ebenfalls von Wald und Sumpfland umgebenen **Gobenowsee** (links schöner Campingplatz) und gelangt durch den von unberührter Natur umgebenen **Dollbek** zurück auf den Labussee (s. o.).

Tipp   **Abstecher nach Wustrow:** Fährt man nicht geradeaus über den Gobenowsee, sondern biegt am Zeltplatz links ab, so gelangt man in Richtung

Osten ca. 2 km nach dem Campingplatz zum Klenzsee, den man nach Südosten überquert. Die Ausfahrt aus dem Klenzsee ist mit einem kleinen Schild mit der Aufschrift „Wustrow" markiert. Es folgt ein reizvoller kleiner **Seerosenteich** und ein kurzer Landtransport, ehe man in den **Plätlinsee** einsetzt. Bei Wustrow befinden sich ein neuer **Wasserwander-Biwakplatz** zum Übernachten (rechts der Einmündung), ein kleiner Lebensmittelladen und verschiedene Restaurants. Besonders zu empfehlen ist die zweite Kneipe auf der rechten Seite „Zum Plätlin". Sehr schön und gepflegt ist auch die Badestelle am Plätlinsee.

Alte Holzbrücke nahe der Fleether Mühle, dort können auch größere Boote passieren

RHEINSBERG BIS MIROW

Mössensee   Die direkte Route nach Mirow führt südlich an Fleeth vorbei über den **Vilzsee** und dann nach rechts über den schmalen und langgezogenen Mössensee zum **Zotzensee** mit seinen malerischen Waldufern, Schilfgürteln und Seerosenfeldern. Man kann auch einen Umweg über den Schwarzer See unternehmen oder beide Routen kombinieren.

In beiden Fällen paddelt man den Vilzsee in westlicher Richtung auf ganzer Länge (Vorsicht! Bei Westwind hat man hier mit starken Wellen zu kämpfen!). Dort, wo er sich zum **Mirower Adlersee** verengt (der Name trügt nicht, hier gibt es tatsächlich noch Adler!), findet man am Südufer einen Campingplatz mit einer schönen Badestelle und einer Gaststätte.

Schwarzer See   Auf dem **Zethner See** schwenkt man dann nach rechts um die schmale Landzunge herum und paddelt in nördlicher Richtung auf den Schwarzer See. Sein Name hat nichts mit der Farbe ‚schwarz' zu tun, sondern geht auf das slawische Wort „svircéc" (Grille) zurück. Wer einen kurzen Fußmarsch einlegen möchte, kann am Westufer des Zethner Sees anlegen (dort, wo er in den für Motorboote gesperrten Schwarzer See übergeht) und den 94 m hohen **Mühlenberg** besteigen, der sich allerdings nur 36 m über den Seespiegel erhebt, sodass er nicht ganz den erwarteten Ausblick bietet.

Gegenüber der Ortschaft Schwarz gibt es am Ostufer einen schmalen Kanal, den „Mückenkanal", durch den man früher zum Zotzensee gelangen konnte. Dieser Kanal ist aus Naturschutzgründen gesperrt worden, und man sollte verantwortungsbewusst genug sein, um sich nicht selbst eine Ausnahmegenehmigung zu erteilen! Ein Vergnügen wäre es ohnehin nicht, denn die Durchfahrt ist über lange Strecken von umgestürzten Bäumen blockiert und die Sumpfwälder sind voller Moskitos.

RHEINSBERG BIS MIROW

Zotzensee   Der Zotzensee geht am Nordende in einen Kanal über. Anfangs ist er noch von Seerosen und urwüchsigen Bäumen gesäumt, deren Wurzeln hie und da kleine Inselchen erhalten haben, während ringsum der Boden weggespült wurde.

Mirower See   Bald sieht man dann rechts die ersten als Pfahlbauten errichteten Bootshäuser von **Mirow,** passiert links die Einmündung des Müritz-Havel-Kanals und gelangt unter der Straßenbrücke (B 198) hindurch auf den Mirower See.

Hier kann man gleich rechts beim **Wasserwanderrastplatz Mirow** anlegen, um die Tour zu beenden, um die Stadt zu besichtigen (Unteres Schloss, Barockschloss, Torhaus und gotische Pfarrkirche), um einzukaufen oder um eine der einladenden Gaststätten zu besuchen.

Schulzensee   Wer noch Zeit hat, sollte den Mirower See entlangpaddeln – am Ostufer, denn das Westufer ist den Wasserskifahrern vorbehalten – und dann nach links in Richtung Schulzensee schwenken.

Dort findet man am Westufer des Mirower Sees den **Campingplatz C/40** (Kanustation Mirow) sowie die **Jugendherberge C/7,** die direkt am See und an der B 198 liegt. Die Anlage verspricht viel Ruhe (falls nicht die Camper selbst Trubel machen), und von hier aus kann man auch zur Tour 9 (Rundstrecke „Alte Fahrt") starten.

Tipp für Wanderer

Naturliebhabern sind die schönen **Forstreviere Holm und Schwarz** besonders zu empfehlen. Sie liegen eingerahmt von Wasser zwischen Vilzsee, Mössensee, Zotzensee und Schwarzer See. Beide Reviere sind nicht nur Fundgruben für botanisch Interessierte, sie begeistern auch den Vogelfreund; See- und Fischadler bauen hier ihre Horste und brauchen besonderen Schutz. Überhaupt sollte die Tierwelt in diesen empfindlichen Gebieten möglichst wenig gestört werden, weshalb wir auch keine bestimmten Routen empfehlen wollen. Wenn Sie durch diese Reviere wandern wollen, dann bewegen Sie sich bitte behutsam, halten Sie sich an die Wege und respektieren Sie mögliche Einschränkungen.

Wussten Sie schon, dass Theodor Fontane, der mit seinen fünf Bänden „Wanderungen durch die Mark Brandenburg" berühmt und zum Vorbild vieler Wanderfreunde wurde, selbst alles andere als ein begeisterter Wanderer war? Er ließ sich die meiste Zeit in einer offenen Kutsche durch die Mark chauffieren und ging nur gelegentlich kurze Strecken zu Fuß!

RUNDFAHRT RHEINSBERGER SEEN

Route 8

Länge: 12–15 km, **Dauer:** Tagesfahrt

Rundfahrt Rheinsberger Seen, Flecken Zechlin – Kagar

Überblick Die beschriebene Hauptroute ist eine für alle Bootstypen und zu jeder Zeit problemlos befahrbare Rundstrecke über abwechslungsreiche Seen und Kanäle. Die Höhenunterschiede sind minimal, sodass es praktisch keine Strömung gibt. Unterwegs keine Schleusen, keine Hindernisse und keine Landtransporte. Vom Endpunkt bei Kagar bis zum Ausgangspunkt Beckersmühle sind es ungefähr 2,5 km auf Fuß- und Fahrwegen (Bootswagen benutzbar; Autoabholung möglich).

Die Abstecher sind teils nur mit Paddelbooten befahrbar und umfassen mehrere Treidelstrecken und Landtransporte.

Info und Landkarten

- **Tourist-Information Rheinsberg,** Remise/Mühlenstraße, 16831 Rheinsberg, Tel. 033931/2059, Fax 34704, www.tourist-information-rheinsberg.de
- **Tourist-Information Zechlinerhütte,** Rheinsberger Str. 14, 16831 Zechlinerhütte, Tel./Fax 033921/70217, www.zechlinerhuette.com
- **Tourist-Information Flecken Zechlin,** Rheinsberger Str. 15, 16837 Flecken Zechlin, Tel. 033923/715013, www.fleckenzechlin.de
- **Fontane Buchhandlung,** Neuruppin, Karl-Marx-Str. 83, Tel. 03391/2297
- **Buchhandlung Kurt-Tucholsky,** Schloßstraße 6, Rheinsberg, Tel. 033931/2134

Anreise

- **Boot:** Route 6 von Rheinsberg oder Fürstenberg, Route 7 von Mirow
- **Bahn:** Berlin – Rheinsberg; dann Bus bis Flecken Zechlin oder Haltestelle Kagar (2 km Fußweg bis Beckersmühle)
- **Auto:** Auf der A 24 bis Wittstock, dann auf kleinen Landstraßchen nach Osten oder bis zur Ausfahrt Neuruppin, B 167 bis Neuruppin; dort nach Norden über Wallitz, in Dorf Zechlin links am Dorf vorbei nach Flecken

RUNDFAHRT RHEINSBERGER SEEN

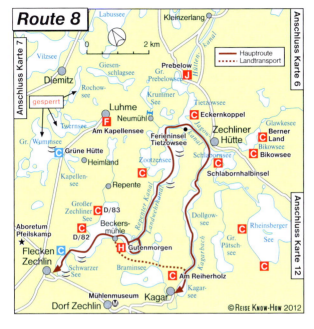

Zechlin. Zwischen Dorf und Flecken Zechlin führt nach Osten (rechts) eine kleine Asphaltstraße zum *Hotel Gutenmorgen*.

Parken — Im Ort am Alten Schulplatz, beim *Hotel Gutenmorgen,* auf einem der Campingplätze oder auf dem Parkplatz in Flecken Zechlin.

Einsetzen — In den Großen Zechliner See entweder am Badestrand des *Hotels Gutenmorgen* (300 m Landtransport vom Hotel bis ans Wasser) oder an einem der beiden Campingplätze – besser in den Schwarzen See bei Flecken Zechlin. Für größere Boote gibt es in Zechlinerhütte eine Slipanlage und in Rheinsberg einen Schwenkbootskran.

Route und Entfernungen
- Großer Zechliner See, 3,5 km ab Flecken Zechlin, 1 km ab Beckersmühle
- Repente oder Landwehrkanal: 1,5 km
- Zootzensee: 3 km
- Tietzowsee/Jagokanal: 1 km
- Schlabornsee/Dolgowsee: 4 km
- Kagarbach bis Brücke: 1 km, bis Kagar: 2 km

Rundfahrt Rheinsberger Seen

Boots-verleih
- **Bootsverleih Maranke,** Amtsstr. 4, 16837 Flecken Zechlin, Tel. 033923/70155, www.boote-rheinsberg-zechlin.de (Faltboote, Ruderboote, Kanadier; geführte Touren)
- **Helga Heyn,** August-Bebel-Platz 3, 16831 Zechlinerhütte, Tel. 033921/70792 (kleiner, sympathischer Verleih)
- **Boot & Mehr,** Am Pälitzsee, 16831 Kleinzerlang, Tel. 033921/70445, Fax 70129, mobil: 0172/4106017, www.bootundmehr.com (Kajak, Kanadier, Ruder-, Motor- und Hausboote, Bungalow am Kleinen Pälitzsee, Biergarten direkt am Wasser)

Übernachtung

- **Campingplatz am Großen Zechliner See,** Schookerberg 2, 16837 Flecken Zechlin, Bahnhofstr. 7, Tel. 033923/71017, www.camping-fleckenzechlin.de (geöffnet Mai bis Okt.; empfehlenswerter Familienzeltplatz der Gemeinde; Anfahrt: durch Flecken Zechlin in Richtung Luhme, dann beschildert)
- **Campingplatz Am Reiherholz,** 16837 Kagar, Zechlinerhütter Str. 2, Tel. 033923/70363, www.camping-am-reiherholz.de (ganzjährig)
- **Campingplatz Schlabornhalbinsel,** 16831 Zechlinerhütte, Reiherholz, Tel. 033921/70295 (mit Bootsverleih)
- **Campingplatz Eckernkoppel** am Tietzowsee, 16831 Zechlinerhütte, Rheinsberger Str. 14, Tel. 033921/50941, Fax 50942, www.campingplatz-eckernkoppel.de
- **Campingplatz Berner Land,** 16831 Zechlinerhütte, Tel. 033921/70283, www.berner-land.de
- **Naturcamp Bikowsee,** 16831 Zechlinerhütte, Am Bikowsee 3, Tel. 033921/70243, www.naturcamp-bikowsee.de
- **Jugendherberge Prebelow,** 16831 Rheinsberg OT Prebelow (am Prebelowsee, nördlich des Tietzowsees), Tel. 033921/70222(Kanuverleih, Sportgeräte und Freizeitangebote)
- **Ferieninsel Tietzowsee,** Zur Tietzowsiedlung 7, 16831 Zechlinerhütte, Tel. 033921/70228, Fax 70124, www.tietzowsee.de (Hütten und Ferienhäuschen)
- **Hotel Gutenmorgen,** 16837 Dorf Zechlin, Zur Beckersmühle 103, 16837 Dorf Zechlin, Tel. 033923/70275, Fax 70510, www.hotel-gutenmorgen.de (Inhaber ist die sehr gastfreundliche Familie *Gutenmorgen*)
- **Ferienhäuser Am Kapellensee,** 16837 Luhme/Heimland, Sonnenweg 6, Tel. 033923/70100

Freies Zelten ist heute nicht mehr erlaubt!

Karte Seite 151 **RUNDFAHRT RHEINSBERGER SEEN** 153

Abstecher	● **Vom Schlabornsee** zum Bikowsee (2 km; stark befahren)
Anschluss- routen	● **Route 6** nach Rheinsberg, Fürstenberg ● **Route 7** nach Mirow

Charakter der Route

Das gesamte Rheinsberger Seengebiet liegt innerhalb eines ausgedehnten Landschaftsschutzgebietes, das sich von Neustrelitz bis nach Neuruppin erstreckt und mehrere Naturschutzgebiete umfasst. Eine ganze Reihe der Seen (besonders an den Abstecherrouten) sind für Motorboote gesperrt, und Totalsperrungen sind in der Diskussion. Um die Natur zu schonen und möglichst viele Paddelrouten zu bewahren, müssen gerade Kanuten sich rücksichtsvoll verhalten: nur auf Campingplätzen zelten und nur an schilffreien Uferstellen anlegen!

Die Hauptroute führt durch eines der schönsten und beliebtesten Ferien- und Urlaubsgebiete

Nord-Brandenburgs. Abseits der Badestrände kann man hier noch jede Menge ländliche Einsamkeit und eine herrliche Natur erleben – mit ausgedehnten Wäldern, märkischer Heide, romantischen Waldseen, sauberer Luft und einer äußerst vielfältigen Tierwelt.

Landschaft und Gewässer sind ungewöhnlich abwechslungsreich. Kein See gleicht hier dem anderen – jeder hat seinen ganz eigenen Charakter. Und einzelne Abstecher erschließen noch weitaus abgeschiedenere Winkel, in denen man fernab von Lärm und Gestank der Motorboote die Ruhe genießt.

Routenbeschreibung

Großer Zechliner See

Der Große Zechliner See hat eine Gesamtfläche von 180 ha und ist über den schiffbaren Landwehrkanal mit den übrigen Rheinsberger Gewässern verbunden. Durch den Bau der Kanäle und Schleusen im Rheinsberger Gebiet 1876/81 wurde der Seespiegel stark abgesenkt, wodurch auf der **Insel Werder** Hunderte von bearbeiteten Eichenpfählen einer slawischen Siedlung zum Vorschein kamen.

Westlich des Zechliner Sees, am **Schwarzen See,** liegt auf einem hohen Ufer mit schönem Blick das idyllische Dörfchen **Flecken Zechlin,** durch das man einen kleinen Rundgang machen sollte.

Ein kurzer Fußweg führt zum 85 m hohen **Vogelberg,** von dem man eine herrliche Aussicht über Wald und Seen hat. Am Südufer unterhalb des Berges gibt es eine sehr schöne Badestelle. Zum Zelten empfiehlt sich besonders der Platz *Am Großen Zechliner See* am Nordufer in Richtung Luhme.

Nordöstlich des Sees liegt das Dörfchen **Repente,** das zu Beginn unseres Jahrhunderts im Besitz des Kammerherren von Stülpnagel war (ein Verwandter des Generals, der am Hitlerattentat vom 20. Juni 1944 beteiligt war). Heute gibt es dort

RUNDFAHRT RHEINSBERGER SEEN

Eine Wanderung um den Großen Zechliner See

Ausgangspunkt für die Rundwanderung um den Großen Zechliner See ist das Hotel „Gutenmorgen" im Ortsteil Beckersmühle am Südufer des Sees. Fünf Minuten vom Hotel entfernt liegt der Badestrand, von dem aus sich links weg in nordwestlicher Richtung ein schmaler Fußpfad am Ufer entlangzieht. Wer von Kagar oder vom Dorf Zechlin losmarschiert, der muss zunächst eine kleine Anhöhe (kaum 100 m) mit Ausblick auf den Blocksberg und den Eichholzberg überwinden und gelangt nach 2 km zum Zechliner See.

Auf einem hohen Steg überquert man einen mit Booten befahrbaren Kanal, der den Großen Zechliner See mit dem Schwarzen See verbindet. Dann biegt man rechts auf einen Waldweg in die Brandheide und wandert durch einen herrlichen Buchenwald in Richtung Repente. Auf dieser Strecke liegen am Ufer des Zechliner Sees die Campingplätze Schookablage und Siedlitzablage. Kurz vor Repente biegt man wieder nach rechts in eine schattige Allee, der man bis zum Repenter Landwehrkanal folgt. Über eine Brücke gelangt man auf einen schmalen Wanderpfad, gesäumt von einigen Wacholderbäumen. Diesem Pfad folgt man in Richtung Westen (rechts), und nach insgesamt rund 10 km ist der Ausgangspunkt bei Beckersmühle wieder errreicht.

Ursprünglich waren übrigens Großer Zechliner See und der Braminsee miteinander verbunden. Doch der Wasserspiegel des Braminsees ist seither beträchtlich gefallen, sodass die Wehrkirche von Dorf Zechlin, die einst direkt am Ufer errichtet wurde, inzwischen fast einen Kilometer vom See entfernt steht.

Lück's Reiterhof (Repenterstraße, 16837 Luhme OT Repente, mobil: 0173/6224406, luecks-reiterhof.de) und den Hof Repente (ebenfalls Reiterhof, www.hof-repente.de).

Schwarzer See Im Flecken Zechlin kann man an mehreren Stellen in den Schwarzer See einsetzen (z. B. am Badeufer oder nahe der Kanuvermietung), den man in nordöstlicher Richtung überquert. Auf der Halbinsel am Seeausgang gibt es am Badeufer bei der alten Holzbrücke ein nett gelegenes **Café,** in dem

RUNDFAHRT RHEINSBERGER SEEN

wir allerdings sehr abweisend behandelt wurden und keine Auskünfte bekamen. Unter der Fußgängerbrücke hindurch gelangt man durch einen kurzen Kanal auf den **Großen Zechliner See,** an dessen Nordufer die gleichnamigen Campingplätze (früher D/82 und D/83) liegen.

Repenter Kanal

Die Ausfahrt in den Repenter oder Landwehr-Kanal findet man in der südöstlichen Ecke des Zechliner Sees. Dort fährt man rechts um die Insel Werder herum, die inzwischen allerdings durch Verlandung mit dem Ufer praktisch verbunden ist. Man fährt unter der Repenter Brücke hindurch und durch den von Wiesen gesäumten Kanal.

Zootzensee

Schließlich gelangt man auf den Zootzensee (von slaw. *sosna* = Kiefer), der im feinsandigen Teil des Rheinsberger Zungenbeckens liegt. Das durch reizvolle Buchten stark gegliederte Ufer ist dadurch entstanden, dass auch hier durch Verlandungsprozesse mehrere Inseln mit dem Festland verbunden wurden und heute nur noch als Halbinseln in den See ragen. Als typisch *eutropher* (nährstoffreicher) See ist er von einem breiten Röhrichtgürtel gesäumt.

Der Bach zwischen der nordöstlichen Bucht des Zootzensees und dem Krummsee – sowie alle danach folgenden Seen – sind zwischenzeitlich aus Naturschutzgründen gesperrt worden, sodass die in der ersten Auflage dieses Buches noch beschriebene Abstecherroute über den Krummer See, Giesenschlagsee und Twernsee zum großen Wummsee (NSG) nicht mehr möglich ist. Als verantwortungsbewusster Paddler sollte man die Sperrung strikt respektieren.

Die Gräben zwischen den Seen sind ein wichtiges Brutgebiet für Wasservögel, die keine Störung vertragen. Außerdem sind sie wegen zu geringer Wassertiefe und zahlreicher Baumhindernisse unbefahrbar. Frevler, die es doch versuchen, werden die Moskitos fressen!

RUNDFAHRT RHEINSBERGER SEEN

Tietzowsee Die Hauptroute führt von einer kleinen Bucht im NO des Zootzensees unter einer Straßenbrücke hindurch und durch einen kurzen Kanal auf den Tietzowsee. An dessen bewaldetem Ufer gegenüber der Einmündung liegt der Campingplatz Eckernkoppel. Hier stößt man auf die Route 6 Fürstenberg-Rheinsberg, der man Richtung Zechlinerhütte folgt. In Richtung Süden (Rheinsberg) gelangt man durch den **Jagowkanal** auf den **Schlabornsee**.

Zechliner Hütte Bei der Ortschaft Zechlinerhütte (s. auch Route 6) gibt es hinter der Brücke am linken Ufer ein nettes Terrassencafé mit Anlegesteg zum Entspannen.

Idyllisch auf einer Landzunge liegt gegenüber des Ortes der **Zeltplatz Schlabornhalbinsel.**

Abstecher Vom Schlabornsee kann man aber auch einen lohnenden Abstecher in östliche Richtung (links) machen und zum **Bikowsee** paddeln. An seinem Ufer liegen mehrere schöne Zeltplätze, auf denen man einige Tage Station machen sollte. Denn von hier aus kann man durch fast endlose Wälder die herr-

Alfred-Wegener-Museum, Zechlinerhütte

Die Ortschaft Zechlinerhütte entstand 1736 durch den Bau einer Glashütte, der sogenannten Weißen Hütte. Bis 1890 wurden dort wertvolle geschliffene Gläser hergestellt. Das ehemalige Herrenhaus der Glashütte erwarb später die **Familie Wegener** aus Berlin. Ihr wohl berühmtester Spross war der Geophysiker, Meteorologe und Grönlandforscher Alfred Wegener (1880–1930). Bekannt wurde **Alfred Wegener** besonders durch seine Expeditionen über das Inlandeis von Grönland und durch die von ihm postulierte, heute allgemein anerkannte Theorie der Kontinentalverschiebung. Er starb als Leiter seiner dritten Grönlandexpedition auf dem Rückmarsch von der Station Eismitte.

Im ehemaligen Herrenhaus erinnerte bisher eine Gedenkstätte an ihn und seinen Bruder Kurt. Seit 1995 ist sie in den neuen Räumen des Gemeindezentrums wieder zu sehen (mit Videovorführung).

● **Info:** Tourist-Information, 16831 Zechlinerhütte, Rheinsberger Straße 14, Tel./Fax 033921/70217

RUNDFAHRT RHEINSBERGER SEEN

lichsten **Wanderungen** unternehmen: zum Stechlinsee, zum Schloss Rheinsberg, nach Prebelow oder nach Kleinzerlang.

Um die Rundtour fortzusetzen, paddelt man von Zechlinerhütte nördlich der Schlabornhalbinsel quer über den See nach Westen (wobei man sich am hohen Schornstein des einstigen Sägewerks orientieren kann).

Dollgowsee — Am jenseitigen Ufer öffnet sich ein etwa 400 m langer Kanal zum Dollgowsee, der sich in einer eiszeitlichen Abflussrinne erstreckt (s. auch Exkurs „Rinnensee"). Gleich am Anfang dieses stillen Waldsees gibt es einige idyllische Bademöglichkeiten.

RUNDFAHRT RHEINSBERGER SEEN

Kagarbach — Zwischen Kiefernwäldern mit einzelnen Buchen, Birken und Eichen geht der See unmerklich in den Kagarbach über, den man ohne Mühe aufwärts paddeln kann. Die Einheimischen nennen ihn schon Rhin, denn die Rhinquelle soll irgendwo bei Wallitz liegen (s. Route 12).

Kagarsee — Die neu aufgebaute Brücke vor dem Kagarsee ist so niedrig, dass nur Paddler darunter durchpassen. Hier kann man sich in der Gaststätte des Camping Reiherholz stärken oder seine Paddeltour beenden und nach rechts (NW) auf dem breiten Waldweg (später Fahrstraße) zur Beckersmühle zurückwandern (ca. 2,5 km, Bootswagen benutzbar). Wer sich mit dem Auto abholen lassen will, der kann weiter über den kleinen Kagarsee bis zu dem 1685 von Hugenotten gegründeten 200-Seelen-Dorf **Kagar** paddeln, wo man an einem Holzsteg anlegen kann. Von dort sind es auf der Straße über Dorf Zechlin 5 km bis Flecken Zechlin (Autoabholung möglich).

Sehenswertes — In Kagar gibt es eine – besonders im Innern – sehr sehenswerte **Jugendstil-Kirche,** die um die Jahrhundertwende erbaut wurde. Den asymmetrischen Backsteinbau mit Staffelgiebel erreicht man vom Gemeinde-Bootssteg im hintersten Winkel des Kagarsees auf einem schmalen Weg, der zwischen zwei Grundstücken hindurchführt.

Stärken kann man sich im **Wirtshaus Steffen** an der Dorfstr. 28 (Tel. 033923/70357) mit guten Wildgerichten – und wem danach zumute ist, der kann in der dazu gehörenden Disco noch das Tanzbein schwingen.

Für trockene Füße: über den Knüppeldamm

„Alte Fahrt" Mirow bis Müritz

Route 9

Länge: 36 km, **Dauer:** 1–2 Tage

„Alte Fahrt" Mirow – Müritz

Überblick   Die Strecke von Mirow bis zur Müritz (Alte Fahrt) führt über schmale, windgeschützte Seen durch eine großartige Landschaft und ist problemlos zu paddeln. An der ehemaligen Bolter Schleuse ist ein 200 m langer Landtransport erforderlich (ein großer Bootswagen ist vorhanden; der Wagen ist aber sehr schwer und die Rampe steil, sodass mehrere kräftige Personen anpacken müssen!). Die gut 10 km lange Strecke auf der Müritz ist bei windstillem Wetter ebenfalls problemlos zu bewältigen; selbst bei mäßigem Wind kann die Müritz im Ostuferbereich jedoch sehr gefährlich werden. (Meistens kommt der Wind hier aus westlicher Richtung, also von der Seite! Aufgrund ihrer Größe und Unberechenbarkeit zählt die Müritz daher weniger zu den klassischen Kanadier-Revieren und ist eher für Seekajakfahrer geeignet.)

Die letzten 10 km führen durch den landschaftlich weniger reizvollen Mirower Kanal (Neue Fahrt), auf dem auch größere Boote verkehren. Die Route kann zu jeder eisfreien Zeit und unabhängig vom Wasserstand in beiden Richtungen befahren werden, lediglich die Windverhältnisse auf der Müritz können die Route einschränken oder gar unmöglich machen. Die Etappe von Mirow bis zum Leppinsee ist nur für Anlieger und Paddler freigegeben. Der Reiz dieser Strecke und mangelnde Kontrollen führen jedoch leider dazu, dass sich nicht wenige Motorboote dorthin „verirren", sodass im Hochsommer auf diesen schmalen Seen durchaus mit Motorbootbetrieb zu rechnen ist. Erst ab dem Nationalparkgebiet Wo-

"ALTE FAHRT" MIROW BIS MÜRITZ

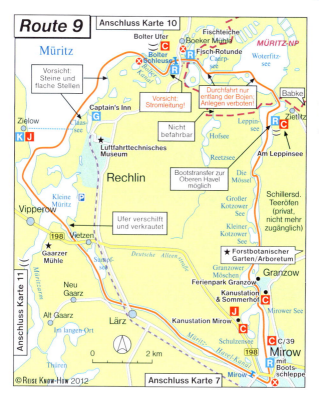

Info	● **Tourist-Information Mirow,** Torhaus, 17252 Mirow, Tel./Fax 039833/28022, www.mirow.m-vp.de
Anreise	● **Bahn:** Berlin-Neustrelitz; dort umsteigen nach Mirow ● **Auto:** von Westen: Autobahn A 19 Ausfahrt Röbel/Müritz; B 198 in östlicher Richtung nach Mirow Von Süden: Berlin – Neustrelitz auf der B 96; zwischen Alt-Strelitz und Neustrelitz links auf die B 198 oder vor Altstrelitz die Umgehung über Klein Trebbow.

terfitzsee bis zur ehemaligen Bolter Schleuse sind die Paddler mit der Natur allein.

"Alte Fahrt" Mirow bis Müritz

Parken — Das Auto kann gut man bei der Zufahrt zur Jugendherberge nordwestlich von Mirow (via B 198) abstellen (holperiger, unbefestigter Parkplatz), die direkt am Ufer des Sees liegt; ein großer, kostenloser Parkplatz (im Sommer sehr voll!) befindet sich auch an der R.-Breitscheidt-Straße, gleich am Ortseingang links.

Einsetzen — Mirow: am Hafen (westlich des Zentrums) oder an der Badestelle von Mirow (nahe der Strandgaststätte nördlich des Zentrums) in den Mirower See. Wer mit dem Auto anreist, kann auch zu der direkt an der B 198 nordwestlich von Mirow am Schulzensee gelegenen Jugendherberge mit Campingplatz (Kanustation Mirow) fahren und dort einsetzen.

Granzow: Kostenloser Parkplatz der Kanustation Granzow

Route — Mirower See – Schulzensee – Kotzower See – Mössel – Leppinsee – Woterfitzsee – Caarpsee – Bolter Kanal – Müritz – Kleine Müritz – Sumpfsee – Mirower Kanal

Entfernungen
- Mirow – Granzow: 3 km
- Granzow – Campingplatz C/20: 6 km
- C/20 – Müritz: 6 km
- Müritz und Kleine Müritz bis Seeausgang: ca. 10 km
- Seeausgang – Mirow: ca. 11 km

„Alte Fahrt"

Nach altem Brauch frisch aus dem Rauch
sind Aale eine Köstlichkeit

Karte S. 161   „Alte Fahrt" Mirow bis Müritz

Beschränkungen

Vom Leppinsee bis nahe der Bolter Mühle paddelt man durch den Müritz-Nationalpark und muss folgende Einschränkungen beachten:

- **Caarpsee:** Befahren nur entlang der gekennzeichneten Durchfahrt (grüne Bojen)
- **Woterfitzsee:** südwestlicher Uferbereich gesperrt (gelbe Bojen)
- Im **gesamten Nationalpark** gilt ein generelles Anlandeverbot.

Übernachtung

- **Campingplatz** an der Badestelle am Mirower See (mit Münzdusche und WC)
- **Zeltplatz Granzow,** Am Badestrand, 17252 Mirow, Tel. 039833/21800, Fax 22003 (mit Kanustation, www.kanustation-granzow.de)
- **Campingplatz und Kanustation Mirow,** An der Clön 1, 17252 Mirow, Tel. 039833/22098, www.kanustation.de
- **Campingplatz am Leppinsee** (Haveltourist), 17252 Schillersdorf, Tel. 03981/2479-0, Fax 2479-99, www.haveltourist.de, 1.4.–3.10.; im Kiefernwald direkt am Müritz-Nationalpark; Bootsverleih, Plätze für Wasserwanderer, Bootssteg, Kiosk, Kanu-Camping-Card
- **Campingplatz Bolter Ufer C/15** an der Müritz (ca. 1 km nördlich der Einmündung des Bolter Kanals; Müritzstr. 51, 17248 Rechlin, Tel. 039823/2126-1, www.camping-bolter-ufer.de)
- **Jugendherberge Mirow,** Retzower Straße, 17252 Mirow, Tel. 039833/26100, mirow.jugend herbergen-mv.de
- **Jugendherberge Zielow,** 17207 Zielow, Tel. 039923/2547, www.zielow.jugendherberge.de (am Westufer der Durchfahrt zwischen Müritz und Kleine Müritz;

„ALTE FAHRT" MIROW BIS MÜRITZ

mit Sportanlagen, Anlegestelle, Boot- und Fahrradvermietung, Surf- und Segelkursen)
- **Ferienpark Mirow-Granzow am See,** Dorfstraße 1a, 17252 Mirow-Granzow, Tel. 039833/600, Fax 60110, www.ferienpark-mirow.de
- **Sommerhof-Granzow,** Am Badestrand, 17252 Mirow-Granzow, Zimmer mit Frühstück, Tel. 039833/21800, Fax 21844, www.sommerhof-granzow.de

Restaurant
- **Bistro Entenhausen,** Dorfstraße 1, OT Granzow, 17252 Mirow, Tel. 039833/22350 oder 26335, Fax 22350, www.bistro-entenhausen.de (Bistro direkt am See mit schöner Seeterrasse und frischer Küche)
- **Captain's Inn** im Hafendorf Müritz, 17248 Rechlin, Tel. 039823/26636 (Hafenbistro mit Fischspezialitäten und frischer Gemüseküche)

Bootsverleih
- **Kanubasis Mirow,** Jugendherberge, 17252 Mirow (s. S. 141)
- **Paddel Paul,** 17252 Roggentin (Ortsteil Schillersdorf), Tel. 039829/20324, mobil: 0174/8275230, www.paddelpaul.de.
- **Strandrestaurant/Zeltplatz Mirow,** Strandstraße 20, 17252 Mirow, Tel. 039833/22019 (Kajaks und Kanadier; Rückholservice nach Absprache)
- **Kanustation Mirow,** An der Clön 1, 17252 Mirow, Tel. 039833/22098, Fax 20345, www.kanustation.de (Kajaks, Kanadier, Großboote; z. B. 2/3er Kanadier; geführte Touren, Fahrradverleih; Campingplatz; historische Boote; Land-/Gewässerkarten und Bücher; keine Bootsrückholung)
- **Kanustation Granzow,** Am Badestrand, 17252 Granzow, Tel. 039833/21800, Fax 21844, www.kanustation-granzow.de (Angebot wie Kanustation Mirow, allerdings mit Boots-Shuttle Leppinsee – Babke)
- **Kuhnle Tours,** Freizeitsteg Ferienpark Mirow, Dorfstr. 1a, 17252 Granzow/Mirow am See, Tel./Fax 039833/20655, www.kuhnle-tours.de (Kanus, Ruderboote, Sportboote)
- **Kuhnle Tours,** Hafendorf Müritz, 17248 Rechlin, Tel. 039823/26611, Fax 26626, www.kuhnle-tours.de (Kanus, Hausboote)

Kanuhuttle
- **Kanustation Granzow,** Tel. 039833/21800: transportiert Boote und Personen zwischen Fähranleger Zietlitz am Leppinsee und dem Wasserwanderrastplatz bei Babke (3 €/Boot und 6 €/Person)
- **Paddel Paul,** 17252 Roggentin (Ortsteil Schillersdorf), Tel. 039829/20324, mobil: 0174/8275230, transportiert ebenfalls Personen und Boote; Hauptstrecken sind Babke – Leppinsee, Käbelicksee – Leppinsee und Mirow – Babke

Karte S. 161 **„Alte Fahrt" Mirow bis Müritz** 165

| Anschluss-
routen | • **Route 7** nach Rheinsberg mit weiteren Anschlussrouten
• **Route 10** nach Waren
• **Route 11** Müritz – Nebelsee |

Charakter der Tour

Diese Tour hat drei ganz unterschiedlichen Etappen: Die **Alte Fahrt** zwischen Mirow und der Müritz (ca. 15 km) folgt einer Kette schmaler, windgeschützter Seen, die durch alte Kanäle verbunden sind. Man paddelt durch herrlich ursprüngliche Natur mit ungewöhnlich reicher Pflanzen- und Tierwelt (insbesondere Wasservögel) und gelangt auf dem Woterfitz- und dem Caarpsee (sehr klares Wasser) bis in Kernzonen des Müritz-Nationalparks. Hier bitte die nötigen Einschränkungen unbedingt beachten.

Ein ganz anderes Bild zeigt sich auf der etwa 10 km langen Strecke über **die Müritz;** DEM größten ganz in Deutschland liegenden See. Der Name „Müritz" leitet sich aus dem Slawischen ab und bedeutet „Kleines Meer". Da der See relativ flach ist, kommen bereits bei mäßigem Wind sehr schnell steile Wellen auf, denen schon so manches Boot zum Opfer gefallen ist. Vorsicht ist insbesondere bei N- oder NW-Wind angeraten. Ab Stärke 3 ist der See für kleinere Boote nicht mehr befahrbar! Im Zweifelsfalle ist es besser, lieber umzudrehen und die „Alte Fahrt" zurückzupaddeln.

Wieder ganz anders ist der schnurgerade und auch von Motorbooten recht stark befahrene **Müritz-Havel-Kanal,** der aber schön eingewachsen ist und daher trotzdem natürlich und nicht monoton wirkt.

Routenbeschreibung

Granzower Möschen

Von Mirow aus (Sehenswürdigkeiten s. Route 7) über den **Mirower See** bzw. von der Jugendherberge über den **Schulzensee** gelangt man in nördlicher Richtung durch einen kurzen Kanal auf den Granzower Möschen. In dem Dörfchen **Granzow** am Ostufer des Sees gibt es eine Gaststätte, eine Badestelle und eine Einkaufsmöglichkeit. Nördlich des Ortes liegt am Ufer das Feriendorf mit Bootsverleih und einigen prachtvollen alten Bäumen. Im Frühjahr kann man dort den dröhnenden Ruf der Rohrdommel hören.

Kotzower See

Weiter geht es über eine Kette kleiner Seen, die sich wie Perlen aneinanderreihen – umgeben von traumhafter Natur. See- und Teichrosen (Mummeln) auf dem Wasser, schilfgesäumte Ufer, ausgedehnte Kiefernwälder und eine Fülle von rund 250 Vogelarten begleiten einen, während man weiter über den Kleinen und den Großen Kotzower See paddelt. Besonders das von einem dichten Röhricht-Dschungel bewachsene Westufer des Kleinen Kotzower Sees ist Brutrevier vieler geschützter Vogelarten. Bitte mind. 20 m Abstand halten, um die Tiere nicht zu stören. Den Großen Kotzower See bedecken prachtvolle Seerosenfelder, durch die man natürlich keinesfalls hindurchpaddelt. Dazwischen kann man farbenprächtige Eisvögel entdecken, die wie schillernde Juwelen über das Wasser schießen.

Das Ufer ist meist dicht bewachsen, und man findet kaum eine Anlegestelle. Auch die einstige Anlegestelle bei den Schillersdorfer Teeröfen ist heute Privatgrund und nicht mehr zugänglich.

Mössel

Der Große Kotzower See geht nach einer Verengung in die Mössel über, auf der mehrere Schwanenfamilien zu Hause sind.

Leppinsee

Durch eine weitere Verengung gelangt man auf den Leppinsee mit einer sehr schönen Rast- und Badestelle am **Campingplatz C/20** bei Zietlitz. Hier hat man bereits die Grenze zum Müritz-Nationalpark erreicht, und wer dort übernachtet, wird vielleicht das weithin schallende Trompeten von Kranichen hören.

„Alte Fahrt" Mirow bis Müritz

Vom o. g. Campingplatz, bzw. von der südlich davon gelegenen Badestelle, gibt es ein **Pferde-Shuttle** (Tel. 039829/22849) und ein **Kanu-Taxi** (mobil: 0174/8275230) nach **Babke** und damit Anschluss an die Gewässer der Oberen Havel. Boots- und Personentransfer bieten außerdem die oben genannten Kanuvermieter und (besonders zu empfehlen) Kormoran-Kanutouring aus Granzin an (s. Route 1, „Bootsverleih"). Durch diesen Landtransport ergeben sich reizvolle Routenkombinationen als Rundkurs.

Woterfitzsee Ein schmaler Kanal führt vom Nordufer des Leppinsees zum Woterfitzsee, dessen Ostufer stark verkrautet ist. Gesäumt wird der Kanal von sumpfigen Ufern, die eine faszinierende Atmosphäre schaffen. Man befindet sich jetzt im Müritz-Nationalpark und sollte sich entsprechend ruhig und vorsichtig bewegen. So darf man beispielsweise die kleine Insel im Woterfitzsee nicht betreten, da dort Wasservögel brüten, die keine Störung vertragen. Doch diese Insel liegt ohnehin im durch gelbe Bojen abgesperrten Bereich, den man nicht befahren darf. Bitte halten Sie sich an die gekennzeichnete Route.

Caarpsee Vom Westufer des Woterfitzsees führt ein Kanal mit sumpfigen Ufern (nicht anlegen!) zu dem mit Seerosen bedeckten Caarpsee, der sehr klares Wasser hat (ebenso wie der Woterfitzsee) und zu den Kernzonen des NP zählt. Auch hier nicht von der markierten Route, grüne Bojen, abweichen!

Die herrliche Natur kann man ebenso gut und weniger störend genießen, indem man sein Boot an einer der Bojen festmacht und die Vögel in aller Ruhe mit dem Fernglas beobachtet.

Bolter Kanal Durch den Bolter Kanal geht es vom Caarpsee weiter bis zur ehemaligen **Schleuse bei der Boeker Mühle. Achtung:** der Kanal ist im Bereich der Boeker Mühle stellenweise sehr seicht mit Ästen

im Wasser und Eisenpfosten dicht unter der Wasseroberfläche! Die Schleuse wurde nach Fertigstellung des Müritz-Havel-Kanals nicht mehr gebraucht, zerfiel mit der Zeit und ist inzwischen aufgefüllt worden.

Kurz vor der ehemaligen Schleuse befindet sich rechts ein befestigter Ausstieg. Dort kann man anlegen, wenn man sich in der **Fisch-Rotunde** ein Mittagessen mit Blick über die Fischteiche gönnen (oft sind hier Adler zu sehen) oder Räucherfisch kaufen will (sehr lecker!). Um die Fahrt fortzusetzen, fährt man aber daran vorbei, um wenige Dutzend Meter weiter die richtige Aussetzstelle am linken Ufer zu erreichen.

Hier muss man dann aussteigen und das Boot etwa 150 m über die Straße und bis zur Einsatzstelle tragen. Ein großer luftbereifter Bootswagen, der sicherlich auch kleine Jollen transportieren kann, steht zur Verfügung. Er ist jedoch sehr schwer, und die Rampe ist steil, sodass mehrere

Fischimbiss bei der Boeker Mühle

kräftige Helfer mit anpacken müssen. Einfacher ist es, den eigenen Bootswagen zu benutzen – oder kurz auszuladen und „von Hand" umzutragen. Dazu geht man über die Straße und geradeaus weiter bis zur Einsetzstelle am Wasserwanderrastplatz auf einer schönen Wiese.

Falls Sie die Fahrt nicht bis auf die Müritz fortsetzen wollen: Von hier aus und auch von den Campingplätzen C/15 und C/16 bietet Kormoran-Kanutouring (siehe Route 1, Bootsvermietung) einen Kanu- und Personentransport ins Havelquellseengebiet bei Granzin/Kratzeburg.

Müritz

Noch 2 km geht es durch den von urwüchsigen Wäldern gesäumten Bolter Kanal, auf dem sich oft Eisvögel beobachten lassen, dann treiben die Boote auf die riesige Müritz hinaus, die mit einer Fläche von 117 km² der größte See Deutschlands ist (der Bodensee liegt ja nur zum Teil in Deutschland).

Bei auffrischendem Wind kann die Müritz sehr gefährlich werden, und Paddler sollten sich daher nicht allzu weit auf die Seefläche hinauswagen. Im Zweifelsfalle lieber umdrehen. Am Ende des Kanals erstreckt sich eine Schutzmole weit in den See hinein. Nach links gelangt man zu einer Raststelle für Wasserwanderer, rechts befindet sich die Anlegestelle des **Campingplatzes Bolter Ufer C/15** (noch etwas weiter nördlich folgt dann der **Platz C/16** bei Boek).

Um die Rundfahrt fortzusetzen, muss man jedoch nach links biegen (hinter der Mole Sandstrand mit Badestelle) und dann am Ufer entlang in südwestliche Richtung paddeln. Das Wasser ist hier stellenweise sehr seicht, und an den kiesigen Uferstrecken liegen große Findlingsblöcke, Erinnerungen an die letzte Eiszeit. Auf den ersten 3–4 Kilometern ist das Anlegen verboten – aber auch praktisch kaum möglich. An einer kleinen Schilfbucht (Claassee) vorüber gelangt man zu dem Dörfchen **Rechlin Nord,** dessen Kirchturm ein gut sichtbarer Orientierungspunkt ist. Dann schwenkt die Uferlinie nach Westen, und man kann über die wenige hundert Meter breite See-Enge ans Westufer paddeln (Seezeichen anpeilen).

Dort kann man in der **JH C/10** in Zielow übernachten (3,5 km entlang dem Westufer nach Norden). Weiter nördlich zwischen Rechlin und **Zielow** sollte man die Müritz nur bei gutem Wetter und möglichst nicht allein überqueren (ca. 2 km offene Wasserfläche).

Kleine Müritz

Von Zielow kann man am Westufer entlang in nördlicher Richtung nach Röbel/Müritz fahren (s. Route 10), unsere Rundfahrt führt jedoch gen Süden über die Kleine Müritz nach Vipperow. Wer dem Dorf einen Besuch abstatten will, fährt ein kurzes Stück in den Müritzarm hinein und legt hinter der Brücke der B 198 am Sandufer an. Am breiten **Müritzarm** vorbei (s. Route 11) kann man aber auch nach links schwenken und das am Ostufer gelegene Rechlin (mit Jachthafen, Sandstrand und Biergarten) ansteuern. Sonst geht es in südöstlicher Richtung durch einen schmalen, verschilften Arm nach **Vietzen** (Gaststätte) und dann unter der Straßenbrücke der B 198 hindurch auf den **Sumpfsee.** Gleich am See-Eingang links befindet sich das **Baumhauscamp** (*Jana & Martin Winkel*, Am Mirower Kanal 6, 17248 Vietzen (Müritz), mobil: 0175/5681040, www.baumhauscamp.de) mit einer Zeltwiese, Feuerstelle, Kanuverleih, Blockhütten und drei auf Stelzen errichteten „Baumhäusern" (eher Pfahlhäuser).

Müritz-Havel-Kanal

Von dort paddelt man durch den 7 km langen und fast schnurgeraden, aber dank üppigem Uferbewuchs trotzdem nicht ganz monotonen Müritz-Havel-Kanal zurück nach Mirow. Auf dem Kanal herrscht allerdings meist recht reger Motorbootverkehr, der für kleine Boote unangenehme Wellen verursachen kann. Auch an der Schleuse Mirow ist oft viel Betrieb; es gibt aber eine **Boots-**

schleppe mit Gleislore auf der rechten Seite. Hinter der Schleuse geht es links in den Kanal zum Mirower See und dann unter der Straßenbrücke hindurch am Steg des Mirower Fischers vorbei, der hier leckeren Räucherfisch anbietet. Anlegen kann man am Wasserwanderrastplatz von Mirow oder bei der Strandgaststätte.

Tipp für Wanderer

Arboretum Erbsland

Die Anlegestelle bei den **Schillersdorfer Teeröfen** am Großen Kotzower See (siehe Routenbeschreibung) liegt inzwischen leider auf Privatland. Doch von Granzow aus (ca. 4 km) kann man eine lohnende Wanderung zum **Arboretum Erbsland** unternehmen. Auf einer etwa 7 Hektar großen Insel aus Geschiebelehm inmitten karger Sanderflächen hat hier der Mirower Forstmeister *Scharenberg* bereits 1887 damit begonnen, ausländische Baumarten anzupflanzen; **Baumarten der nördlichen Hemisphäre,** die hier jedoch durch die Eiszeit ausgestorben waren und nicht zurückgekehrt sind. Dabei wurden ursprünglich über 50 verschiedene Baumarten aus Asien und Nordamerika wechselweise nebeneinander gepflanzt, sodass sich ein stufenförmiges Waldbild ergab, das in den 1960er Jahren durch Neuanpflanzungen noch ergänzt wurde. Das *Erbsland* gehört heute zu den ältesten und baumkundlich interessantesten Anlagen dieser Art in Deutschland. Einen Plan, auf dem die Baumarten erklärt werden, erhält man z. B. beim **Ferienpark Mirow.** Für Rast und Picknick gibt es einen kleinen, überdachten Unterstand.

Mit dem Auto kann man dorthin gelangen, indem man von Mirow über Granzow bis nach Schillersdorf in Richtung Norden fährt. Vom dortigen Parkplatz sind es noch 1,5 km zu Fuß.

Info

●**Forstamt Mirow,** Rudolf-Breitscheid-Straße 26, 17252 Mirow, Tel. 039833/2619-0, www.mirow.wald-mv.de

MÜRITZ VON MIROW BIS WAREN

Route 10

Länge: 35–45 km, je nach Route
Dauer: 2–3 Tage, je nach Route und Wetter

Die Müritz von Mirow bis Waren (Müritz)

Überblick   Die Strecke bis zur Müritz ist in Route 9 „Alte Fahrt" beschrieben und zu jeder eisfreien Zeit problemlos in beliebiger Richtung fahrbar. Paddler können die schönere Route über die „Alte Fahrt" im Müritz Nationalpark wählen (Regeln beachten), Segel- und Motorboote müssen durch den Mirower Kanal (Neue Fahrt) fahren.

Müritz   Die Müritz selbst ist ein riesiger See, der für kleine Boote bei Wind sehr gefährlich werden kann, da sich sehr schnell hohe und steile Wellen bilden. Paddler sollten sich daher auch bei ruhigem Wetter nicht zu weit vom Ufer entfernen. Am sichersten ist das Westufer. Am Ostufer kann es wegen geringer Wassertiefe und Steinblöcken selbst bei leichtem Wind gefährlich werden. Außerdem darf man dort auf einer knapp 10 km langen Strecke nicht anlegen und auch nicht näher als ca. 600 m ans Ufer heranfahren (Bojen beachten), da dort der Müritz-Nationalpark beginnt und die Wasservögel im Schilf keine Störungen vertragen.

Geübte Paddler   Die Fahrt auf der Müritz ist unerfahrenen Paddlern nicht zu empfehlen. Auch geübte Paddler mit offenen Booten sollten bei Wind besser anlegen und ruhigeres Wetter abwarten. Für diese Tour sind Kajaks bzw. Faltboote eindeutig besser geeignet als offene Kanadier. Die Müritz ist schon einigen leichtsinnigen Bootsfahrern zum Verhängnis geworden! Planen Sie daher Ihre Zeiteinteilung

MÜRITZ VON MIROW BIS WAREN 173

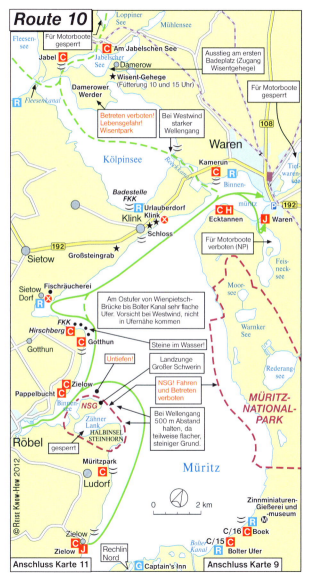

Müritz von Mirow bis Waren

großzügig, um bei unsicherem Wetter auch einen Ruhetag einlegen zu können.

Bootswahl Wegen ihrer Windempfindlichkeit sind Kanadier und Schlauchboote für diese Etappe weniger geeignet; vorteilhafter sind Kajaks oder Faltboote mit Spritzdecke. Besonders falls man die gefährlichere Ostroute paddeln möchte, sollte man dies nur mit geschlossenen Booten tun.

Info und Landkarten

- **Tourist-Information Mirow,** Torhaus, 17252 Mirow, Tel./Fax 039833/28022, www.mirow.m-vp.de
- **Touristinformation Röbel/Müritz,** Marktplatz 1 a, 17207 Röbel/Müritz, Tel. 039931/50651
- **Waren (Müritz)-Information Luftkurort Waren (Müritz),** Neuer Markt 19, 17192 Waren (Müritz), Tel. 03991/666183, www.waren-tourismus.de
- **Nationalpark-Service,** Informationshaus, 17192 Federow, Tel. 03991/668849, Fax 666894, www.nationalpark-service.de; dort kann man den nützlichen Natur- und Wanderführer Müritz-Nationalpark und die Rad- und Wanderkarte „Müritz-Nationalpark" im Maßstab 1:50.000 bekommen, sowie gute Wasserwanderkarten (Müritz und Plauer See/Strelitzer Kleinseenplatte).

MÜRITZ VON MIROW BIS WAREN

Karte Seite 173

Route 10

Anreise	● **Boot:** Route 7 von Rheinsberg oder Routen 6 und 7 von Fürstenberg ● **Bahn:** Berlin – Neustrelitz; dort nach Mirow ● **Auto:** von Westen Autobahn A 19 Ausfahrt Röbel/Müritz; B 198 in östlicher Richtung nach Mirow Von Süden: Berlin – Neustrelitz auf der B 96; vor Alt-Strelitz links auf die B 198 (Richtung Wesenberg)
Parken	Das Auto kann man wiederum bei der Jugendherberge nordwestlich von Mirow rechts der B 198 abstellen.
Einsetzen	**Mirow:** am Hafen (westlich des Zentrums) oder an der Badestelle von Mirow (nördlich des Zentrums) in den Mirower See. Wer mit dem Auto anreist, kann auch zu der direkt an der B 198 nordwestlich von Mirow am Schulzensee gelegenen Jugendherberge mit Campingplatz (Kanustation) fahren und dort einsetzen.

So spiegelglattes Wasser hat die Müritz selten

Müritzblick mit Reethaus und Booten

MÜRITZ VON MIROW BIS WAREN

Route
Bis zur Müritz „Alte oder Neue Fahrt" (siehe Route 9)
Müritz – Westufer, Zielow – Röbel/Müritz – Klink – Binnenmüritz, Waren (Müritz)

Übernachtung

- Übernachtungsmöglichkeiten **entlang der „Alten" und „Neuen Fahrt"** siehe Route 9
- **Campingplatz Zielow an der Müritz,** Am Seeufer 1, 17207 Zielow , Tel. 039923-/420, www.zielowcamp.de
- **Campingplatz Pappelbucht** Röbel/Müritz, Binnensee: "Pappelbucht", Seebadstr. 38 a, 17207 Röbel/Müritz, Tel. 039931/59113
- **Campingpark Ecktannen,** 17192 Waren (Müritz), Fontanestraße 66, Tel. 03991/668513, www.camping-ecktannen.de (auch Blockhütten)
- **Campingplatz Kamerun,** 17192 Waren (Müritz), Zur Stillen Bucht 3, Tel. 03991/122512
- **Jugendherberge Waren (Müritz),** Auf dem Nesselberg, PF 3617, 17192 Waren (Müritz), Tel. 039931/2261
- **See-Hotel Ecktannen,** Fontanestr. 51, 17192 Waren (Müritz), Tel. 03991/6290

Restaurant
- **Captain's Inn** im Hafendorf Müritz, 17248 Rechlin, Tel. 039823/26636 (Hafenbistro mit Fischspezialitäten und frischer Gemüseküche)

Bootsverleih
- **Kanuverleih Eastside** (Uwe Kaminski, Alt Falkenhagen 7, 17192 Waren (Müritz), Tel. 03991/165794 (transportiert auch Boote zwischen dem Peene-Gewässersystem und der Jabelschen Seenkette und damit zum Müritz-Gewässersystem)
- **Kanubasis Mirow,** Jugendherberge, 17252 Mirow (siehe S. 141)
- **Strandrestaurant/Zeltplatz Mirow,** Strandstraße 20, 17252 Mirow, Tel. 039833/22019 (Kajaks und Kanadier; Rückholservice nach Absprache)
- **Kanustation Mirow,** An der Clön 1, 17252 Mirow, Tel. 039833/22098, Fax 20345, www.kanustation.de (Kajaks, Kanadier, Großboote; geführte Touren, Fahrradverleih; Campingplatz; historische Boote; Land-/Gewässerkarten und Bücher; keine Bootsrückholung)
- **Kanustation Granzow,** Am Badestrand, 17252 Granzow, Tel. 039833/21800, Fax 21844, www.kanustation-granzow.de (Angebot wie Kanustation Mirow, allerdings Boots-Shuttle Leppinssee – Babke)
- **Kuhnle Tours,** Freizeitsteg Ferienpark Mirow, Dorfstr. 1a, 17252 Granzow/Mirow am See, Tel. 039833/60-0, www.kuhnle-tours.de (Kanus, Ruderboote, Sportboote)

Müritz von Mirow bis Waren

- **Kuhnle Tours,** Hafendorf Müritz, Boeker Str. 1, 17248 Rechlin, Tel. 01803/323264, www.kuhnle-tours.de (Kanus, Hausboote)

Geführte Paddeltouren

- **Jörn Tapper,** 17194 Louisenfeld/b. Grabowhöfe, Tel. 039926/3460 (7-Tage-Fahrt: Loppiner-, Jabeler-, Kölpinsee und rund um die Müritz; 6-Tage-Fahrt: Loppiner-, Fleesen-, Malchower und Plauer See)
- **Kanuverleih Eastside** (Adresse siehe „Bootsverleih")
- **Weitere Angebote** siehe „Bootsverleih"

Wassersport

- **Surfplätze:** *Müritz:* Campingplätze Kamerun und Ecktannen, Klink; *Fleesensee:* Silz; *Plauer See:* Campingplätze Malchow, Alt-Schwerin, Silz
- **Surfschulen und Verleih:** *Surf-Hecht,* Dorfstraße, Campingplatz C/16, mobil: 0172/3832587, *Uwe Kaminski* (Adresse siehe „Bootsverleih")
- **Segelschulen und Bootcharter:** *Sun-Sailing Müritz,* 17192 Waren (Müritz), Hafenstr. 6a, Tel. 03991/125025, www.sun-sailing-mueritz.de; *Uwe Kaminski* (Adresse siehe „Bootsverleih")
- **Tauchschulen:** *Tauchsport-Service Mader,* Richterstraße 23, Waren (Müritz), Tel. 03991/633611

Rückfahrt

Bahn Waren (Müritz) – Neustrelitz, dort umsteigen nach Mirow

Anschlussrouten

- **Route 7** nach Rheinsberg
- **Route 11** Müritz – Nebelsee
- außerdem Fortsetzung der Fahrt von Waren (Müritz) über **Kölpinsee** und **Fleesensee** zum **Plauer See** (Obere Elde); Abstecher: vom Kölpinsee über den **Jabelsee** und eine Kette weiterer kleiner Seen bis zum **Flachen See** bei Klocksin.

Beschränkungen

Ein ca. 500 m breiter Gewässerstreifen entlang des Ostufers der Müritz und die meisten Binnenseen im Müritz-Nationalpark sind für jeglichen Bootsverkehr gesperrt (Nationalparkverordnung). Die Gewässer der „Alten Fahrt" und „Oberen Havel" sind als Wasserwanderstrecken im Nationalpark ausgewiesen und dürfen mit kleinen, handgetriebenen Booten befahren werden. Es gilt ein generelles **Anlandeverbot** außerhalb der gekennzeichneten Einsatzstellen und Rastplätze. Auf einigen Seen ist die Durchfahrt nur entlang der grünen Tonnen gestattet. Das **Zelten** ist nur auf den ausgeschilderten Campingplätzen erlaubt. Im Müritz-Nationalpark sind die Gewässer für **Motorboote** gesperrt, das gilt auch für den Tiefwarensee bei Waren (Müritz).

MÜRITZ VON MIROW BIS WAREN

Charakter der Tour

Alte Fahrt, Neue Fahrt Die erste Etappe führt entlang der „Alten Fahrt", eine Perlenkette kleiner Seen, durch herrliche Naturbereiche und Kernzonen des Müritz-Nationalparks (s. Route 9) – Regeln beachten! – oder für größere Boote durch den Mirower Kanal der „Neuen Fahrt".

Müritz Die Etappe auf der Müritz führt über eine weite und windexponierte Wasserfläche mit entsprechenden Risiken (s. o.). Für Abwechslung sorgen Uferlandschaften mit Wiesen, Kiefern und sumpfigen Waldgebieten, tiefe Buchten (darunter das NSG Zähner Lank), Badestellen, mehrere Campingplätze und Gaststätten, ein FKK-Strand, Wandermöglichkeiten, Aussichtspunkte und kleine Städtchen mit ihren Sehenswürdigkeiten.

Ostufer Für erfahrene Paddler bietet sich bei ruhigem Wetter die Route entlang des Ostufers der Müritz an. Hier darf man jedoch über weite Strecken aus Naturschutzgründen weder anlegen noch sich dem Ufer nähern. Vom Bolter Kanal bis zum Eingang in die Binnenmüritz ist dies bei Wellengang und vor allem bei Westwind auch aus Sicherheitsgründen nicht ratsam, da hier der Uferbereich bis weit auf den See sehr flach ist und Steinblöcke dicht unter der Wasseroberfläche verborgen liegen. Gleiches gilt am W-Ufer im Bereich der Zähner Lank.

Routenbeschreibung

Alte Fahrt, Neue Fahrt Von Mirow geht es auf der bei Route 9 beschriebenen Alten oder Neuen Fahrt bis Zielow am Südwestufer der Müritz (Campingplatz, JH, Badestrand).

NSG Zähner Lank Von dort folgt man dem Westufer in nördlicher Richtung. Bei der **Halbinsel Steinhorn** (Wallanlage) erreicht man das Naturschutzgebiet Zäh-

ner Lank, das generell nicht betreten werden darf, da hier zahlreiche Vogelarten brüten. Führungen bietet *Ibena* am Kirchplatz in Röbel, Tel. 039931/51809. Auch die **Bucht Zähner Lank** selbst ist für alle Boote gesperrt. Bei Wellengang sollte man von den Uferbereichen zu beiden Seiten der Bucht mindestens 500 m Abstand halten, da das Wasser flach ist und versteckte Felsblöcke lauern.

Binnensee Um die flache, von Feuchtwiesen bedeckte **Landzunge Großer Schwerin** herum biegt man in südliche Richtung auf den Binnensee, der sich meh-

Hier kommen kleinere Segelboote **durch**,
ohne den Mast zu legen

rere Kilometer weit ins Land hinein nach Röbel/Müritz erstreckt.

Am Nordwestufer des Binnensees sind die bunten Zelte des Campingplatzes Pappelbucht zu sehen, ehe es durch eine Seeverengung zwischen zwei kleinen Landzungen hindurch und an einem Inselchen vorbei zum Ende des Binnensees weitergeht.

Röbel

Röbel/Müritz, das aus einer von Sumpfland umgebenen ehemaligen slawischen Wallburg entstanden ist (Reste davon sind noch zu sehen), zeigt sich heute als typisches Mecklenburger Kleinstädtchen und beliebter Ferienort.

Bei einem Stadtbummel können Sie die **Nikolaikirche** (13. Jh.) mit ihrem schönen Kreuzrippengewölbe besichtigen und den 58 m hohen neugotischen Turm der **Marienkirche** besteigen (der Schlüssel kann im Pfarrhaus abgeholt werden), von dem man einen herrlichen Rundblick über das Städtchen und die weite Wasserfläche der Müritz genießt.

In Richtung Norden paddelt man aus dem Binnensee heraus und später an den beiden Campingplätzen von Gotthun vorbei – beide haben einen Badestrand, der zweite mit FKK-Strand. Von dort aus kann man dann bei ruhigem Wetter die Bucht bei Sietow überqueren (ca. 2 km).

Klink

Sumpfige Waldniederungen säumen das Ufer auf der anderen Seite, dann geht es wieder an Wiesen und offenem Gelände entlang nach Klink, einem kleinen Örtchen, das aus einem ehemaligen Rittergut entstanden ist. Vom Ufer grüßt mit spitzen Türmchen das **Schloss Klink.** Kurz vorher befindet sich nahe dem Wasser ein riesiger **Granitfindling,** und ein kleines Stück nach dem Schloss der schöne **Badestrand** des Feriendorfs Klink.

Binnenmüritz

Die Müritz verengt sich nun rasch und zwischen bewaldeten Ufern hindurch paddelt man auf die

MÜRITZ VON MIROW BIS WAREN

Binnenmüritz, an deren jenseitigem Ufer sich das hübsche Städtchen **Waren (Müritz)** erstreckt (siehte unten).

Zwei **Campingplätze** laden zum Übernachten ein: Ecktannen, noch am „Hals" zwischen Müritz und Binnenmüritz rechter Hand im Wald, und Kamerun am NW-Ufer der Binnenmüritz jenseits des Eingangs zum Reeck-Kanal. Die neu gebaute **Jugendherberge** lädt zum Besuch ein.

Waren Das zwischen mehreren Seen schön gelegene Städtchen Waren (Müritz), das auch als das „Mecklenburgische Interlaken" bezeichnet wird, ist einen kleinen Bummel sicherlich wert. Man kann einfach durch die malerischen kleinen Sträßchen des terrassenförmig angelegten **Luftkurortes** bummeln oder entlang der hübschen Uferpromenade zwischen Steinmole und Stadthafen.

Schloss **Klink**

Man kann sich in eines der Straßencafés setzen oder in einem der **Restaurants** gut essen gehen (z. B. im Ratskeller oder im Alt Waren).

Und man kann eine Reihe interessanter **Bauwerke** besichtigen, wie z. B. die *Georgenkirche* (frühgotischer Backsteinbau), die *Marienkirche* (spätgotischer Backsteinbau), das *Neue Rathaus* (1795 im Stil der Tudor-Gotik erbaut) und das *Alte Rathaus* (ältestes weltliches Bauwerk der Stadt), oder das Fachwerkgebäude der *Löwenapotheke* (1599) am Neuen Markt, neben der sich das „Haus des Gastes" (Neuer Markt 21, Tel. 03991/ 666183) befindet.

Interessant dürfte auch das **Müritzeum** an der Steinmole sein, das als großes, neues Naturerlebnis-Zentrum für die Region die Geschichte der Müritz-Landschaft dokumentiert und ein Kaltwasser-Aquarium mit fast allen heimischen Fisch- und Krebsarten beherbergt.

Weitere Routen

Kölpinsee

Durch den **Reeck-Kanal** kann man in Richtung Westen weiter auf den Kölpinsee paddeln, an dessen NW-Seite die „Fastinsel" **Damerower Werder** liegt (NSG). Anlegen oder Annäherung ans Ufer ist hier verboten (frei laufende Wisente!). Man kann jedoch durch einen kurzen Kanal am anderen Ende der Halbinsel auf den **Jabelschen See** gelangen und dort am W-Ufer anlegen. Dort kann man auf dem sehr schönen Zeltplatz C/91 bei Jabel (Tel. 039929/70217) Station machen. Keinesfalls versäumen sollte man einen Besuch des **Wisent-Schaugatters** auf dem Damerower Werder (Zugang über die Anlegestelle Damerow am Jabelschen See).

Nach Klocksin

Weiter kann man über den **Loppiner See, Lankhagensee, Bergsee, Hofsee, Tiefen See und Flachen See** (alle für Motorboote gesperrt) bis nach Klocksin gelangen. Dies ist eine reizvolle, aber

Wisente – die Büffel Europas

Der Wisent ist ein schwarzbraun gefärbtes, mächtiges Wildrind – der europäische Bruder des amerikanischen Bisons. Er wird bis zu 3,5 m lang und erreicht eine Schulterhöhe von 2 m und ein Gewicht von bis zu 1,5 Tonnen.

Etwa bis zur Jahrtausendwende war dieser gewaltige Büffel in ganz Europa verbreitet. In großen Herden unter der Führung eines weiblichen Leittieres durchstreifte er die Wälder. Nach dem Ersten Weltkrieg war der Wisent bis auf drei in Gefangenschaft lebende Tiere ausgerottet. Hungrige Soldaten dreier Armeen hatten die letzte europäische Wisentherde in den Urwäldern von Bialowieza an der polnisch-tschechischen Grenze im wahrsten Sinne des Wortes aufgegessen. Erst in allerletzter Minute wurde das eindrucksvolle Wildrind vor dem endgültigen Aussterben bewahrt. Dank behutsamer Pflege der letzten drei Exemplare bekamen die Polen mit der Zeit wieder eine stattliche Herde zusammen. Heute besitzen zoologische Gärten und Wildschutzgebiete fast aller Länder Europas wieder Wisente – sie alle sind Nachkommen der zwei Kühe und des einen Bullen, die damals in Polen gerettet werden konnten. Dort lebt heute wieder in den Urwäldern von Bialowieza die einzige Herde freilebender Wisente der Welt.

Unter natürlichen Bedingungen lebende Wisente kann man heute auch im **Naturschutzgebiet Damerower Werder** auf der Halbinsel im Kölpinsee westlich von Waren (Müritz) beobachten. Auf einer Waldfläche von 320 ha werden sie dort seit 1957 gezüchtet und teilweise in Schaugattern gezeigt. Der ideale Lebensraum führte zu einem optimalen Zuwachs. Bis 1991 hatte es das aus Polen kommende Zuchtpaar bereits auf über hundert Nachkommen gebracht. Im Freiland leben hier etwa 20 Wisente.

Zu erreichen ist das Schutzgebiet mit dem Boot über den Kölpin- und den Jabelschen See oder von Waren (Müritz) aus auf der Straße Warenshof – Schwenzin – Jabel – Damerow. **Fütterungszeiten** sind täglich um 10 und 15 Uhr, geöffnet täglich 9–18 Uhr, www.wisentinsel.de.

184 Müritz von Mirow bis Waren

nicht ganz einfache Tour durch ruhige Landschaften (mehrere Treidelstrecken und Landtransporte). Von Klocksin sind es 6 km bis zum **Malchiner See,** über den man in die **Peene** gelangt und dann an die Ostsee kommt.

Zur Elde Man kann aber vom Kölpinsee auch in westlicher Richtung auf den **Fleesensee** paddeln und von dort weiter an Malchow vorüber und über den **Malchower** und den **Petersdorfer See** auf den

Schwimmweste mit Beinen dran und Mütze drauf

Plauer See. Die Route über die „Großen Seen" hat ihre ganz eigenen Reize, setzt jedoch für Paddler ruhiges Wetter voraus. Bei Plau gelangt man auf die Elde, die nach 120 km bei Dömitz in die **Elbe** mündet.

Ein sehr informatives Faltblatt über diese Route mit wichtigen Angaben auch für Segler und Motorbootkapitäne erhält man von der Kreisverwaltung Ludwigslust (www.kreis-swm.de).

Störkanal Der von der Elde-Müritz-Wasserstraße abzweigende, 20 km lange Störkanal schafft außerdem eine Verbindung zum **Schweriner See,** von dem man als Paddler wiederum durch den – allerdings nicht leicht befahrbaren – **Wallensteingraben** bis in die Ostsee (Wismarbucht) gelangen kann oder durch Umsetzen in den **Pinnower See** auf die sehr interessante **Warnow.**

Tipps für Wanderer

Müritz-Nationalpark
Den größten Teil des Müritz-Ostufers samt seinem Hinterland bis fast nach Neustrelitz umfasst der Müritz-Nationalpark. Die Gewässer innerhalb des Nationalparks sind mit wenigen Ausnahmen (Obere Havel und „Alte Fahrt") für jeglichen Bootsverkehr gesperrt. Es lohnt sich jedoch, einen Teil dieser herrlichen Landschaft zu Fuß oder mit dem Fahrrad auf den dafür gekennzeichneten Wegen zu erkunden. Die Möglichkeiten reichen von kurzen Spaziergängen bis zu mehrtägigen Wanderungen auf dem 169 km langen Müritz-Nationalpark-Rundwanderweg. Ein guter Ausgangspunkt für Wanderungen in den Müritz-Nationalpark ist der Eingangsbereich Waren (Müritz) an der Specker Straße, ca. 1 km vom Hafen Waren. Man kann die Wanderungen aber ebenso gut auch in Boek an der Ostseite der Müritz beginnen. Dort befindet sich eine der Nationalparkinformationen, die viele nützliche Auskünfte – u. a. über naturkundliche Führungen – geben kann.

MÜRITZ VON MIROW BIS WAREN

Ausgangspunkt Waren

Glockenblumen-Weg (Markierung „violette Glockenblume", ca. 10 km langer Rundwanderweg): Um den **Moorsee** und den **Warnker See,** der aus einem riesigen, langsam geschmolzenen Toteisblock entstanden ist. Auf dem Warnker See sammeln sich in der Abenddämmerung Tausende von Wasservögeln zur die Nachtruhe. Zwei Aussichtspunkte (Beobachtungsstände) bieten einen schönen Blick über das stille Gewässer.

Vom Südost-Bogen des Rundweges kann man einen schönen Abstecher auf einem Abschnitt des Müritz-Nationalpark-Rundwanderwegs (Markierung „blaues M") zum **Rederangsee** machen. Von einem weiteren Aussichtspunkt kann man dort zur Zeit des Vogelzuges bei Sonnenuntergang zahlreiche Kranichformationen einfliegen sehen.

Ein kürzerer Abstecher auf dem Müritz-Nationalpark-Weg führt vom nordwestlichen Bereich des Weges direkt ans **Müritz-Ufer.** Das Uferdickicht und die üppige Vegetation bieten hier vielen Vogelarten und Kleintieren Schutz und Nistmöglichkeiten, und im flachen Wasser der Müritz finden Adler und andere fischfressende Vögel ideale Jagdreviere. Anders als auf den kleineren Seen, die vorwiegend während des Vogelzugs aufgesucht werden, kann man die Vögel an der Müritz das ganze Jahr hindurch beobachten.

Schmetterlings-Weg (Markierung „gelber Schmetterling", 8,5 km Rundwanderung): Dieser Abstecher, der kurz hinter dem Waldparkplatz an der Specker Straße nach links vom Glockenblumen-Weg abzweigt, führt zum **Feisnecksee.** Auf der Burgwall-Insel in diesem See befinden sich – wie der Name vermuten lässt – Reste eines Burgwalls aus slawischer Zeit (7.–12. Jh.). Damals war die Insel durch eine Brücke mit dem Festland verbunden.

An den trockenen Abhängen der Pfennigsberge am Nordende des Sees gedeihen äußerst seltene Pflanzen. Seit 2005 wird hier zum Erhalt der Flächen Landschaftspflege mit Rauwolligen Pommernschafen, einer seltenen Haustierrasse, durchgeführt.

Fischadler-Beobachtung: An der Straße südöstlich des Dörfchens **Federow** befindet sich ein besonders interessanter Beobachtungspunkt. Hinter einer Palisade verborgen, um die Vögel nicht zu stören, kann man dort durch Sichtluken brütende Fischadler beobachten, die auf den Hochspannungsmasten mit Vorliebe ihre Nester bauen.

Hünengräber: In dem Waldgebiet *Seeblänken* zwischen **Rügeband und Torgelow** nordöstlich von Waren (Müritz) sind rechts der Straße zwei schöne Hünengräber (steinzeitliche Megalith- oder Großsteingräber) und links zwei bronzezeitliche Hügelgräber (Erdhügel) zu sehen.

Ausgangspunkt Boek

Falken-Weg (Markierung „gelber Falke", ca. 9 km): Von Boek ein kurzes Stück auf dem Radwanderweg nach Nordwesten, dann links ab in südlicher Richtung nahe dem Müritzufer entlang zur **Boeker Mühle** (Campingmöglichkeit). Dort kann man von einem Aussichtspunkt (zwei Beobachtungsstände) an den Fischteichen See- und Fischadler bei der Jagd beobachten. An den Teichen entlang führt der Weg nach Osten nach **Amalienhof** und dann um den 75 m hohen Kleeberg herum in nordwestlicher Richtung zurück nach Boek.

Pilz-Weg (Markierung „violetter Pilz", ca. 6 km): Beginnend wie der Falkenweg, an der Abzweigung jedoch geradeaus weiter und an einem weiteren Campingplatz vorbei führt auch dieser Weg in den Uferbereich der Müritz (Aussichtspunkt).

Auf dem Radweg weiter nach Norden kann man einen längeren Abstecher in das Gebiet um den **Specker Horst** unternehmen, das zur DDR-Zeit als Staatsjagdgebiet für Besucher gesperrt war.

Heute laden zwei 10 bzw. 12 m hohe Aussichtstürme, die weite Blicke in die Landschaft ermöglichen, entlang des Weges zum Besuch ein. Über den Specker Horst verlaufen 6 überregionale bzw. regionale **Radwanderrouten.** Diese Radrouten führen von Boek durch den Nationalpark bis nach Waren (Müritz).

Unterwegs kommt man durch sehr abwechslungsreiche Landschaften: zunächst Laubwälder mit Feuchtgebieten, die früher von der Müritz überspült waren, und weite Sanderflächen mit überwachsenen Dünen östlich des Weges, dann Moorlandschaft entlang des Westufers des **Specker Sees** und schließlich ausgedehnte Nadelwälder auf der Strecke von Schwarzenhof in nordwestlicher Richtung nach Waren (Müritz).

Hirsch-Weg (Markierung „roter Hirsch", ca. 7,5 km): Rundwanderweg zu den Südwestufern von **Hofsee** und **Priesterbäker See.**

Schnecken-Weg (Markierung „ockerfarbene Schnecke", ca. 4,5 km): Ein kürzerer Rundwanderweg, der Teile von Hirsch- und Pilzweg verbindet.

Müritz-Westufer
Auch am Westufer der Müritz kann man schöne Wanderungen und Radtouren unternehmen; etwa von Röbel/Müritz am Ufer entlang bis Zierzow und weiter bis nach Klink (Markierung „blauer Querbalken").

Abendstimmung auf dem See

Karte Seite 190

MÜRITZ BIS NEBELSEE

Route 11

Länge: ab Vipperow ca. 16 km
Dauer: Tagesfahrt, mit Abstechern 2–3 Tage

Müritz – Nebelsee

Überblick

Einfache Route über kleine Seen und kurze Durchstiche, die bis Ichlim am Südende des Nebelsees zu jeder eisfreien Zeit mühelos und in beliebiger Richtung fahrbar ist. Landtransporte sind nicht erforderlich; Schleusen werden nicht passiert. Bis Ichlim sind auch Motorboote zugelassen – jedoch nur auf direkter Route.

Der Schildsche Graben und der Graben zum Großen Baalsee sind so stark zugewachsen, dass man die Tour dort derzeit nicht fortsetzen kann.

Info

● **Tourist-Information Mirow,** Torhaus, 17252 Mirow, Tel./Fax 039833/28022, www.mirow.m-vp.de

MÜRITZ BIS NEBELSEE

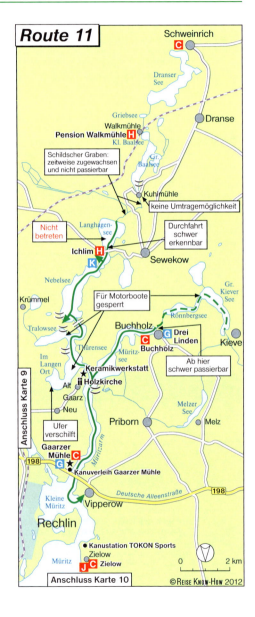

Müritz bis Nebelsee

Anreise

- **Boot:** Route 7 und 9 oder 10
- **Bahn:** Es gibt keine direkte Verbindung; man kann aber mit dem Zug bis Mirow fahren und von dort durch den Mirower Kanal nach Vipperow oder über die „Alte Fahrt" (Route 9) und die Müritz nach Zielow paddeln.
- **Auto:** Autobahn A 24 bis Dreieck Wittstock; dort auf der A 19 nach Norden bis Ausfahrt Röbel und auf der B 198 in Richtung Osten nach Vipperow (ggf. auf kleinem Landsträßchen weiter nach Norden bis Zielow). Vorsicht: Direkt nach den Autobahnausfahrten stehen auf den Bundesstraßen oft Blitzer!

Einsetzen

An der **Anlegestelle von Vipperow** nahe der Brücke (hier wird oft geblitzt!), auf der die Bundesstraße über den Müritzarm führt. Oder bei der **JH Zielow C/10** (s. u.). Da in beiden Fällen eine Rückkehr zum Ausgangspunkt mit öffentlichen Verkehrsmitteln schwierig ist, muss man sich am Zielpunkt abholen lassen (z. B. von TOKON Sports, siehe unten bei „Bootsvermietung") oder aber in Mirow starten und zunächst die Route 9 paddeln.

Route

Kleine Müritz – Müritzarm – Müritzsee – Thüren – Nebelsee – Langhagensee

Entfernungen

- Zielow – Anlegestelle Vipperow: 3 km
- Vipperow – Alt Gaarz: 5 km
- Alt Gaarz – Südende Nebelsee: 5 km
- Langhagensee: 1,5 km

Übernachtung

- **Campingplatz „Am Glambecksee",** Seestr. 17, 16909 Berlinchen, Tel. 033966/60273, Fax 60755, www.glambecksee.de (Platz in sehr schöner Lage am Seeufer mit modernen, behindertengerechten Sanitäranlagen, Strom, Kiosk, Gaststätte etc. ganzjährig geöffnet)
- **Buchholzcamp C/70,** Dorfstraße 14, 17209 Buchholz, Tel./Fax 039923/2457, mobil: 0160/97738238, www.buchholz-camp.m-vp.de; am Südwestende des Müritzsees (bei Buchholz)
- **Jugendherberge C/10 Zielow,** 17207 Zielow, Tel. 039923/2547, www.zielow.jugendherberge.de (mit Sportanlagen, Anlegestelle, Boot- und Fahrradvermietung, Surf- und Segelkursen)
- **Campingplatz Zielow,** Seeufer 1, 17207 Zielow, Tel. 039923/2420, www.zielowcamp.de
- **Seehotel Ichlim,** Am Nebelsee, 17248 Lärz/OT-Ichlim, Tel. 033966/60253 und 039827/30264, Fahrrad- und Bootsverleih; hervorragende Fisch- und Wildgerichte mit herrlichem Seeblick; www.ihrhausamsee.de
- **Pension Walkmühle,** 16909 Walkmühle/Dranse, Tel. 033966/60295 (1997 renovierte Pension in herrlicher Waldlage unmittelbar am Kleinen Baalsee)

Müritz bis Nebelsee

Boots-vermietung
- **Kanustation TOKON Sports,** Seeufer 7, 17207 Zielow (Bootszentrum bei der JH Zielow, neben der Jugendherberge), Tel. 039923/2011, Fax 2012, www.tokon.de
- **Seehotel Ichlim** (s. o.)
- **Kanuverleih Gaarzer Mühle,** Gaarzer Mühle 2, 17248 Rechlin, Tel. 039823/21202; mobil: 0174/4250165

Rückfahrt
Zurück nach Vipperow oder Zielow zu gelangen, ist mit öffentlichen Verkehrsmitteln schwierig (Busauskunft unter Tel. 03394/3622). Aber warum nicht ein Fahrrad mieten, durch die herrliche Landschaft zum Ausgangspunkt radeln und anschließend das Rad mit dem Wagen wieder zurückbringen?

Charakter der Tour

Die Route führt in ein wenig besuchtes Gebiet im LSG Sewekow. Große Sehenswürdigkeiten gibt es nicht, aber dafür kann man die stillen, von Schilf und Wäldern eingefassten Seen meist völlig ungestört genießen. Man sollte stets daran denken, dass man in einem Landschaftsschutzgebiet unterwegs ist, das höchster Schonung bedarf. Das heutige Gesicht dieser Landschaft wird entscheidend von ihrer Flora geprägt – sie ist das Ergebnis eines Jahrtausende währenden komplizierten Wechselspiels zwischen Klima, Gestein, Relief, Wasserhaushalt und Tierwelt. In den letzten Jahrhunderten hat der

Mensch mit zunehmender Intensität in dieses Beziehungsgefüge eingegriffen und dabei die Vegetation verändert. Eine Veränderung der Vegetation bedeutet aber zugleich eine Veränderung der Tierwelt.

Routenbeschreibung

Müritz — Wer ab Zielow startet, paddelt am Westufer der **Kleinen Müritz** entlang bis Vipperow (s. Route 9). Von dort geht es unter der Straßenbrücke hindurch auf dem **Müritzarm** weiter nach Süden.

Müritzsee — Gleich hinter der Brücke links befindet sich die **Gaarzer Mühle** mit Bootsverleih, Zeltplatz und Feuerstelle. Wo der Müritzarm sich zum Müritzsee verbreitert, befindet sich am rechten Ufer eine Anlegestelle mit Badeufer.

Thürensee — Links liegt der schilfumsäumte Durchstich zum Thürensee bei der Ortschaft Alt Gaarz. Bei der Ortschaft kann man anlegen und in einem Haus mit Reetdach das Atelier „Müritzkeramik" von *Ute* und *Markus Böhm* besuchen (www.mueritzkeramik.de). Die (bisher noch für Motorboote zugelassene) Route führt auf dem Thüren nach rechts weiter in südlicher Richtung, während sich links (Osten) der von Schilfstreifen gesäumte See **Im langen Ort** erstreckt, der für Motorboote gesperrt ist.

Sicheres Einsteigen mit der „Paddelbrücke"

Etwas weiter öffnet sich nach Osten ein Durchgang zum ebenfalls für Motorboote gesperrten **Tralowsee.** Die Route hingegen knickt in entgegengesetzter Richtung, ehe sie wieder nach Süden in eine Seerosenbucht schwenkt und durch einen Durchstich auf den Nebelsee führt.

Nebelsee Einzige Campingmöglichkeit ist derzeit der Platz bei Buchholz am Müritzsee, denn der einstige Platz am Nordufer des Nebelsees wurde geschlossen. Sehr schön ist diese Fahrt über den stillen, von Wald umgebenen Nebelsee, an dessen südöstlichem Ufer man das wunderschön gelegene **Seehotel Ichlim** erreicht. Dort kann man die Fahrt beenden oder man kann entlang einem kurzen Graben unter der Straßenbrücke von Sewekow hindurch noch auf den **Langenhagensee** paddeln. Die Insel dort darf jedoch nicht betreten werden.

Baalsee Vom Langhagensee zum Großen Baalsee führt der **Schildsche Graben,** der aber meist stark verkrautet und kaum passierbar ist. Er wurde zwar zeitweise wieder durchgängig gemacht, doch

meist wird man die Fahrt hier beenden müssen. Zudem führt die kurze Umtragestrecke zum gut 7 m höher gelegenen Baalsee jetzt über **Privatland,** das nicht betreten werden darf.

Wittstock Lohnend ist jedoch ein Besuch in der nur wenige Kilometer entfernten ehemaligen Bischofsstadt Wittstock – eine malerische **mittelalterliche Anlage** mit der wuchtigen Marienkirche und einer gut erhaltenen Stadtmauer. Lohnend sind auch die Museen **Alte Bischofsburg** (Amtshof 1–5, Tel. 03394/433725, Mo geschl.) mit dem **Ostpriegnitzmuseum** und dem Museum des Dreißigjährigen Krieges.

Abstecher

Großer Kiever See Fährt man vom Müritzsee nicht in den Durchstich zum Thürensee, sondern weiter in südwestlicher Richtung, so gelangt man am Ende des Sees (ca. 3 km) zu der Ortschaft **Buchholz** mit dem Campingplatz C/70 und dem sehr empfehlenswerten Restaurant „Drei Linden" (Dorfstraße 45, Tel. 039923/2285). Das Fallwehr kann man links umtragen (ca. 50 m), doch die Weiterfahrt in den 1,5 km langen und für Motorboote gesperrten **Rönnebergsee** sowie den anschließenden 3 km langen **Große Kiever See** ist schwierig.

Enten sind gern gesehene Wegbegleiter

RHEINSBERG BIS LINDOW

Route 12

Länge: 27 km, **Dauer:** Tagesfahrt

Rheinsberg – Lindow

Überblick Abwechslungsreiche Fluss-, Kanal- und Seestrecke. Bis zur Einmündung in den Lindower Rhin (Kanal) windungsreicher Bachlauf mit stellenweise guter Strömung und leichten Stufen und Schwällen, was Bootsbeherrschung und Erfahrung verlangt. Für Motorboote gesperrt. Nur stromab paddeln. Bei Niedrigwasser nicht fahrbar. Weitere Befahrungsregelungen siehe unten.

Der Lindower Rhin (ausgebaut zum Kanal) und die Seen sind auch für Segler und Motorboote zu jeder eisfreien Zeit befahrbar. Hier gibt es nur eine geringe Strömung, und man kann daher in beiden Richtungen paddeln.

Insgesamt ist der Rhin 125 km lang und mündet hinter dem Gülpersee in die Havel. Sein im oberen Lauf enges Tal wurde durch die Schmelzwasser der Fürstenberger Eisrandlage geschaffen.

RHEINSBERG BIS LINDOW

RHEINSBERG BIS LINDOW

Achtung: Um die sehr empfindliche Natur des Rheinsberger Rhins zu schützen und eine totale Sperrung zu vermeiden, bitte unbedingt folgende **Regeln** beachten:

1. Fahrverbot vom 1.11. bis 14.6.
2. Fahrverbot bei Pegel unter 65 cm am Wehr Rheinsberger Obermühle (Pegel-Info Tel. 033082/40716). Bitte beachten Sie auch die Pegelscheiben an den Infotafeln.
3. Keine Nachtfahrten von 19 bis 9 Uhr
4. Keine Befahrung mit Kanadiern; nur mit 1er und 2er Kajaks
5. Nicht gegen die Strömung paddeln
6. An- und Ablegen nur an markierten Stellen
7. Bachbett nicht betreten

Vorherige Seite: Schloss Rheinsberg
Oben: Durch die Lanke

RHEINSBERG BIS LINDOW

Seit 2009 gibt es ein hilfreiches **Wasserwanderleitsystem** für den Rheinsberger Rhin. An signifikanten Punkten, wie Ein- und Aussetzstellen, wurden Tafeln aufgestellt, die mit einem Kartenausschnitt über den jeweiligen Ort und seine Angebote informieren.

Info

- **Tourist-Information Rheinsberg,** Remise/ Mühlenstraße, 16831 Rheinsberg, Tel. 033931/2059, Fax 34704, www.tourist-information-rheinsberg.de
- **Tourist-Information der Stadt Lindow (Mark),** Am Markt 1, 16835 Lindow, Tel./Fax 033933/70297, www.lindow-mark.de
- **Tourismus-Service Neuruppin,** BürgerBahnhof, Karl-Marx-Str. 1, 16816 Neuruppin, Tel. 03391/45460, Fax 454666
- **Flussmeisterei Rhin,** Altruppiner Allee 75, 16816 Neuruppin, Tel. 03391/3300

Anreise

- **Bahn:** RE 5 stdl. von Berlin Hauptbahnhof nach Gransee, Fürstenberg/Havel; RB 54 (nur April bis Okt.) von Löwenberg über Lindow nach Rheinsberg; RE 6 Berlin Spandau nach Neuruppin (im Stunden-Takt); im Winter kann man mit der Bahn von Berlin nach Neuruppin bzw. Gransee fahren und dann den Bus nach Rheinsberg nehmen.
- **Bus:** Buslinie 764 von Neuruppin nach Rheinsberg
- **Auto:** von Süden: B 96 bis Löwenberg, B 167 bis Alt Ruppin, dann rechts in Richtung Norden nach Rheinsberg
  Von Westen: Autobahn A 24 bis Ausfahrt Pritzwalk und über Wittstock, Schweinrich und Flecken Zechlin nach Rheinsberg. Sehr schöne Strecke. Sonst A 24 bis Ausfahrt Neuruppin, auf der B 167 über Neuruppin und kurz vor Herzberg links nach Rheinsberg
- **Boot:** Route 6 Fürstenberg – Rheinsberg oder Route 7 Mirow – Rheinsberg

Einsetzen

- **Parkplatz an der Rhinpassage,** am Garteneingang zum Schlosspark (großer Parkplatz ca. 150 m von der Einsetzstelle, 30 m unterhalb der Straßenbrücke an der Ober- bzw. Schlossmühle (via Rhinstraße und Damaschkeweg); wer bereits in den Grienericksee einsetzt, muss am Seeausgang das Boot über die Straße umtragen!
- Ebenfalls ein offizielle Einsetzstelle am Rhin befindet sich ca. 200 m vom Bahnhof Rheinsberg entfernt, hinter dem Supermarkt links am Brauhaus vorbei.

Route und Entfernungen

- Rheinsberg – Zippelsförde: 16 km
- Zippelsförde – Rhin – Möllensee – Gudelacksee – Lindow: 11 km

RHEINSBERG BIS LINDOW

Übernachtung	• **Biwakplatz BergerTours** (s. u. „Bootsvermietung") • **Pension Untermühle**, 16831 Rheinsberg (mit Kanuvermietung), Tel. 033931/2042 • **Hotel Krone,** 16835 Lindow, Straße des Friedens 11, Tel. 033933/879719 • **Campingplatz Weißer Sand** am Gudelacksee, Lindow, mobil: 0171/7929037, www.campingplatz-lindow.de • **Biwakplatz Insel Werder,** Gudelacksee, mobil: 0174/8460465
Bootsvermietung	• **Bootsverleih Halbeck,** Kurt-Tucholsky-Straße, 16831 Rheinsberg, Tel. 033931/39390, Fax 39406, www.schiffahrt-rheinsberg.de • **Rheinsberger Adventure Tours (R.A.T.),** Schloßstr. 42, 16831 Rheinsberg, Tel. 033931/39247, www.rheinsberg-kanu.de (siehe bei Route 6) • **BergerTours,** Pension Untermühle, Untermühle 2, 16831 Rheinsberg, Tel. 033931/2042, mobil: 0171/8395112, www.bergertours.de (mit Unterkünften und geführten Touren) • **Kanuverleih Uwe Mischke,** Seestr. 6, 16831 Warenthin, Tel. 033931/2131, www.kanuverleih-rheinsberg.de
Bootsshuttle	**Rheinsberger Adventure Tours,** Schloßstr. 42, 16831 Rheinsberg, Tel. 033931/39247, www.rheinsberg-kanu.de, bietet Kanu-Shuttle zwischen Rheinsberg und Zippelsförde, um den Rheinsberger Rhin zu überbrücken.
Rückfahrt	Gute Busverbindungen
Anschlussrouten	• **Route 13** nach Neuruppin • **Route 14** Neuruppin – Oranienburg

Charakter der Tour

Rheinsberger Rhin	**Rheinsberg** – siehe Route 6. Der **Rheinsberger Rhin** (bis zur Einmündung in die Lindower Gewässer) ist eine sehr abwechslungsreiche Bachstrecke mit glasklarem Wasser durch eine schöne Wald- und Wiesenlandschaft. Muntere Strömung, leichter Wildwasser-Charakter (ab mittlerem Wasserstand WW 1), ein Gefälle von einem Prozent und viele Schleifen und Windungen sorgen für Abwechslung und sportliches Vergnügen. Der Rheinsberger Rhin ist ein sehr empfindli-

ches Biotop, in dem zahlreiche seltene Tierarten wie Neunauge, Eisvogel und Fischotter heimisch sind. Um die einzigartige Natur dieser Landschaft zu erhalten, darf dieser Abschnitt nur zu bestimmten Zeiten und nur mit bestimmten Booten befahren werden (s. o.). Transfers zwischen den Rheinsberger und Lindower Gewässern bieten die meisten der o. g. Bootsvermieter an; z. B. *Rheinsberger Adventure Tours* und *E. Halbeck* und *U. Mischke*.

Diese beliebte Strecke ist in letzter Zeit durch zu viele und manchmal leider auch verantwortungslose Paddler stark belastet worden. Deshalb sollte man diesen Abschnitt möglichst wenig befahren. Beachten Sie, dass bei niedrigem Wasserstand Grundberührungen nicht nur Schäden am Boot, sondern natürlich auch an Flora und Fauna verursachen!

Achtung: Für den Rheinsberger Rhin sind wegen starker Frequentierung immer wieder Sperrungen für jeglichen Bootsverkehr im Gespräch. Bitte halten Sie sich daher strikt an die Regeln und verhalten Sie sich auch sonst möglichst naturschonend.

Lindower Rhin Ab der Einmündung in den Lindower Rhin folgt zunächst ein breiter und tiefer Kanal mit wenig Strömung, danach eine Seestrecke. Der Lindower Rhin wurde schon vor 150 Jahren kanalisiert und ist auch mit größeren Booten zu befahren.

Routenbeschreibung

Rheinsberg Wer von der Müritz oder von den Fürstenberger Gewässern her mit dem Boot kommt und seine Tour weiter den Rheinsberger Rhin abwärts fortsetzen möchte, der muss sein Boot kurz hinter Schloss Rheinsberg beim Wehr an der **Obermühle** aus dem Wasser nehmen und über Land transportieren. Rechts des Wehres aussetzen, über die Straße tragen und hinter der Straße rechts (120 m) wieder einsetzen. Eine weitere Einsetzstelle befindet sich direkt in Bahnhofsnähe (ca. 200 m).

An der Straßenbrücke Obermühle befindet sich ein **Pegel** – er sollte mindestens 65 cm anzeigen, damit man den Rheinsberger Rhin befahren kann. Bitte die Pegelscheiben an den Infotafeln beachten.

Untermühle

Hier bei Rheinsberg durchbricht der Bach den Endmoränenwall. Von der Einsetzstelle am Parkplatz Rhinpassage bis zur Untermühle hat er auf 2 km höchstens 1 m Gefälle (bis Zippelsförde auf 17 km ca. 15 m Gefälle). Der Abschnitt bis zur Untermühle ist stellenweise recht flach und steinig mit einigen unruhigen Passagen, sodass man gegebenenfalls hie und da treideln muss; ab Pegelstand 70 cm an der Straßenbrücke Obermühle ist kein Treideln erforderlich. Bald wird der Rhin jedoch ruhiger, und sein klares Wasser fließt an den letzten Häusern von Rheinsberg vorbei, nahe dem Bahnhof vorüber und dann zwischen kleinen Wiesenflächen hindurch zur Pension *Untermühle* der Familie Berger.

Dort erwartet den Paddler eine weitere spritzige Stufe mit einem leichten Schwall, der bei gutem Wasserstand fahrbar ist.

Mit guter Strömung geht es danach weiter durch einsame Waldlandschaften. Von links her mündet die **Döllnitz**.

Zechow

Einige Windungen weiter sind Reste einer mit Steinen befestigten Furt zu sehen, dann taucht rechts der Kirchturm von Zechow auf. **Vorsicht:** unter der Straßenbrücke liegen Steine im flachen Wasser! Hinter der Brücke befindet sich die offizielle Ein- und Aussetzstelle von Zechow. 100 m weiter am rechten Ufer lädt ein kleiner Rastplatz zum Verweilen ein. Wer möchte, kann eine längere Pause einlegen, um die 97 m hohen **Zechower Berge** zu „erklimmen" und vom Gipfel die Aussicht über die Märkische Heide zu genießen.

Kurz hinter Zechow mündet von links der Kleine Rhin.

Rheins-
hagen

Bei Rheinshagen (2 km hinter Zechow) gibt es eine sehr gefährliche Stelle mit starker Strömung und Rohren; **Befahrung verboten.** Es muss daher ein kurzes Stück umtragen werden: rechts aussetzen, wenige Schritte über die Brücke und rechts wieder einsetzen. Es gibt einen Rastplatz für Wasserwanderer und Radfahrer auf dem hier parallel verlaufenden Seen-Kultur-Radweg.

In engen Schleifen geht es unter dem Blätterdach alter Erlen und Ulmen hindurch. Das dämmergrüne Zwielicht unter den mächtigen Bäumen schafft eine urwaldhafte Atmosphäre. Vögel zwitschern im Geäst. Am Ufer kann man mit etwas Glück Rehe, Hirsche oder Wildschweine beobachten. Spitzkehren, über den Fluss hängende Äste und ins Wasser ragende Wurzeln zwingen immer wieder zu raschen Ausweichmanövern. Umgestürzte Bäume können den Weg versperren. Über mangelnde Abwechslung wird sich hier niemand beklagen.

Hinter Rheinshagen hat der Rhin in die Talsander der letzten Eiszeit ein tiefes und landschaftlich sehr reizvolles Tal eingeschnitten. Steile Sandufer im streckenweise engen Talgrund bieten dem scheuen **Eisvogel** günstige Nistmöglichkeiten. Und wer etwas aufmerksam ist, wird hier sicher Gelegenheit haben, diese phantastisch schillernden Vögel zu beobachten, die mit ihrer exotischen Farbenpracht wie Tropenvögel wirken.

Zippels-
förde

Zippelsförde ist ein winziger Weiler an einer alten Furt über den Rhin. Jahrhunderte hindurch war hier eine **Mühle** in Betrieb, allerdings mit häufig wechselnder Funktion: 1520 hatte dort *Graf Joachim* eine Säge- oder Mahlmühle angelegt; 1759 besaßen die Neuruppiner Tuchmacher eine Walkmühle, und danach wurde eine Pulvermühle gebaut, die aber bereits 1851 bei einer Explosion in die Luft flog.

Hier muss man das Boot am linken Ufer wieder aus dem Wasser nehmen, um das **Wehr** und die

Forellenzuchtanlage zu umtragen. Man trägt das Boot über die Straßenbrücke und setzt es dann links im Unterwasser ein. Wer sein Boot bei der Untermühle in Rheinsberg oder Alt Ruppin gemietet hat, kann es hier wieder abgeben. Zudem besteht ein Shuttle-Service für Pauschal- und Individualtouristen Richtung Rheinsberg oder Alt Ruppin. Beachten Sie dazu die Service-Hinweise auf den Infotafeln.

Bei der **Forellenzuchtanlage** kann man eine Angel mieten und sich sein Abendessen selbst fangen. Man kann sich aber auch vom Verkaufsstand am Parkplatz einen Imbiss holen oder im Restaurant *Jägerhof* dinieren – und falls es darüber zu spät wird, dort gleich ein Zimmer nehmen.

Gleich hinter Zippelsförde biegt der Rhin in scharfem Rechtsknick nach Nordwesten und mündet nach ca. 1,5 km in den schiffbaren Lindower Rhin.

Lindower Rhin

Auf diesem, zum Kanal ausgebauten Teil des Rhins macht man eine scharfe 180°-Wendung nach links und paddelt gegen die kaum spürbare Strömung nach Südosten durch die moorige Niederung der

Lanke. Auf dem breiten und ruhigen Gewässer stören nun keine Baumhindernisse oder tiefhängende Zweige mehr. Tausendblatt und Teichrosen bedecken die Wasserfläche entlang den Ufern.

In aller Ruhe kann man den pfeilschnell dahinjagenden Eisvögeln oder den zahlreichen Enten und anderen **Wasservögeln** nachblicken. Oft sitzen sie wie Zuschauer in langen Reihen auf den Schwimmbalken, die das Ufer und seine empfindliche Vegetation gegen die Wellen der Motorboote schützen sollen. (Achtung Nicht-Paddler: Drosseln Sie hier Ihre Geschwindigkeit. Dann haben Sie mehr von der Landschaft und richten weniger Schaden an.)

Bootshäuser auf Pfählen

Der Storch fühlt sich wohl hier im Seengebiet

Rheinsberg bis Lindow

Möllensee

Der Möllensee ist ein ca. 2,5 km langer und maximal 5 m tiefer verlandender See, dessen Nordteil man überquert. Er ist Teil des ursprünglichen Rhintales, das über den **Tholmannsee** bis zum Neukammergebiet bei Herzberg reicht. Es ist jedoch für Boote nicht befahrbar. Die durch Wälder windgeschützte Nordbucht ist von einem dichten Schwimmrasen aus Krebsschere, Froschbiss und Großem Wasserschlauch bedeckt. Im Flachwasser gedeihen Laichkraut und ausgedehnte Felder von Teichrosen.

Gudelacksee

Hinter dem See folgt ein weiterer Kilometer Rhin-Kanal zwischen Lietze und Gühlener Heide, ehe man unter einer Brücke hindurch auf den Gudelacksee gelangt, der durch das Abtauen von Rinnenteis des Brandenburger Stadiums entstanden ist. Eine Brücke ermöglicht es Wanderern und Radfahrern, den gesamten Gudelacksee zu umrunden. Folgt man auf dem Gudelacksee dem linken Ufer, so gelangt man in einer Bucht hinter einer moorigen Landzunge zu einem Badestrand bei der **Kramnitzer Mühle.** Sie ist seit 1530 in Betrieb und gehört zu den wenigen alten Mühlen, die heute noch arbeiten (wenngleich nicht mehr vom Wasserrad, sondern von einem Motor angetrieben).

In der Mitte des rund 440 ha großen und ebenfalls von Schilfwäldern und Seerosen eingesäumten Sees erhebt sich nur 2 m über dem Wasserspiegel die **Insel Werder,** auf der Reste steinzeitlicher Besiedelung gefunden worden sind. Im Nordosten und im Süden wird das Ufer von Flachmoorgürteln gebildet, die aus der Verlandung flacher Uferregionen entstanden sind. Im Westen und Südosten sind die Ufer bewaldet. Auf der Insel befindet sich seit 2008 am alten Hafen ein Biwakplatz für Kanuten.

5 km lang ist die Strecke quer über den an Aalen, Hechten und Zandern reichen Gudelacksee bis zu dem kleinen Städtchen **Lindow,** das von drei Seen umgeben ist. Dort kann man sich die Ruinen

Die Rhinquelle

Der Rheinsberger Rhin ist eigentlich ein Abfluss aus den gesamten Rheinsberger Seen. Da aber jeder Fluss eine Quelle haben sollte, hat man kurzerhand den Mühlenbach bei Wallitz dazu ernannt. Als wir bei unserer Erkundungsfahrt nach Wallitz kamen, fragten wir nach der „angeblichen Rhinquelle" und erhielten von einem Bauern in sehr bestimmtem Ton eine Auskunft, die keine Zweifel zuließ: „Da hinten bei meinen Rüben, da entspringt er. Und wehe, ihr wollt uns die Rhinquelle wegnehmen!"

Wir wollen nicht … Lassen wir den Wallitzern ihren Rhin, der sich durch den Braminsee, den Kagarbach, den Dollgowsee und den Schlabornsee seinen Weg zum Grienericksee sucht. Da der Braminsee aber einen zweiten Abfluss hat, nimmt ein Teil des „Wallitzer Rhins" den Umweg über den Großen Zechliner See, den Zootzensee und den Tietzowsee, ehe er über den Schlabornsee und den Rheinsberger See den Ausgangspunkt unserer Tour erreicht.

eines Klosters aus dem 13. Jh. ansehen oder am Seeufer promenieren.

Aussetzen kann man am Badestrand des Campingplatzes „Weißer Sand" am Gudelacksee (Auskunft: mobil: 0171/7929037), beim Anleger am

RHEINSBERG BIS LINDOW

Segel-Club (Tel. 03303/403842), im Bootshafen am Gudelacksee (Tel. 033933/90568, mobil: 0171/7163669) oder beim Wassersportzentrum Heide (Tel. 033933/70315, mobil: 0175/958 0556) weiter südlich am Seeausgang in der Nähe des Bahnhofs (Verbindungen nach Rheinsberg). Dort kann man auch unter der Straßen- und der Eisenbahnbrücke hindurch über eine weitere Kanalstrecke auf den lang gezogenen **Vielitzsee** (6 km) gelangen.

Tipps für Radler und Wanderer

Wutzsee

Von Lindow aus kann man auf einem Uferweg eine schöne Rundwanderung (ca. 7,5 km) zu Fuß oder mit dem Fahrrad rings um den malerischen und für Motorboote gesperrten Wutzsee unternehmen (für Paddler keine fahrbare Verbindung zum Gudelacksee). Der Weg führt meist etwas erhöht über dem bewaldeten Ufer entlang und bietet an vielen Stellen herrliche Ausblicke auf den stillen See.

Huwenowsee

Bei der Brücke, die am Ostende des Sees ein kleines Fließ überquert, kann man den Rundweg verlassen und nach Osten dem Bachlauf in Richtung Baumgarten folgen. Ein kleiner Trampelpfad führt weiter bis zum idyllischen Huwenowsee, den schon *Theodor Fontane* beschrieben hat:

„Unbedingte Stille herrscht, die Bäume stehen windgeschützt und rauschen leiser als anderswo, das Geläute der oben weidenden Herde dringt nirgends bis in die Tiefe hinab, und nichts vernehmen wir als den Schnitt der Sense ..."

Um den Huwenowsee gibt es ebenfalls einen Weg. An seinem Ostufer liegt **Meseberg** mit einem Schloss, von dem Fontane sagt: *„Wie ein Zauberschloss liegt es auch heute noch da ..."*

Gudelacksee

Seit 1994 die Brücke über den Lindower Rhin wieder aufgebaut worden ist, kann man auch rings um den Gudelacksee eine herrliche Fuß- oder Radtour unternehmen (ca. 10 km).

Badefreuden wie am Mittelmeer bieten Hunderte von Seen in Mecklen- und in Brandenburg

RHIN: LINDOW BIS NEURUPPIN

Route 13

Länge: ca. 25 km, **Dauer:** Tagesfahrt, mit Abstecher oder Wanderung 2 Tage

Der Rhin von Lindow bis Neuruppin

Überblick Einfach zu befahrende Strecke über eine Kette von Seen und entlang dem Rhin, der hier so breit und tief ist, dass er mit allen Bootsarten und zu jeder eisfreien Zeit befahren werden kann. Für Paddler bedeutet das allerdings auch, dass sie auf diesem Abschnitt den Segel- und Motorbooten aus dem Weg gehen müssen (es herrscht aber meist wenig Bootsverkehr). Die Strömung ist durch Staustufen gering. Landtransporte sind nicht erforderlich. Beim Befahren der Fristower Plagge (Abschnitt des Rhins) ist auf „Wellenbrecher" zu achten – schwimmend befestigte Stämme, die das Ufer vor den Wellen größerer Boote schützen.

Info

- **Tourist-Information der Stadt Lindow (Mark),** Am Markt 1, 16835 Lindow, Tel./Fax 033933/70297, www.lindow-mark.de
- **Tourismus-Service BürgerBahnhof,** Karl-Marx-Str. 1, 16816 Neuruppin, Tel. 03391/45460, Fax 454666, www.tourismus-neuruppin.de

Rhin: Lindow bis Neuruppin

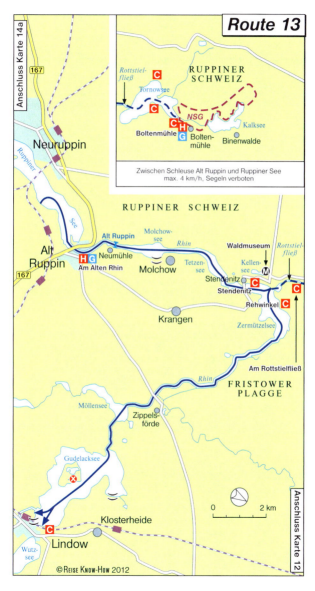

RHIN: LINDOW BIS NEURUPPIN

●**Service-Büro Fahrgastschifffahrt,** An der Seepromenade 10, 16816 Neuruppin, Tel. 03391/511511, www.fahrgastschifffahrt.neuruppin.de

Anreise
●**Boot:** Von Rheinsberg den Rheinsberger Rhin herunter (s. Route 12)
●**Bahn:** Ab Berlin Spandau Direktverbindungen bis Neuruppin, von dort per Bus nach Rheinsberg (nicht im Winter; RB 54 (nur April bis Sept.) von Löwenberg über Lindow nach Rheinsberg)
●**Auto:** ab Berlin auf der B 96 bis Löwenberg zur B 167, Abzweigung Herzberg Richtung Lindow
Ab Hamburg: A 24 bis zur Abfahrt Neuruppin und auf der B 167 über Neuruppin bis kurz hinter Wulkow, dann links abbiegen nach Lindow.

Parken
Beim Jachthafen gibt es einen kleinen Parkplatz. Ein besserer befindet sich nahe der Tankstelle, und der vielleicht günstigste Parkplatz ist der an der Straße in Richtung Strubensee (von der Anlegestelle nach Süden und dann vor der Brücke nach links).

Einsetzen
Am Badeufer bei der Dampferanlegestelle am Gudelacksee oder bei der Brücke über den Kanal vom Vielitzsee. Die Brücke ist nur ca. 400 m vom Bahnhof entfernt (beim Verlassen des Bahnhofs nach links biegen); bis zur Anlegestelle sind es ca. 1,5 km.

Route und Entfernungen
●Lindow über den Gudelacksee: 5 km
●Gudelacksee – Möllensee: 1 km
●Möllensee und Lindower Rhin bis Zermützelsee: 6 km
●Zermützelsee – Tetzensee – Molchowsee und Alt Ruppiner Rhin bis Ruppiner See: 9 km
●Ruppiner See – Neuruppin: 4 km

Schleuse
Die Schleuse Alt Ruppin (Tel. 03391/7114) an der Neumühle überwindet einen Höhenunterschied von 1,5 m. Geschleust wird stündlich (Mo bis Do 8–12 und 14–17 Uhr, Fr bis Sa 8–12 und 14–19 Uhr); es gibt aber auch eine Lore zum Bootstransport.

Abstecher
Ab Lindow: auf den Wutzsee (3 km; für Motorboote gesperrt) oder auf den Vielitzsee (6 km); siehe Route 12.
Ab Zermützelsee: durch das Rottstielfließ zum Tornowsee (4 km). Diese Route führt durch malerische Endmoränen-Landschaft und bis an den Rand eines NSG im Gebiet der Ruppiner Schweiz. Sie ist für Motorboote gesperrt. Bis zum Nord-Ende des Tornowsees gibt es keine Hindernisse. Der Binenbach (Wehr bei der Ausflugsgaststätte Boltenmühle) ist nicht fahrbar. Man kann jedoch eine Fußwanderung durch das reizvolle Kerbtal des Binenbachs nach Bi-

nenwalde (4 km hin und zurück) oder durch das NSG rings um den Kalksee machen, siehe Routenbeschreibung.

Bootsvermietung
- **Lindow:** Bootshafen und Bistro, Am Gudelackufer 4, 16835 Lindow, Tel. 033933/72360, mobil: 0171/7163669
- **Lindow:** Bootsverleih am Wutzsee, Am Wutzsee 53, 16835 Lindow, Tel. 033933/70902
- **Lindow:** Heides Wassersportcentrum Lindow, Am Gudelackufer 1, 16835 Lindow, Tel. 033933/70241, www.w-s-c-l.de
- **Zippelsförde: BergerTours,** Zippelsförde, Tel. 033931/2042
- **Alt Ruppin:** Bootsverleih Rolf, 16827 Alt Ruppin, Friedrich-Engels-Str. 20, Tel./Fax 03391/74953, mobil: 0160/7313178 (nette Vermieterin)
- **Alt Ruppin:** Rhinpaddel, 16827 Alt Ruppin, Friedrich-Engels-Str. 8, Tel. 03391/771212, mobil 0171/1720873

Übernachtung
- **Campingplatz** am Gudelacksee, Lindow, Tel./Fax 033933/90589, mobil: 0171/7929037
- **Biwakplatz** auf der Insel Werder im Gudelacksee, mobil: 0174/8460465
- **Campingplätze des CUR e.V.,** Tel. 033929/50990 oder 70644, Fax 50922, camping-rheinsberg-neuruppin.de
  1. **Campingplatz Stendenitz** (am Zermützelsee),
  2. **Campingplatz Rehwinkel** (am Zermützelsee)
  3. **Campingplatz Am Rottstielfließ;** schöne Lage; Fax 50992

Rhin: Lindow bis Neuruppin

- **Boltenmühle:** Hotel & Restaurant Boltenmühle, 16818 Gühlen-Glienicke, Tel. 033929/70500, Fax 70103, www.boltenmühle.de
- **Lindow:** Hotel Zur Krone, Straße des Friedens 11, Tel. 033933/611-0, Fax 611-21
- **Zippelsförde:** Restaurant-Pension Jägerhof, Zippelsförde Nr. 7, 16827 Krangen, Tel. 033933/70829
- **Molchow:** Luisenhof (FeWo, Wasserwanderer willkommen), Dorfplatz 6, 16816 Molchow, Tel. 03391/400506, mobil: 0172/2070407, www.luisenhof-molchow.de
- **Alt Ruppin:** Bootsverleih Rolf (s. o.).
  Hotel und Restaurant Am Alten Rhin, Fr.-Engels-Str. 12, Tel. 03391/765-0, Fax 765-15 (nach der Alt Ruppiner Schleuse bei der Einfahrt in den Alten Rhin);
  Rhinpaddel Kanustation und Wasserwanderrastplatz, Friedrich-Engels-Str. 8, 16827 Alt Ruppin, Tel. 03391/771212, mobil: 0171/1720873
- **Neuruppin:** Hotel/Restaurant Seeperle, 16816 Neuruppin, Rutscherweg, Tel. 03391/398291.
  Weitere Unterkünfte in Neuruppin siehe Route 14

Essen und Trinken

- **Lindow:** Gasthaus am Gudelacksee, Am Gudelack 2a, Tel. 033933/72330;
  Pension und Restaurant Klosterblick, Am Wutzsee 53, Tel. 033933/8900;
  Museumsschänke (bei kleinem Privatmuseum), Mittelstr. 19, Tel. 033933/70240
- **Zippelsförde:** Jägerhof (s. o. Übernachtung);
  Forellenzuchtanlage (s. Routenbeschreibung Route 12)
- **Alt Ruppin:** Restaurant Seebad, Tel. 03391/7190;
  Restaurant Am alten Rhin (s. Übernachtung)
- **Neuruppin:** Seeperle (s. Übernachtung)

Rückfahrt Bahn Neuruppin – Berlin, Lindow – Berlin
(die Verbindung Neuruppin – Lindow besteht nicht mehr)

Anschlussroute

- **Route 14** Neuruppin – Oranienburg

Parkanlage der Gaststätte Boltenmühle

RHIN: LINDOW BIS NEURUPPIN

Charakter der Tour

Reizvolle Strecke entlang einer Kette von Seen und dem kanalisierten Rhin mit tiefem, wenig strömendem Wasser. Die Landschaft wurde von den Gletschern der Weichsel-Eiszeit geprägt. Einige der Seen – z. B. der Gudelacksee – sind durch das Abtauen von riesigen Eisblöcken entstanden. Auffällig sind verlandende Gewässer mit Flachmoorgürtel (z. B. Möllensee), eindrucksvolle Auwälder und die sogenannten „schwimmenden Ufer" oder „Schwimmrasen": Teppiche aus Schwimmblatt-Pflanzen, die den Übergang zwischen Land und Wasser verwischen. Diese Biotope sind reich an Wasservögeln verschiedenster Art. Für Wasserwanderer gibt es eine Reihe schöner Badestellen und reizvoll gelegener Campingplätze.

Routenbeschreibung

Lindower Rhin

Von Lindow bis zur Einmündung des Rheinsberger Rhins folgt man der Route 12 in umgekehrter Richtung.

Rhin: Lindow bis Neuruppin

Zippels- Wer nicht bereits von Rheinsberg her gekommen
förde ist, sollte bei der Brücke ca. 1,5 km nach dem Möllensee rechts anlegen und zu Fuß einen kurzen Abstecher (ca. 500 m) zur **Umweltstation** bei Zippelsförde unternehmen (Tel. 033933/70822).

Am Wehr in Zippelsförde befindet sich eine Forellenzuchtanlage, bei der man Forellen kaufen, einen Fischimbiss genießen oder mit einer gemieteten Angel selbst Fische fangen kann.

500 m Fußweg vom Wehr entfernt gelangt man zum **Jägerhof**, in dem man ausgezeichnet und recht preisgünstig isst.

Und wer noch länger wandern will, dem bietet der 4 km lange und gut gekennzeichnete **Jägerhof-Pfad** eine herrliche Möglichkeit dazu. Übrigens ist der *Jägerhof* von Lindow aus auf einem asphaltierten Radweg erreichbar. Oder man steigt gleich aufs Fahrrad um und fährt von Zippelsförde auf dem **Seen-Kultur-Radweg** nach Neuruppin.

Fristower Etwa 1,5 km nach der Brücke passiert man die Ein-
Plagge mündung des Rheinsberger Rhins, der nur für Einer- und Zweier-Kajaks zugelassen ist (nicht stromauf paddeln!). Weiter fährt man durch das faszinierende Auwaldgebiet der Plagge mit „schwimmenden Ufern" und einer reichen Wasserpflanzen- und Vogelwelt. Schwimmbalken schützen das empfindliche Biotop vor den Wellen größerer Boote. (Achtung Nicht-Paddler: Drosseln Sie hier Ihre Geschwindigkeit. Dann richten Sie weniger Schaden an und haben mehr von der Landschaft!)

Zermützel- Nach 3,5 km erreicht man bei der Fristowbrücke
see den etwa 6 m tiefen Zermützelsee, einen Aal-Hecht-Zandersee. Viele Haubentaucher begleiten hier den Wasserwanderer und unterhalten ihn durch ihr lustiges Spiel. Graureiher stehen reglos am Ufer, und ab und zu sieht man den pfeilschnellen Eisvogel vorüberblitzen. Die Zuflussregionen sind durch Schwimmpflanzen gekennzeichnet: Große Mummel und Weiße Teichrose und in eini-

gen Buchten auch rosa- und rotblühende Varianten der Teichrose, die hier fälschlicherweise als Lotosblume bezeichnet werden. Alle Arten sind streng geschützt!

Am rechten Ufer des Zermützelsees liegen mehrere schöne **Campingplätze** (s. o. „Übernachten"). Auf jeden Fall sollte man am Campingplatz *Stendenitz* anlegen, denn gleich daneben befindet sich die „Waldschänke Stendenitz", eine schöne Gaststätte im Blockhüttenstil.

Vom Campingplatz nur 50 m entfernt steht ein kleines **Waldmuseum,** das Oberförster *Zander* 1934–36 aufgebaut hat.

Tornowsee Sehr lohnend ist von hier aus ein Abstecher durch das **Rottstielfließ** zu dem für Motorboote gesperrten Tornowsee, nahe dessen Nordende die Ausflugsgaststätte **Boltenmühle** (Unterkunft) steht, nach einem Brand wieder aufgebaut und seit 1996 wieder in Betrieb.

Ruppiner Schweiz Man kann auch am Tornowsee Station machen und eine Fußwanderung durch das wunderschöne Kerbtal des **Binenbaches** (Naturschutzgebiet) unternehmen. Hier soll dereinst die junge Försterstochter *Sabine* mit einem Flötenspieler spazieren gegangen sein, der später als *Friedrich der Große* berühmt geworden ist. *Käthe Kollwitz,* die große Gestalterin gegen die Gewalt, hat in dieser Gegend immer wieder Kraft für ihre Arbeit geschöpft. Hier kann man, wie *Erich Kästner* sagt, „mit Bäumen wie mit Brüdern reden" oder, um mit *Tucholsky* zu sprechen, „die Seele baumeln lassen".

Hier ist das Tor zur **Ruppiner Schweiz,** jenem malerischen Fleckchen Land, über das *Fontane* schrieb:

Und fragst du doch: den vollsten Reiz,
Wo birgt ihn die Ruppiner Schweiz?
Ist's norderwärts in Rheinsbergs Näh'?
Ist's süderwärts am Molchow-See?

Theodor Fontane

Ist's Rottstiel tief im Grunde kühl?
Ist's Kunsterspring, ist's Boltenmühl?
Ist's Boltenmühl, ist's Kunsterspring?
Birgt Pfefferteich den Zauberring?
Ist's Binenwalde? – nein, o nein.
Wohin du kommst, da wird es sein,
An jeder Stelle gleichen Reiz
Erschließt dir die Ruppiner Schweiz.

In **Stendenitz** und **Boltenmühle** hat man übrigens auch Straßenanschluss, falls man die Tour hier beenden will, und im Sommer gibt es sogar Busverbindungen (Info: Tel. 03391/6051).

Tetzensee

Fährt man weiter, so paddelt man unter der Zermützelbrücke hindurch in Richtung Süden auf den Tetzensee. Er ist 300–400 m breit und ca. 3 km lang. Im Nordosten säumt ein ausgedehnter Erlenbruch sein Ufer, und ein breiter Schilfgürtel bietet zahlreichen Wasservögeln Schutz und Brutplätze. Bitte nicht ins Schilf fahren; man würde dadurch nicht nur einige Rohrhalme knicken, sondern Nester und Gelege zerstören und vielleicht hilflose Jungvögel töten.

Molchowsee

Ein kurzer Abschnitt des Rhins führt an **Molchow** vorüber zum Molchowsee. Der Ort ist ein Runddorf slawischen Ursprungs mit einem Kirchturm in der Mitte, der nach Fontane „von einer Windmühle und einem Schilderhaus gezeugt" sein muss. 1947 wurde hier ein Münzschatz mit über 1000 Geldstücken aus dem 13. Jh. gefunden, der allerdings nicht zu besichtigen ist.

Die Ufer des 1,8 km langen und maximal 5 m tiefen Molchowsees sind – wie Teile der Ufer um den Tetzensee – leider durch Bungalows stark zersiedelt. An einem unverbauten Abschnitt des Ostufers gibt es aber eine schöne Badestelle.

In Molchow, unmittelbar hinter der Molchowbrücke, befindet sich der Sportboothafen, Wasserkilometer 47, Tel. 033929/70644, info@camping-

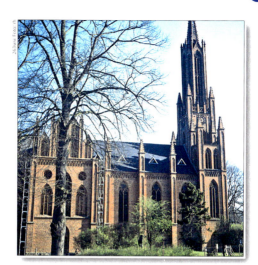

rheinsberg-neuruppin.de. Kapazität: 20 Boote bis max. 13 Meter Länge, Slipanlage, Sanitäreinrichtungen, Ver- und Entsorgungsanlagen, für Kanu- oder Kajakfahrer etwa 30 Zeltstellplätze.

Am Südende des Sees gelangt man zur **Alt Ruppiner Schleuse** bei der Neumühle (heute Möbelrestaurierung und Atelier der Holzdesignerin *Franziska Zänker*). Das noch erhaltene Herrenhaus stammt von einem Schüler des Baumeisters *Karl Friedrich Schinkel,* der Park wurde im 19. Jh. von dem Gartenkünstler *Peter Joseph Lenné* angelegt.

Alt Ruppin Hinter der Schleuse – die sich auch mittels einer Bootsschleppe umgehen lässt – folgt ein reizvoller Abschnitt des Rhins durch Alt Ruppin. Die Ufer treten nah heran, und rechts ragt die Nikolaikirche über die Dächer empor. Das Restaurant „Am Alten Rhin" befindet sich an einem kleinen Nebenarm.

Klosterkirche in Molchow

RHIN: LINDOW BIS NEURUPPIN

Um dorthin zu gelangen, muss man in Richtung Seebadeanstalt paddeln, wo man die Einfahrt zum Alten Rhin findet.

Auf dem Alt Ruppiner Rhin findet seit über 80 Jahren jeweils am ersten Wochenende im August die **Alt Ruppiner Korsofahrt** statt. Achtung Skipper: Zwischen der Schleuse und dem Ruppiner See ist das Segeln verboten und die Höchstgeschwindigkeit ist auf 4 km/h begrenzt!

Zwei **Brücken** werden auf diesem Abschnitt unterquert. Zunächst eine alte Holzbrücke. Hier muss man auf Holzpfähle im Wasser achten! Danach die große Straßenbrücke, über die die B 167 führt. Sie wurde inzwischen saniert und heißt jetzt „Graf von Arnstein-Brücke". Die einstige Schlossbrücke kurz dahinter wurde inzwischen abgerissen.

Die **Burg** von Alt Ruppin diente den Grafen von Arnstein bis 1525 als Verwaltungszentrum. Danach zerfiel sie und wurde nach dem großen Stadtbrand von 1787 als Steinbruch für den Wiederaufbau geplündert.

Aufpumpen ...

Mit Schilf gedeckte Häuser findet man hier allerorts

RHIN: LINDOW BIS NEURUPPIN

Ruppiner See

Dann öffnet sich der Blick auf den Ruppiner See und auf die Silhouette von Neuruppin mit der doppeltürmigen Klosterkirche. Kurz vor der Bahn- und Straßenbrücke über den See lädt am rechten Ufer die Gaststätte Seeperle des MC Neuruppin zu einer Rast ein. Hier kann man sich mit dem Auto abholen lassen. Wer zum Bahnhof muss, der kann ebenfalls bei der Seeperle aussteigen und zum Bahnhof Rheinsberger Tor gehen (ca. 400 Meter). Dort gibt es auch einen großen Parkplatz (nur mit Parkscheibe!).

Wer noch Zeit hat, kann die Tour über den Ruppiner und den **Bützsee** fortsetzen und dann den Kremmener Rhin entlang bis Oranienburg und noch weiter (s. Route 14).

Neuruppin

Das denkmalgeschützte Neuruppin ist nicht nur *Fontane-Stadt*, sondern auch die Geburtsstadt des Architekten und Malers *Karl Friedrich Schinkel*. Denkmäler für *Fontane* und *Schinkel* stehen an herausragenden Plätzen der Stadt.

Den prachtvollen **Amalthea- oder Tempelgarten** verdankt Neuruppin dem Aufenthalt des Kronprinzen *Friedrich von Preußen*, der 1732–36 in Neuruppin residierte und 1736–40 dann auch in Rheinsberg weilte. Benannt ist der Garten nach der Ziege *Amalthea*, die der griechischen Sage zufol-

Neuruppiner Bilderbogen – die Boulevardpresse des 19. Jahrhunderts

Als Bilderbogen bezeichnet man einseitig mit einem Bild oder einer Bildfolge und zumeist auch mit beigefügten Texten bedruckte Blätter einheitlichen Formats. Die Geschichte des Bilderbogens reicht bis ins 14. Jh. und zu den Anfängen des Holzschnittes zurück. Im 16. und 17. Jh. dienten Bilderbogen unter den Namen „Flugblatt" und „Neue Zeitung" informativen, aber auch propagandistischen Zwecken.

Bekannt wurden diese Bogen jedoch vor allem durch die Bilderbogen aus Neuruppin, das sich im 19. Jh. zum bedeutendsten Zentrum der Bilderbogenherstellung in Deutschland entwickelte. Zu verdanken ist dies vor allem *Gustav Kühn,* dessen Name eng mit den Neuruppiner Bilderbogen verknüpft ist. *„Bilderbogen aus Neuruppin – sind zu haben bei Gustav Kühn",* steht als weitbekannter Werbespruch auf einigen seiner Bogen. In seiner Firma wurden mehr als 8000 verschiedene dieser Lithographien hergestellt; in Neuruppin insgesamt waren es über 22.000. An Umfang und Bedeutung gleichwertig war die zweite Bilderbogenfirma *Oehmigke & Riemenschneider,* die jedoch weniger bekannt wurde.

Die Neuruppiner Bilderbogen dienten der Information und Propaganda, der Erbauung und Ermahnung sowie der Unterhaltung und Erklärung. Sie umfassten u. a. folgende Themenbereiche: Berichterstattung zu aktuellen Ereignissen, religiöse Themen, berühmte Persönlichkeiten, Bildergeschichten zu Märchen und Liedern.

Mehr als hundert Jahre lang informierten die Neuruppiner Bilderbogen als illustrierte Zeitung – teilweise vermischt mit handfester Propaganda – **über Kriege, Revolutionen, Katastrophen** und besondere ("merkwürdige") Ereignisse in den Herrscherhäusern. So zum Beispiel über „Das merkwürdige Jahr 1848" über die revolutionären Ereignisse 1848/49, den Krimkrieg (1854/56), die Kriege zwischen Österreich und Italien (1859/60 und 1866), den preußisch-österreichischen Krieg (1866), den Krieg der Engländer in Ägypten (1882), die kolonialen Kämpfe in Kamerun (1884), den chinesisch-japanischen Krieg (1894/95), den Burenkrieg (1899/1902), den russisch-japanischen Krieg (1904/05) und den Ersten und Zweiten Weltkrieg.

Bemerkenswert ist dabei vor allem die **Aktualität** der Bilderbogen. Dazu bemerkt *Theodor Fontane,* der ebenfalls aus Neuruppin stammt, in seinen „Wanderungen durch die Mark Brandenburg":

„Lange bevor die erste ‚Illustrierte Zeitung' in die Welt ging, illustrierte der Kühnsche Bilderbogen die Tagesgeschichte, und was die Hauptsache war, diese Illustration hinkte nicht langsam nach, sondern folgte den Ereignissen auf dem Fuße. Kaum, dass die Trancheen vor Antwerpen eröffnet waren, so flogen in den Druck- und Kolorierstuben zu Neu-Ruppin die Bomben und Granaten durch die Luft; kaum war Paskewitsch in Warschau eingezogen, so breitete sich das Schlachtfeld von Ostrolenka mit grünen Uniformen und polnischen Pelzmützen vor dem erstaunten Blick der Menge aus, und tief sind in mein Gedächtnis die Dänen eingeprägt, die in zinnoberroten Röcken vor dem Danewerk lagen, während die preußischen Garden in Blau auf Schleswig und Schloss Gottrop losrückten. Dinge, die keines Menschen Auge gesehen, die Zeichner und Koloristen zu Neu-Ruppin haben Einblick in sie gehabt; und der 'Birkenhead', der in Flammen unterging, der ,Präsident', der zwischen Eisbergen zertrümmerte, das Auge der Ruppiner Kunst darüber gewacht ... Noch immer gibt es abgelegene Sumpf- und Heideplätze, die von Delhi und Khanpur, von Magneta und Solferino nichts wissen würden, wenn nicht der Kühnsche Bilderbogen die Vermittlung übernähme."

Zur **Authentizität** der Bilder bemerkt *Wilhelm Raabe*, dass die Firma *Gustav Kühn* allein wisse, „wie eine Schlacht, ein preußisch, österreichisch, türkisch oder französisch Regiment zu Fuß und zu Pferde aussieht".

- Die aktuellen Bilderbogen **zum Fürstenleben** stehen der heutigen Berichterstattung in Boulevardzeitungen und Illustrierten ziemlich nahe.
- Unter den Bilderbogen **mit religiösem Inhalt** sind neben den „Bildern aus der Bibel" besonders die Haus- und Schutzbriefe zu erwähnen, die als eine Art Amulett besonders dem Volksgeschmack entsprachen, während sie von Staat und Kirche immer wieder verboten wurden.
- Zu den **Genrebildern** zählen jene Bilderbogen, die meist auf heiter-beschauliche und häufig auch moralisierende Weise Szenen aus dem Alltagsleben der Menschen darstellen: manchmal mit spöttischem Unterton und in der Spätzeit des Bilderbogen auch schon karikierend.
- Zur Gruppe der Bildergeschichten zu **Märchen und Liedern** zählen auch die humoristischen Geschichten, an denen unter anderem *Wilhelm Busch* mitgewirkt hat.

Die zunächst nur regional verkauften Bilderbogen fanden bald reißenden Absatz in allen Teilen Deutschlands und über seine Grenzen hinaus bis nach Skandinavien. Eine ganze Reihe der Bilderbogen erhielten dazu schwedische und dänische Texte. Heute kann man einen kleinen Querschnitt durch die Geschichte des Bilderbogens in der **Bilderbogengalerie** im Alten Gymnasium bewundern.

ge den Göttervater *Zeus* ernährt hat. *Georg Wenzeslaus von Knobelsdorff* schuf hier 1735 als sein Erstlingswerk den Tempel, nach dem die Anlage auch Tempelgarten genannt wird. Im Jahre 1853 wurde der Garten durch den späteren Baumeister in Ägypten, *Carl von Diebitsch,* im orientalisierenden Stil umgestaltet. Skulpturen aus den Türkischen Gärten von *August dem Starken* in Dresden fanden hier einen würdigen Platz.

Der gotische Backsteinbau der Klosterkirche aus dem 13. Jh. gehört zu den wenigen Bauten, die den großen Stadtbrand überdauert haben. Die dreischiffige Hallenkirche mit Kreuzrippengewölbe und einschiffigem Chor wurde 1836–37 nach den Plänen Schinkels restauriert. Die Türme wurden 1904–07 hinzugefügt.

In einem frühklassizistischen Bürgerhaus (1790) an der August-Bebel-Str. 14/15 (Tel. 03391/458060) ist das **Museum** untergebracht. Hier sind Erinnerungsstätten an *Schinkel* und *Fontane* zu sehen. Eine große Sammlung der *Neuruppiner Bilderbogen,* die den Namen der Stadt ab 1810 überall bekannt gemacht haben, findet man im Alten Gymnasium am Schulplatz. Diese Bilderbogen sind teilweise neu aufgelegt worden und im Heimatmuseum erhältlich.

Tipps für Wanderer und Radfahrer

Verschiedene Routen ab Lindow um den Gudelacksee und zum Huwenowsee wurden bereits bei Route 12 beschrieben. Die Wanderung zum Huwenowsee kann man zu einer 30-km-Rundstrecke bis nach **Gransee** ausdehnen: Wutzsee (Südufer) – Baumgartner Heide – Huwenowsee bis Meseberg (rote Markierung); dann grüne Markierung, durch den Granseer Stadtwald mit Aussichtsturm (Wartturm) nach Gransee und, weiter der grünen Markierung folgend, über Schönermark, am Kirch- und Salchowsee vorbei nach Keller und entlang dem Wutzsee-Nordufer zurück nach Lindow.

RHIN: LINDOW BIS NEURUPPIN

Ehret die Frauen,
Sie flechten und weben
Irdische Dornen
In's himmlische Leben.

Unterwegs kann man vom *Jägerhof* am Rheinsberger Rhin den gut markierten **Jägerhofweg** wandern. Vom Tornowsee (oder schon vom Campingplatz *Stendenitz* am Zermützelsee) führt eine sehr schöne Wanderung durch das **Kerbtal des Binenbachs** nach Binenwalde (4 km hin und zurück; s. Routenbeschreibung).

Einer von 22.000:
Bilderbogen aus der Firma Gustav Kühn

Route 14

Länge: ca. 41 km, **Dauer:** 2–3 Tage

Neuruppin – Oranienburg

Überblick — Einfach zu befahrende Strecke über Seen und Kanäle bzw. regulierte Abschnitte des Rhins, der hier so breit und tief ist, dass er mit allen Bootsarten und zu jeder eisfreien Zeit befahren werden kann. Die Strömung wird durch Staustufen so gering gehalten, dass man die Route mühelos in beiden Richtungen paddeln kann. Landtransporte sind hier nicht erforderlich.

Auf dem langgestreckten Ruppiner See ist bei windigem Wetter jedoch Vorsicht geboten (besonders bei Westwind), da beachtliche Wellen auflaufen können. Außerdem müssen Paddler entlang der gesamten Route auf Segel- und Motorboote achten.

Info und Landkarten

- **Tourismusservice BürgerBahnhof,** Karl-Marx-Str. 1, 16816 Neuruppin, Tel. 03391/45460, Fax 454666, www.tourismus-neuruppin.de
- **Service-Büro Fahrgastschifffahrt,** An der Seepromenade 10, 16816 Neuruppin, Tel. 03391/511511, www.fahrgastschifffahrt.neuruppin.de
- **Fontane Buchhandlung,** Neuruppin, Karl-Marx-Str. 83, www.fontanebuchhandlung.de

Anreise

- **Boot:** siehe Route 13
- **Bahn:** Direktverbindung von Berlin-Spandau via Hennigsdorf nach Neuruppin (RE 6, im Stundentakt).
  Hamburg – Neustadt, dort umsteigen nach Neuruppin
- **Auto:** ab Berlin B 96 bis Löwenberg, dann B 167 nach Neuruppin
  Von Westen: A 24 und bei der Ausfahrt Neuruppin auf die B 167

Parken — Unbefristet parken kann man an der Ernst-Toller-Straße. Sie befindet sich in der Nähe des Neuen Marktes – Richtung Seedamm.

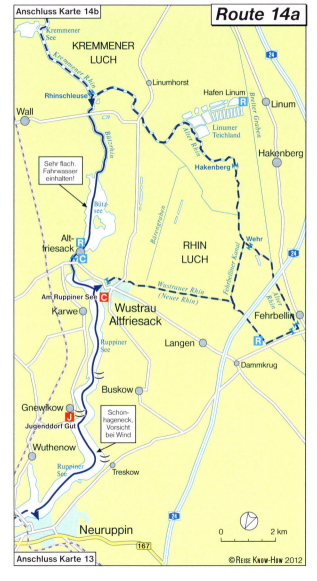

NEURUPPIN BIS ORANIENBURG

Einsetzen	Einsetzmöglichkeiten findet man beim MC Neuruppin an der Eisenbahnbrücke (s. Route 13) und beim Segelclub an der Regattastr. 5.
Route und Entfernungen	●Ruppiner See – Neuruppin – Wustrau – Schleuse – Altfriesack: 11 km ●Bützsee: 4 km ●Bützrhin: 4 km ●Kremmer Rhin bis Kremmen: 8 km ●Ruppiner Kanal: Kremmen – Schleuse Hohenbruch: 7 km ●Schleuse Hohenbruch – Tiergartenschleuse: 5 km ●Tiergartenschleuse – Oranienburg: 2 km
Schleusen	●**Altfriesack** (2 Schleusen ohne Bootsschleppe) ●**Hohenbruch** (mit Bootsschleppe) ●**Tiergartenschleuse** (mit Bootsschleppe)

Schilfufer – nicht anlegen!

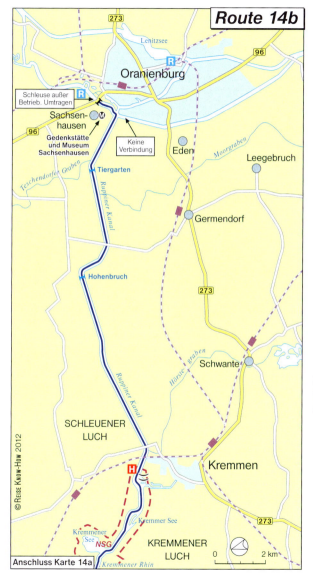

Boots- verleih	• **Alt Ruppin:** Bootsvermietung Rolf, 16827 Alt Ruppin, Friedrich-Engels-Str. 20, Tel./Fax 0391/74953, mobil: 0160/7313178 • **Alt Ruppin:** Rhnpaddel, 16827 Alt Ruppin, Friedrich-Engels-Str. 8, Tel. 03391/771212, mobil: 0171/1720873 • **Neuruppin:** Bootsverleih, Seestr. 7, 16816 Neuruppin, Tel. 03391/650691 • **Alt-Friesack:** Kanucamp Altfriesack, Tel. 033925/90163
Übernach- tung 	• **Campingplatz am Ruppiner See,** bei Wustrau, Hohes Ende, Tel. 033925/70221, mobil: 0152/08552284, www.camping-am-ruppiner-see.de (sehr kleiner Platz, bitte vorher anrufen) • **Altfriesack:** Kanucamp Altfriesack; Biwakplatz Altfriesack, Tel. 033925/90163 (privater Wasserwanderrastplatz, Sanitär in der Nähe) • **Landhotel Wustrau,** 16818 Wustrau, Hohes Ende 1, Tel. 033925/70245 – mit Gaststätte (aus der man durch eine Scheibe direkt in den Pferdestall blickt), Fahrrad- und Bootsverleih (Kutschfahrten und Reiten) • **In Neuruppin:** Pension Oelke, Erich-Mühsam-Str. 27, Tel. 3619, preisgünstig; Hotel Seeperle, 16816 Neuruppin, Rutscherweg, Tel. 03391/398291 • **In Oranienburg: Wasserwanderrastplatz** beim WSC Möwe Oranienburg (Tel. 03301/54548), Sanitär vorhanden • **Jugenddorf Gut,** Gnewikow, Gutsstraße 23, 16818 Gnewikow, Tel. 03391/402720 • **Linum:** Wasserwanderrastplatz beim Fischer von Teichland Linum (privater Wasserwanderrastplatz beim Restaurant im Hafen Linum, WC vorhanden)
Rückfahrt	Ab Oranienburg Bahnverbindungen über Löwenberg oder Kremmen (Busverbindungen über Kremmen) nach Neuruppin. Bahn s. Anreise.
Anschluss- routen 	Über den Oder-Havel-Kanal kann man nach Liebenwalde gelangen und hat dort Anschluss an die Routen 16 nach Norden und 17, 18, 19 nach Joachimsthal, zum Werbellinsee und nach Oderberg.

Charakter der Route

Rhinluch	Diese Tour führt durch die einzigartige Landschaft des Rhinluchs – ein flaches und einsames Land mit weitem Blick, Sumpf, Niedermooren und Weideland. Hier haben Elbebiber, Ottern und Groß-

trappen, Fischadler, Kraniche, Reiher, Störche und zahlreiche andere Wasservogelarten ein letztes Refugium gefunden. Besonders im Frühjahr und Herbst zurzeit des Vogelzuges sind in dieser amphibischen Landschaft große Schwärme von Kranichen und Graugänsen zu sehen. Man paddelt durch das älteste Naturschutzgebiet Deutschlands, das seit 1926 bestehende NSG „Kremmener Luch", das zu den schönsten Landschaften im Kreis Oranienburg gehört. Leider ist diese großartige Natur seit der Wende durch verschiedene Segnungen des Fortschritts beeinträchtigt und gefährdet worden. Auch wenn man diese Schäden dadurch nicht rückgängig machen wird, sollte man sich im Luch mit größter Rücksicht bewegen – keine Spuren hinterlassen, nicht in größeren Gruppen fahren und nicht mit größeren Booten (auch wenn dies leider noch erlaubt ist).

Lebensraum Luch

Der Begriff *Luch* kommt aus dem Mittelniederdeutschen und bezeichnet in der Mark Brandenburg das flache Schwemmland ehemaliger Urstromtäler, in denen das eiszeitliche Gletscherwasser abfloss. Heute dehnen sich dort überwiegend Sumpfwiesen, die teilweise als Weiden genutzt werden, aber auch Flachmoore und Teichgebiete. Die amphibische Landschaft ist ein sehr empfindliches und bedrohtes Biotop, in dem viele seltene Tiere wie Biber, Fischotter, Kraniche, Störche, Fischadler, Großtrappen, Rebhühner und zahlreiche Wasservögel einen letzten Lebensraum gefunden haben. Diese Landschaft ist durch menschliche Eingriffe stark gefährdet und sollte auch von Paddlern nur sehr behutsam bereist werden.

Routenbeschreibung

Ruppiner See

Gegenüber der Einsetzstelle am Bollwerk von Neuruppin liegt der Ortsteil **Wuthenow,** der durch *Fontanes* Novelle *Schach von Wuthenow* bekannt wurde. Das dort beschriebene Schloss werden Sie allerdings vergebens suchen – das hat nur in der Fantasie des Dichters existiert. Ja, dieser Herr *Fontane!* An ihn und seine Wanderungen erinnert bald jeder Baum und Stein in der Mark Brandenburg. Die Wanderungen übrigens hat er just auf der Strecke begonnen, die Sie jetzt befahren, nur in entgegengesetzter Richtung: von Wustrau nach Neuruppin (Beschreibung Neuruppin siehe Route 13).

Der Ruppiner See ist mit mit einer Länge von 14 km, 800 m Breite und bis zu 24 m Tiefe der größte See der Ruppiner Seenrinne. Diese hat sich am Ende der letzten Eiszeit in einem Schmelzwassertal durch das Abtauen gewaltiger Eisblöcke gebildet. Sie erstreckt sich über 50 km weit vom Kalksee und dem Tornowsee über den Ruppiner See bis zum Bützsee und zum Südende des Kremmer Sees.

Die Wasserqualität des Ruppiner Sees ist seit dem Abzug des sowjetischen Militärs deutlich besser geworden. Zahlreiche teils seltene Pflanzenarten sind hier heimisch (z. B. Spitzblättriges, Kleines und Rötliches Laichkraut), und die Schilfzone bietet vielen Wasservögeln geschützte Brutplätze. Reich an Fischarten ist das Wasser – Aal, Hecht und Zander kommen am häufigsten vor, aber auch Ukelei, Plötze und Barsch sowie Karpfen und Schleie werden gefangen.

Nachdem man die Hochspannungsleitung unterquert hat, gelangt man zum sogenannten Schönhagenseck bei Treskow, an dem der Wellengang bei windigem Wetter besonders kritisch werden kann. Links voraus liegt der Ortsteil **Gnewikow** mit Badeufer und einem alten Herrenhaus, in dem zwischenzeitlich ein Hotel eingerichtet wurde (direkt daneben befindet sich das internationale Jugenddorf). Rechts erstreckt sich unbesiedeltes, teils bewaldetes Schilfufer. Auf der Höhe von Buskow bei einem Bootssteg sieht man gelegentlich Wasserwanderer, die dort wild zelten. Verkneifen Sie sich's, auch wenn es schwer fällt. Der ganze See liegt in einem LSG, und der schützende Schilfgürtel hat schon genug gelitten. Paddeln Sie lieber noch die 4 km bis Wustrau. Dort können Sie am Kai der Personenschiffe anlegen und im Reiterhof Wendt übernachten oder ein Stück weiter auf dem Campingplatz (s. Karte).

Wustrau

So klein Wustrau auch ist, es lohnt sicher einen Besuch. Dort steht beispielsweise ein sehenswertes barockes Herrenhaus, das einst Wohnstätte des Husarengenerals *Hans Joachim von Zieten* (1699–1786) war. Besichtigen kann man nur den Landschaftspark und die Fassaden, da in dem Gebäude die Deutsche Richterakademie ihren Sitz hat. Auch das **Brandenburg-Preußenmuseum** lohnt einen Besuch (Eichenallee 7 a, 16818 Wustrau, Tel. 033925/70798, www.brandenburg-preussen-museum.de, Di–So 10–17 Uhr).

Das Grab des Husarengenerals und eine Gedenktafel befinden sich bei der 1781 erbauten **Dorfkirche,** die einen bemerkenswerten Schnitzaltar aus dem 15. Jh. und eine Apostelgruppe (um 1400) besitzt. Führungen für interessierte Besucher bietet der Pensionsbesitzer, Herr *Gerhard Bauske,* (Pension an der Bleiche, An der Bleiche, 16818 Wustrau, Tel. 033925/70368). Beim Besuch der Kirche leistet er einen kleinen musikalischen Beitrag auf der Orgel.

Ab Wustrau kann man einen sehr lohnenden **Abstecher** über den Wustrauer und den Alten Rhin machen (s. u.). *Theodor Fontane* beschreibt seine Kahnfahrt vom Schlachtfeld Fehrbellin über den von *Alexander Gentz* geschaffenen Fehrbelliner Torf-Kanal:

Der Storch

Im Volksglauben gilt der Storch als Kinderbringer und Symbol der Fruchtbarkeit. Doch mit dem Nachwuchs von Adebar selbst hapert es in unseren Breiten. Durchschnittlich nur 2 Eier pro Gelege bringen die hiesigen Störche zustande, und über 80% der Jungvögel sterben bei uns durch Stromleitungen. Was Wunder, dass die **Bestände in Deutschland** seit der Jahrhundertwende um fast 90% zurückgegangen sind, dass Meister Adebar in vielen Gegenden völlig verschwunden ist und viele ihn nur noch als den „Klapperstorch" aus Bilderbüchern kennen.

Eines der letzten Paradiese für die großen Schreitvögel liegt im nördlichen Brandenburg und im Gebiet der Mecklenburger Seen. Denn hier gibt es noch ausgedehnte **Feuchtgebiete,** Sumpfwiesen, Kleingewässer und naturbelassene Landschaften, in denen die Langbeine sich wohlfühlen – während in anderen Teilen unseres Landes fast alle Feuchtbiotope längst trockengelegt und kultiviert worden sind.

Noch weitaus seltener und vielen geradezu unbekannt ist der **Schwarzstorch.** Während beim Weißstroch nur die Flügelspitzen schwarz gefärbt sind, hat er völlig schwarze Flügel und eine ebenso schwarze Brust- und Halspartie. Und während der Weißstorch – dort wo man ihm noch genügend Lebensraum zugesteht – gerne auch auf Kirchtürmen und Hausdächern klappert, ist sein schwarzer Bruder ein ausgesprochener Kulturflüchter; er fühlt sich nur in menschenleeren und urwüchsigen Waldlandschaften wohl und ist daher in Mitteleuropa nahezu völlig verschwunden. Nur in den verborgensten Winkeln des Müritz-Nationalparks hat er ein letztes Refugium gefunden. Und es genügt, dass nur wenige vermeintliche „Vogelfreunde" störend hier eindringen, um auch den letzten Schwarzstorch zu vertreiben.

Der häufigere und weniger scheue **Weißstorch** baut sein Nest bevorzugt auf hohen Gebäuden, seltener auf Bäumen, und legt darin Ende April seine Eier ab, die von den Eltern wechselweise 30–35 Tage lang be-

> „Bald nach Tisch nahmen wir Abschied und stiegen in ein bereitliegendes Boot, um nunmehr unsere Wasserreise durch das Herz des Luchs hin anzutreten. (...) Die zahllosen Wasserarme, die das Grün durchschneiden, geben der Landschaft viel von dem Charakter des Spreewalds (...) Nur vom Horizont her, fast wie Wolkengebilde, blicken die Hohendörfer in die grüne Öde hinein, Gräben, Gras und Torf dehnen sich endlos, und nichts Lebendes wird hörbar, als die Pelotons der von rechts und links her ins Wasser springenden Frösche oder das Kreischen der Gänse, die über das Luch hinziehen."

brütet werden. Übrigens hat der Weißstorch keine Stimme, sondern er kann nur mit dem Schnabel klappern, was er denn besonders während der Nist- und Paarungszeit reichlich tut. Der Schwarzstorch hingegen verfügt über ein umfangreiches Lautrepertoire.

Rund 200 Hektar Jagdrevier braucht ein Storchenpaar, um seine Jungen großzuziehen. 360 Gramm **Futter** pro Kopf und Tag müssen beschafft werden – das sind 15 Mäuse oder 60 Regenwürmer. Die Ende Mai geschlüpften Jungvögel fressen Würmer, Schnecken und Insekten, während die bis zu 110 cm großen Altvögel auch Mäuse, Frösche und Fische verspeisen und mühelos einen ganzen Aal verschlucken können.

Im August/September machen sich die Störche in großen Verbänden auf die lange **Reise nach Südafrika.** Jetzt zeigt es sich, dass es unter den Störchen einen deutlichen Unterschied zwischen „Ossis" und „Wessis" gibt: Während die westdeutschen Klapperer die Route über Gibraltar wählen, nehmen ihre ostdeutschen Kollegen zusammen mit den polnischen und baltischen Störchen den Weg über den Bosporus, Kleinasien und das Rote Meer.

Doch das war vor bald 140 Jahren. Jetzt kämpfen das Rhinluch und seine Tiere ums Überleben. Torfstechen, Melioration (also Bodenverbesserung) und Intensivierung der Bodennutzung haben dem Niedermoor schwere Schäden zugefügt.

Der Wustrauer Rhin mündet direkt neben der Mühle (inzwischen stillgelegt) in den Ruppiner See (Wehr). Der kleine Campingplatz (s. Karte) liegt ca. 1 km weiter am rechten Ufer. Dort verengt sich der See, und unter einer neuen Straßenbrücke und der alten Klappbrücke hindurch gelangt man zur **Altfriesacker Schleuse** (Tel. 033925/70312) bei km 29,16. Sie ist eine der ältesten Schleusen der Region (seit 1787 in Betrieb) und hat zwei hintereinander liegende Kammern. Schleuszeiten sind stündlich 8–12 und 14–17 Uhr, Freitag bis Sonntag bis 19 Uhr. Die Gaststätte bei der Schleuse ist leider geschlossen. Übrigens: Die km-Angaben an den Schleusen bezeichnen die Entfernung zum Kreuz Oranienburg.

Bützsee Hinter der Schleuse gelangt man auf den Bützsee. Er ist so flach, dass alle Boote – außer den Paddlern – die betonnte Fahrrinne links der Insel genau einhalten müssen, sofern sie nicht dieses Naturparadies vernünftigerweise ganz meiden wollen. Am Bützsee befindet sich das Kanucamp Altfriesack (s. o. „Übernachtung/Bootsvermietung").

Bützrhin Hinter dem See geht es über den Bützrhin zur sogenannten **„Rhinschleuse".** Eine Schleuse gibt es dort schon lange nicht mehr, doch der Name kennzeichnet noch immer die Stelle, an der Bützrhin, Alter Rhin und Kremmener Rhin zusammenkommen.

Kremmener Rhin Der anschließende Kremmener Rhin führt durch ein hochsensibles Biotop, das älteste Naturschutzgebiet Deutschlands. Es ist der Lebensraum des Fischadlers, Otters, und sogar die seltenen Großtrappen haben im Luch ein Rückzugsgebiet gefunden. Auch zahlreiche andere Vogelarten kann man hier beobachten: Rohrweihe und Schwarzer Milan, Graugans, Löffel- und Krickente, Rohrdommel, verschiedene Rohrsänger- und Schwirlarten, Kiebitz, Rebhuhn, Weidenmeise und Blaukehlchen. Zur Zugzeit im März/April und September/Oktober rasten hier Tausende Kraniche und Gänse.

Um eine Beeinträchtigung des Schutzgebietes so gering wie möglich zu halten, ist das Ankern und das Befahren bei Nacht sowie das Baden außerhalb der Badeanstalt am Südostufer verboten. Dass man nur an dafür vorgesehenen Stellen anlegt und bei Wanderungen die Wege nicht verlässt, sollte selbstverständlich sein. Der herrliche und ganz von Seerosen bedeckte **Kremmener See** links der Route darf auch mit Paddelbooten nicht befahren werden.

Nach einer Insel (Fahrrinne links) erreicht man am Rande des Naturschutzgebietes das Badeufer von Kremmen mit einem Parkplatz, an dem die Tour beendet werden kann (zum Bahnhof sind es 3 km). Früher gab es hier eine kleine Gaststätte, in der Kanuwanderer sich wohlfühlen konnten. Heute steht an dieser Stelle ein modernes Hotel, das mit temperierten Badebecken und anderen Attraktionen wirbt sowie mit einer nur 7 km entfernten 27-Loch-Super-Golfanlage mit Driving Range. Nach all der empfindlichen Naturschönheit mag der Paddler solch einen Bau wie einen Schlag ins Gesicht empfinden – doch wird man dort freundlich empfangen und kann auf dem angrenzenden Seebadgelände auch zelten.

Ruppiner Kanal

Nach Unterfahren der Eisenbahnbrücke und der Straßenbrücke nach Kremmen geht es weiter auf dem Ruppiner Kanal. Er wurde 1790 gebaut, um Torf aus dem Luch zu gewinnen und ihn als Brennmaterial für die Öfen nach Berlin zu schaffen. Heute verkehren hier fast ausschließlich Ausflugsschiffe und Sportboote. Die ca. 15 km lange Strecke nach Oranienburg führt zunächst durch Luchgebiet, dann durch urwaldartige Bruchwälder, beides sehr ursprüngliche Landschaften mit vielen Vogelarten.

Unterwegs werden zwei reparierte Schleusen passiert: 7 km nach der Eisenbahnbrücke die **Schleuse Hohenbruch** mit einer Bootsschleppe rechts und nochmals 5 km weiter die **Tiergartenschleuse** mit Bootsschleppe links. Schleuszeiten sind stündlich zwischen 8 und 19 Uhr oder nach Bedarf. Bei der Tiergartenschleuse gibt der Wasserwanderatlas eine Untiefe an, die aber nur größere Boote betrifft.

Oranienburg

Zwei Kilometer weiter trifft man am Stadtrand von Oranienburg auf den **Oranienburger Kanal.** Paddler können dort nach links biegen, wo sie nach etwa 1 km zu einer Schleuse in Sachsenhausen gelangen, die geschlossen ist und umtragen werden muss. Dort kann man die Tour beenden und sich mit dem Auto abholen lassen oder über die B 96 nach rechts über die Brücke gehen und gleich danach links zum Bahnhof. In **Sachsenhausen** gibt es auf dem ehemaligen KZ-Gelände eine Gedenkstätte mit Museum.

Hinter der Schleuse kann man sein Boot wieder einsetzen und über den **Malzer Kanal** und die Schnelle Havel oder über den Oder-Havel-Kanal (dort muss eine zweite kriegszerstörte Schleuse umtragen werden) nach **Liebenwalde** gelangen (s. Route 16 und Route 17).

Oder man kann auf dem Oranienburger Kanal nach rechts fahren und gelangt dann über die **Pinnower Schleuse** (Schleuszeiten täglich 7 bis 16.30 Uhr) auf den Oder-Havel-Kanal, den man entweder links in Richtung Liebenwalde und Eberswalde oder rechts nach **Potsdam** fahren kann.

Abstecher

Ab Wustrau ist ein sehr lohnender Abstecher (oder auch eine Rundstrecke) möglich: über den Wustrauer Rhin (Neuer Rhin) und den Fehrbelliner Kanal nach **Fehrbellin,** von wo man über den Alten Rhin zum Bützrhin gelangt und von dort weiter auf den Kremmener Rhin oder über den Bützsee zurück nach Wustrau. Auf dem 8 km langen Wustrauer Rhin und dem ersten, 5 km langen Abschnitt des Alten Rhins muss der Paddler zwar einige Wehre und kreuzende Feldwege umtragen; aber das nimmt man in Kauf, denn dafür kann man den Motorbootlärm hinter sich lassen.

Unterwegs kommt man an den Linumer Teichen (Otterschutzgebiet) vorbei, die durch das Torfstechen entstanden sind. Jenseits dieser Teiche erblickt man das Höhendorf **Linum,** das auch als „Storchendorf" bekannt geworden ist, weil dort über 20 Storchenpaare brüten.

Bei Hakenberg/Fehrbellin fand im Juni 1675 die **Schlacht von Fehrbellin** statt, bei der die Hohenzollern ihre Herrschaft über die Mark Brandenburg festigten und damit die Gründung Preußens vorbereiteten. Zur Erinnerung wurde bei Hakenberg 1875 ein Siegesdenkmal errichtet. Von dort hat man einen schönen Blick über das Luch.

Tipps für Wanderer und Radfahrer

Von Wustrau (Fahrradvermietung Reiterhof Wendt) **entlang des Ruppiner Sees** nach Neuruppin, dort über die Brücke zur Ostseite des Sees und über Wuthenow, Gnewikow, Karwe und Wustrau zurück. Die Route von Neuruppin direkt am See entlang nach Karwe ist sehr holperig und eher für Fußwanderer geeignet. Eine Kombination von Paddel und Pedal ist ebenfalls möglich. Der **Rhinluch-Radweg,** ein Abschnitt des Seen-Kultur-Radweges im Ruppiner Land, macht es möglich, die Kulturlandschaft Rhinluch mit dem Rad zu entdecken. Der Weg führt von Neuruppin nach Kremmen und weiter bis nach Oranienburg und schließt an den Berlin-Kopenhagen-Radweg an.

Rundstrecken von Wustrau durch das Luch:
- Linumhorst – Kremmen – Wall – Wustrau (ca. 45 km)
- Durch das Luch bis kurz vor Linumhorst, rechts ab auf einen Fußweg entlang einem Wassergraben zum Storchendorf Linum; dann entlang der Straße zum Hakenberger Denkmal der Schlacht von Fehrbellin (s. o. „Abstecher"); weiter nach Fehrbellin, dort rechts zur Kreuzung Dammkrug und wieder rechts über Langen zurück nach Wustrau (ca. 30 km)

Das gesamte Gebiet ist ein sehr empfindliches Feuchtbiotop und Rückzugsgebiet seltener Tier- und Pflanzenarten. Man sollte daher die Wege nicht verlassen. Einen guten Ausblick bieten zwei Aussichtsplattformen an der Straße Kremmen – Linum (besonders beim Kranichzug).

FÜRSTENBERG/HAVEL BIS DANNENWALDE

Route 15

Länge: ca. 46 km, **Dauer:** 2–3 Tage

Die Havel von Fürstenberg/Havel bis Dannenwalde

Überblick Einfache Strecke über einige Seen, hauptsächlich jedoch entlang der Havel, die hier so breit und tief ist, dass sie mit allen Bootsarten zu jeder eisfreien Zeit problemlos befahren werden kann. Vorsicht ist allerdings auf dem Stolpsee und auf dem Großen Wentowsee geboten, die selbst bei mäßigem Wind für kleine Boote gefährlich werden können (ggf. erst bei Himmelpfort oder bei der Schleuse Bredereiche einsetzen). Die Strömung ist dank mehrerer Schleusen so gering, dass man mühelos stromauf paddeln kann. Die gesamte Havel zwischen Fürstenberg/Havel und Oranienburg wird gern auch von Segel- und Motorbooten befahren.

Info

- **Touristinformation des Tourismusvereins „Fürstenberger Seenland" e.V.,** Markt 5, 16798 Fürstenberg/H., Tel. 033093/32254, www.fuerstenberger-seenland.de
- **Tourist-Information des FVV Zehdenick e.V.,** Schleusenstr. 22, 16792 Zehdenick, Tel./Fax 03307/2877, www.fremdenverkehrsbuero-zehdenick.de
- **Naturparkverwaltung „Uckermärkische Seen",** Zehdenicker Str. 1, 17279 Lychen, Tel. 039888/64530, Fax 04555

Anreise

- **Bahn:** RE 5 im Stundentakt von Berlin Hauptbahnhof nach Gransee, Fürstenberg/Havel (im 2-Stunden-Takt, Halt in Dannenwalde)
- **Auto:** B 96 bis Fürstenberg/Havel
- **Boot:** Route 3 Wesenberg – Fürstenberg/Havel; Route 4 von Feldberg – Lychen; Route 5 von Templin; Route 6 von Rheinsberg

Einsetzen Mit Angabe der Entfernung vom Bahnhof:
- **400 m:** Hotel „Haus an der Havel", Tel. 033093/39069
- **900 m:** Campingplatz (ehem. D/27) am Röblinsee, Tel. 033093/38278 (Fahrzeuge können gegen Gebühr auf dem Campingplatz stehen bleiben)

FÜRSTENBERG/H. BIS DANNENWALDE

FÜRSTENBERG/HAVEL BIS DANNENWALDE

- **1100 m:** Vereinsgelände Jachthafen im Stadtpark, mobil: 0174/9010315 (Hafenmeister)

Route und Entfernungen

- Anlegestelle Schwedtsee (oder Schleuse Fürstenberg/Havel) – Schleuse Bredereiche: 13 km
- Bredereiche – Schleuse Regow: 6 km
- Regow – Schleuse Zaaren: 6 km
- Zaaren – Schleuse Schorfheide: 3 km
- Schorfheide – Schleuse Marienthal: 7 km
- Marienthal – Kleiner Wentowsee: 11 km

Eine unter vielen: Allee in Mecklenburg

FÜRSTENBERG/H. BIS DANNENW.

Schleuszeiten	Dezember bis April: 8–16 Uhr; sonst 7–19.30 Uhr (ändern sich jährlich!)
Übernachtung	●**Fürstenberg:** Neuer **Wasserwanderrastplatz** direkt hinter der Touristinformation; zu erreichen über den Fisch-Kanu-Pass; direkter Zugang zum Stadtkern, Tel. 033093/32254 ●**Campingplatz am Röblinsee;** 1.4. bis 31.10. geöffnet, Tel. 033093/38278 ●**Campingplatz am Stolpsee bei Himmelpfort,** Tel. 033089/41238 ●**Campingplatz Havelblick e.V. Zootzen,** Tel. 033028/999103 ●**Biwakplatz Bredereiche,** Havel-Westufer 500 m oberhalb der Schleuse ●**Biwakplatz „Gänsekamp",** hinter Bredereiche (ohne Toilette) ●**Biwakplatz „Regow"** (Tel. 033087/51193), unterhalb der Schleuse und des Schleusenhofes Regow; links auf der Spitze einer Landzunge zwischen der Havel und einem Altarm gelegen (auf dem knapp 150 m entfernten Hof mit eigener Ziegenkäserei bekommt man Trinkwasser und landwirtschaftliche Produkte). **Achtung:** der Biwakplatz „Regow" ist die letzte Übernachtungsmöglichkeit vor Burgwall, da von Bredereiche bis Burgwall Lebensgefahr durch alte Minen besteht! ●**Campingplatz „Seeblick"** am Kleinen Wentowsee, Hauptstr. 25, 16775 Seilershof, Tel. 033085/70311 ●**Campingplatz am Großen Wentowsee,** 16775 Tornow, Tel. 033080/60420, ganzjährig mit Bootsliegeplätzen ●**Hotel-Restaurant „Haus an der Havel",** 16798 Fürstenberg/Havel, Tel. 033093/39069 (Kanuverleih, Transfer, Service auf Kanuten abgestimmt, sehr gute Beratung!) ●**Gasthaus Zur Fähre,** Havelstr. 50, 16782 Zehdenick/OT Burgwall, Tel. 033080/60244 – gegenüber der Schleuse zum Wentowkanal (nette Gaststätte, tägl. 9–23 Uhr geöffnet, gute Anlegestelle, 13 Gästezimmer; Angelkarten, Boots-, Fahrrad- und Angelverleih, kleiner Biwakplatz in Hausnähe; ein beliebter Treff der Wasserwanderer!)
Bootsverleih	●**Nordlicht Tour & Kanu GmbH,** Brandenburger Str. 33, 16798 Fürstenberg/Havel, Tel. 033093/37186, www.nordlicht-kanu.de (Kanu-, Fahrrad-, Ausrüstungsverleih; Bootstransfer, Gruppenfahrten) ●**Nordländer HB,** 16798 Fürstenberg/Havel, Campingplatz „Am Röblinsee", Tel. 033093/38278 (Kanu- und Ausrüstungsverleih; Bootstransfer; Trinkwasser, Müllentsorgung, Dusche/WC, Chemietoiletten-Entsorgung, Kiosk, Holzhütten)

FÜRSTENBERG/HAVEL BIS DANNENWALDE

●**Müritzsport,** 16798 Fürstenberg/Havel, Hotel-Restaurant „Haus an der Havel", Tel. 033093/39069 (Kanuverleih und Transfer, Ausrüstung, Müllentsorgung, Trinkwasser, Toiletten)

Rückfahrt Bahnverbindung oder mit dem Bus Dannenwalde – Fürstenberg/Havel (nur ca. 12 km; Bahnverbindung Berlin – Stralsund)

Anschlussrouten
●**Route 5** nach Templin (auch Abstecher oder Rundfahrt)
●**Route 16** Dannenwalde – Liebenwalde (Fortsetzung)

Charakter der Tour

Auf dieser Strecke verlässt die Havel das Seengebiet und zieht sich als windungsreiches Fließgewässer durch eine reizvolle Landschaft mit Wäldern, die zum großen Teil unter Landschaftsschutz steht. Das Gefälle wird durch eine Reihe von Schleusen (alle ohne Bootsschleppen) ausgeglichen, sodass die Route mühelos auch stromauf gepaddelt werden kann. Landschaftlich ist diese Strecke ähnlich wie die Obere Havel, allerdings überwiegen die Kiefernwälder auf sandigen Böden, und die Havel ist hier tiefer und 15 bis 20 m breit. Die gesamte Route (außer Abstecher zum Kleinen Wentowsee) führt durch den Naturpark „Uckermärkische Seen".

Auf der zweiten Hälfte der Tour paddelt man durch die Randgebiete der schönen Schorfheide. Entlang der Havel bis hinunter nach Zehdenick haben sich die Elbebiber erfolgreich ausgebreitet. Es gehört schon Glück dazu, um die scheuen Tiere beobachten zu können, doch wer die Augen offen hält, wird zumindest ihre „Rutschbahnen" und Nagespuren entdecken.

Achtung: Zwischen Bredereiche und Burgwall durchquert man ein ehemaliges Übungsgelände der Roten Armee. Heute erstreckt sich darauf ein Naturschutzgebiet. Das **Anlegen ist nicht erlaubt** – weil ungewiss ist, wo noch Munitionsreste und Blindgänger liegen! Es wurden bereits Minen mit einem Auslösedruck von 10 kp gefunden!

FÜRSTENBERG/H. BIS DANNENW.

Routenbeschreibung

Fürsten-
berg
- Draisinestation der Route Fürstenberg/Havel-Templin
- in der Kirche längster frei hängender Batikteppich Deutschlands
- Schliemannhaus
- Brandenburgisches Forstmuseum
- gute Einkaufsmöglichkeiten
- Fischkanupass (einmalig in der Region)
- Wasserwanderrastplatz direkt am Markt

Wer die Tour in Fürstenberg/Havel beginnt, setzt sein Boot am besten beim Hotel **"Haus an der Havel"** ein (400 m vom Bahnhof) oder am Jachthafen in den **Schwedtsee** (1100 m vom Bahnhof). Beide Stellen liegen östlich der Durchgangsstraße und nördlich des Kanals zwischen Röblin- und Baalensee. Weitere Stellen siehe einleitende Infos.

Wer per Boot von Wesenberg her anreist (Route 3), der kann die **Schleuse** in Fürstenberg/Havel passieren, um in den Baalensee zu gelangen. Seit Sommer 2008 besteht aber auch die für Paddler interessante Alternative, kurz vor der Schleuse links in die Priesterhavel abzubiegen, so die Schleuse zu umgehen und über einen **Fischkanupass** direkt in das Stadtzentrum zu gelangen. Ein **Wasserwanderrastplatz** am Markt 5 (Zeltübernachtung und Sanitäreinrichtung gegen Gebühr, Müllentsorgung, direkt am Fischkanupass, 100 m zum Markt mit Tourist-Info & Regionalladen; Info: Tel. 033093/32254) ermöglicht einen Stadtbummel. Dann führt die Route weiter durch den historischen Stadtkern auf den Baalensee (sehr lohnend).

Am Ostende des Schwedtsees befindet sich die Mahn- und Gedenkstätte des ehemaligen **Konzentrationslagers Ravensbrück** mit einem Museum über die Geschichte dieses größten Frauen-KZs. Dorthin wurden zwischen 1939 und 1945 über 130.000 Frauen und Mädchen aus 23 europäischen Ländern verschleppt. Zehntausende von ih-

Fürstenberg/Havel bis Dannenwalde

nen wurden grausam ermordet. Die Leichen wurden verbrannt und ihre Asche im Schwedtsee versenkt. Wenn der deprimierende Ort auch nicht in die Urlaubsstimmung passen mag, so dürfte es in unserer Zeit des wachsenden Rechtsextremismus doch heilsam sein, sich die möglichen Folgen solcher Gesinnung vor Augen zu führen. Die Gedenkstätte befindet sich direkt am Ufer, aber leider kann man nicht direkt dort anlegen.

Stolpsee Die Einfahrt in die Havel („Siggelhavel" wird dieser Abschnitt genannt) findet man problemlos südlich der Gedenkstätte zwischen Schwedtsee und Baalensee. 2 km weiter gelangt man in den Stolpsee. Er ist der größte See auf dieser Tour und kann selbst bei mäßigem Wind für kleine Boote gefährlich werden (Wind überwiegend aus westlicher Richtung). Um sicher zu gehen, sollten Sie sich in Ufernähe halten. Allerdings ist der Uferbereich links der Havelmündung mit Vorsicht zu befahren: Hier haben die Wasserskifahrer ihr Revier.

Himmelpfort Nahe dem Ende des Sees liegt am linken (nördlichen) Ufer in malerischer Umgebung die kleine Ortschaft Himmelpfort mit der sehenswerten gotischen *Klosterkirche* aus dem 17. Jh. Von Himmelpfort nach Bredereiche führt ein Naturlehrpfad.

Das 1299 gestiftete **Zisterzienserkloster** wurde bereits 1541 säkularisiert. Die von Efeu umrankten Ruinen der ursprünglich viel größeren Klosterkirche fügen sich romantisch in die Landschaft ein. (Touristeninformation, Klosterstr. 23, Tel. 033089/41894, Mai bis Sept. Di–Fr 11–17, Sa 10–17 Uhr, Okt. bis April Di 10–16 Uhr).

Die Klosterkirche bietet eine kleine Sensation, die man allerdings nur bei Führungen sehen kann: vier schrumpelige aber unverweste Leichen aus dem späten 17. Jh., von denen zwei durch Glas-

Still liegt der Templiner See

fenster in den Särgen zu sehen sind. Diese natürlichen Mumien teilen das Schicksal des Ritters Kahlbutz in Kampehl bei Neustadt, westlich von Neuruppin, der angeblich auf Grund eines Meineids keine ewige Ruhe findet und heute als „biologisches Rätsel" zur Schau gestellt wird. Die kleine Gemeinde ist bemüht, die Kirche samstags und sonntags zwischen 13 und 16 Uhr für Besichtigungen offen zu halten (andere Termine auf Vereinbarung unter Tel. 033087/52308).

Vom Stolpsee aus links vor der Brücke gelangt man zum Kloster-Kräutergarten, der nicht nur für Gartenfreunde sehenswert ist. In der Saison kann man dort frische Gartenprodukte kaufen.

Durch einen Kanal und eine Schleuse kann man bei Himmelpfort in den **Haussee** gelangen, von dem man über die **Woblitz** Anschluss an die **Lychener und Feldberger Gewässer** hat (siehe Route 4). **Achtung:** Die Verbindung zwischen den Feldberger Gewässern und den Lychener bzw. Havelgewässern sollte man wegen geringer Wassertiefe nur bei gutem Pegelstand und nur stromab befahren!

FÜRSTENBERG/HAVEL BIS DANNENWALDE

Wer spät am Tag gestartet ist oder wem die Gegend besonders gut gefällt, der findet gleich in Himmelpfort einen **Campingplatz** am Ufer des Stolpsees. Ein weiterer Zeltplatz liegt ca. 1 km nach dem Stolpsee, am rechten Ufer (Campingplatz Havelblick). Auch bei der **Schleuse Bredereiche** gibt es noch einen Wasserwanderrastplatz.

Bredereiche

Weiter windet sich die Havel ca. 6 km lang in vielen Kehren und Schleifen durch Kiefernwälder bis zur **Schleuse Bredereiche** (mit Rastplatz und Strandbad). Zwischen Bredereiche und Himmelpfort erstreckt sich ein Naturlehrpfad und hinter der Schleuse gibt es ebenfalls einen Wasserwanderrastplatz.

In dem kleinen Ort selbst sind sehr schöne fünf- und sechsachsige **Fachwerkhäuser** und eine Fachwerkkirche aus dem 17. Jh. zu sehen.

Naturschutzgebiet

Etwa 3,5 km hinter Bredereiche beginnt auf einem ehemaligen Militärgelände und ein LSG mit ausgedehnten Kiefernwäldern an beiden Ufern. Auf der folgenden, insgesamt etwa 18 km langen Strecke bis Burgwall ist das **Anlegen** (außer an den Biwakplätzen) **verboten und lebensgefährlich** (NSG und Minen). Das Gebiet war früher ein Übungsgelände der Sowjetarmee, und man kann nie sicher sein, ob nicht irgendwo noch Blindgänger lauern! Erkundigen Sie sich vor Ort und auf den Informationstafeln des Wasserwanderleitsystems, ob und wo es sichere Anlegestellen gibt.

Schleusen

6 km unterhalb von Bredereiche gelangt man zur **Schleuse Regow** (mit Rastplatz), weitere 6 km danach zur **Schleuse Zaaren** und 3 km unterhalb von dieser zur **Schleuse Schorfheide** (alle Selbstbedienung). Die gesamte Strecke führt durch schöne Waldgebiete.

Die Havel bei Burgwall

Fürstenberg/H. bis Dannenw.

Abzweigung nach Templin

Unterhalb der Schleuse Schorfheide gabelt sich die Wasserstraße: Die Havel fließt nach rechts (Westen) durch sumpfige Niederungen in Richtung Burgwall. Geradeaus gelangt man über den **Templiner Kanal** und eine Reihe von Seen in die **Templiner Gewässer** (Route 5). Die gesamte Strecke bis **Fährsee** und **Zaarsee** ist mühelos befahrbar.

Burgwall

Bei Burgwall am Rande der Schorfheide hat man das ehemalige Militärgebiet hinter sich und sollte im **Gasthaus Zur Fähre** (tägl. geöffnet) eine wohlverdiente Rast einlegen. Hier treffen sich Wasserwanderer aus allen Winkeln des Seengebietes und tauschen Erfahrungen und Tipps aus. Man kann vor dem Haus mit Blick über die Havel beim Bierchen klönen oder – wenn das Wetter weniger angenehm ist – in der Gaststube sitzen und sich am Gusseisen-Ofen wärmen. Für die Übernachtung stehen Zimmer zur Verfügung sowie ein kleiner Biwakplatz nahe der Gaststätte.

Wentowkanal

Am nächsten Tag kann man gegenüber von Burgwall durch die **Schleuse Marienthal** (Hubhöhe 2 m, Tauchtiefe 1,20 m; Schleuszeit: Mai bis Sept. 8–18, Okt. 8.30–17, Nov. 8.30–16, April 8.30–17.30 Uhr. Dez. bis März kein Betrieb; alle 2 Stunden oder wenn mehr als 3 Boote warten; kann

Fürstenberg/Havel bis Dannenwalde

auch links umtragen werden) in den Wentowkanal gelangen, der nach etwa 2 km in den Großen Wentowsee mündet. Das **Tornower Fließ** kann bei hohem Wasserstand von der Havel (km 26,4) bis zum Wehr in Tornow mit Paddelbooten befahren werden.

Großer Wentowsee Am bewaldeten Nordufer entlang paddelt man an einem Zeltplatz und an einer Insel vorbei den gut 8 km langen, aber sehr schmalen See aufwärts. Unterwegs stößt man auf mehrere Badeplätze und stille Buchten mit Seerosen und Schilfufern. Durch einen noch engeren und lang gezogenen Ausläufer des Sees geht es schließlich nach Westen und unter der Straßen- und der Eisenbahnbrücke hindurch in den Kleinen Wentowsee.

Kleiner Wentowsee Gleich am Anfang dieses Sees liegt links der große **Campingplatz D/32** von Seilershof, auf dem man die Tour beenden kann. Entlang der B 96 über die Brücke, unter der man eben gepaddelt ist, gelangt man nach einem Kilometer zum Bahnhof von Dannenwalde.

Natürlich kann man die Fahrt über den Wentowsee auch als Abstecher betrachten und wieder zurück nach Burgwall paddeln, um die Tour havelabwärts fortzusetzen (Route 16).

Tipp für Wanderer: Rundwanderung um den Kleinen Wentowsee

Eine sehr schöne, 12 km lange Rundstrecke führt von Dannenwalde bis zum Haus an der Polz und über Seilershof wieder zurück. Infos und Faltblatt gibt es bei: *FUSS e.V.,* Exerzierstr. 20, 13357 Berlin-Wedding, Tel. 030/4927473 (11–16 Uhr), Fax 4927972 und *Ökosolar e.V.,* 16775 Dannenwalde (rechts vom Schloss), Tel./Fax 033085/70202.

Route 16

Länge: 34 km, **Dauer:** 2 Tage

Die Havel
von Dannenwalde bis Liebenwalde

Überblick

Die Hauptroute über den Wentowsee, durch den Wentowkanal und die Havel entlang ist frei von Hindernissen, auch für größere Boote befahrbar und kann zu jeder eisfreien Zeit in beiden Richtungen gepaddelt werden (keine Landtransporte). Das Befahren der Schnellen Havel (früher eine lohnende Alternativroute ab Zehdenick) ist nicht mehr möglich. Als Rückzugsgebiet vieler Wasservögel und der Elbebiber ist sie als Teil des Naturschutzgebietes Obere Havelniederung ausgewiesen. Außerdem ist die Schnelle Havel streckenweise nur 20 cm tief und stark verkrautet.

Info

- **Tourist-Information des FVV Zehdenick e.V.,** Schleusenstr. 22, 16792 Zehdenick, Tel./Fax 03307/2877, www.fremdenverkehrsbuero-zehdenick.de (auch Landkarten, Angelkarten u.v.m.)
- **Tourist-Information** des FVV Schorfheide-Chorin, Alte Schmiede, Rosenbecker Str. 1a, 16244 Schorfheide, Gem. Groß Schönebeck, Tel. 033393/65777
- **Wasser- und Schifffahrtsamt Eberswalde,** Außenbereich Zehdenick, 16792 Zehdenick, Freiarche 4, Tel. 03307/46780
- **Leitzentrale Zehdenick,** Tel. 03307/467850 (alle automatisierten Schleusen werden per Computersystem überwacht, d. h. der Wassersportler schleust sich an diesen Schleusen selbst, doch im Notfall kann die Leitzentrale Zehdenick eingreifen und steuern).

Anreise

- **Boot:** Route 15 Fürstenberg/Havel – Dannenwalde oder Route 5 ab Templin, kombiniert mit Route 15
- **Bahn:** Die Züge halten in Dannenwalde, außerdem noch in Oranienburg, Gransee und Fürstenberg/Havel
- **Auto:** B 96 bis Dannenwalde

252 DANNENWALDE BIS LIEBENWALDE

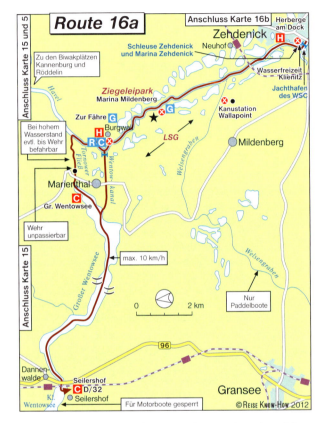

Einsetzen	Am Campingplatz D/32 (Tel. 033085/70311) von Seilershof in den Kleinen Wentowsee. Dort kann man auch das Auto abstellen. Der Campingplatz liegt – von Süden kommend – links der B 96 vor der Brücke nach Dannenwalde. Vom Bahnhof Dannenwalde gelangt man in 2 Minuten direkt ans Wasser. Hier soll eine offizielle Einsetzstelle geschaffen werden.
Routen und Entfernungen	• Vom Campingplatz Seilershof über den Kleinen und Großen Wentowsee und den Wentowkanal bis Schleuse Marienthal: 10 km • Schleuse Marienthal – Schleuse Zehdenick: 9,2 km • Schleuse Zehdenick – Schleuse Bischofswerder: 11,5 km • Schleuse Bischofswerder – Liebenwalde: 6,8 km

Dannenwalde bis Liebenwalde 253

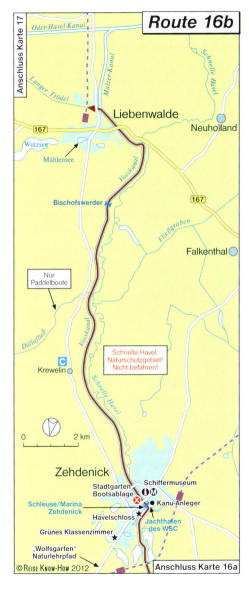

DANNENWALDE BIS LIEBENWALDE

Schleuszeiten
- **Liebenwalde, Bischofswerder, Zehdenick:** April bis Sept. 7–21 Uhr, Okt. 8–18 Uhr, Nov 8–16 Uhr, Dez. bis März kein Betrieb
- **Schorfheide, Zaaren, Regow:** April bis Sept. 7–21 Uhr; Okt. 8–18 Uhr; Nov. 8–16 Uhr, Dez. bis März kein Betrieb
- **Marienthal:** April 8.30–17.30 Uhr; Mai bis Sept. 8–18 Uhr; Okt. 8.30–17 Uhr; Nov. 8.30–16 Uhr, Dez. bis März kein Betrieb
- **Kannenburg:** April 8–18 Uhr, Mai bis Sept. 7–20 Uhr, Okt. 8.30–17.30 Uhr, Nov. 8.30–16.30 Uhr, Dez. bis März kein Betrieb
- **Templin:** April bis Sept. 7–21 Uhr, Okt. 8–18 Uhr, Nov. 8–17 Uhr, Dez. bis März kein Betrieb

Übernachtung

- **Campingplatz D/32** Seilershof, Hauptstr. 25A, 16775 Gransee/OT Seilershof, Tel. 033085/70311
- **Campingplatz D/34** „Am Großen Wentowsee" (Nordufer im NSG), 16798 Fürstenberg/Havel OT Tornow, Tel. 033080/60420
- **Camping- und Wasserwander-Rastplatz** auf dem Gelände des Ziegeleiparks Mildenberg, 16792 Zehdenick/OT Mildenberg, Tel. 03307/420504, www.yachtcharter-arlt.de
- **Gasthaus „Zur Fähre",** nach der Schleuse Marienthal, Tel. 033080/60224, www.gasthaus-zur-faehre-burgwall.de (mit Wasserwander-Rastplatz und Pension) (siehe auch Route 15)
- **Gasthaus & Pension „Alter Hafen",** Ziegelei 11, 16792 Zehdenick/OT Mildenberg, Tel. 03307/301870, www.gasthaus-alter-hafen.de
- **Marina Zehdenick,** Schleusenstr. 13, Tel. 03307/310357, www.marina-zehdenick.de (2 Blockhütten; kompletter Service rund um das Boot)
- **Havelschloss Zehdenick,** Schleusenstr. 15, 16792 Zehdenick, Tel. 03307/420802, www.havelschloss.de – Ferienwohnungen für 1–6 Personen mit Rest. und Serviceangeboten der Marina
- **Pension und Kanuverleih „Wallapoint",** Am Welsengraben 5, 16792 Zehdenick/OT Mildenberg, Tel. 03307/420800, mobil: 0175/7916779, www.wallapoint.de – vier 2-Bett-Zimmer und Wasserwander-Rastplatz mit Biwakplatz und Kanustation (s. u. „Bootsvermietung")
- **Klienitz Wasserfreizeit GmbH,** Schleusenstr. 11, 16792 Zehdenick, Tel. 03307/3029525, www.klienitz.de – Biwakplatz mit Zeltmöglichkeit und Blockhäusern; Hausboot-Vermietung
- **Rad- und Wasserwanderquartier „Herberge am Dock",** Schleusenstr. 9, 16792 Zehdenick, Tel. 03307/316733 – Zimmer für 2–4 Personen

Karten S. 252/253   **DANNENWALDE BIS LIEBENW.** 255

Boots-
vermietung
- **Kanustation Mildenberg „Wallapoint",** Am Welsengraben 5, 16792 Zehdenick/OT Mildenberg, Tel. 03307/420800, 0175/7916779, www.wallapoint.de – Kajak-, Kanadier-, Ruder- & Motorbootverleih, geführte Touren, Routenvorschläge, Kanutaxi (April bis Okt.)
- **Natur-Kanu Adam,** Ziegelei 17, 16792 Zehdenick/OT Mildenberg, mobil: 0173/5326783 (Kanu/Kanadierverleih, geführte Touren, Routenvorschläge, Kanutaxi und Kanu & Bike)
- **Freibeuter von der Kannenburg-Segelschule,** Kannenburger Schleuse 1, 17268 Hammelspring, mobil: 0172/3025771, www.freibeuter-segeln.de (Kanu-, Motor- und Segelboot-Verleih, Kanutouren, Bootsführerschein Motor/Segeln/Binnen/See)
- **Nordlicht Fürstenberg/Havel,** siehe Route 15
- **Marina Liebenwalde,** siehe Route 17

Rückfahrt
Es gibt Bus- und Bahnanschluss in Zehdenick (Bahn RB12) und Busverbindungen ab dem Ziegeleipark Mildenberg, aber nicht direkt zur Einsetzstelle. Wer ein Boot mietet, wird vom Vermieter sicherlich am nächsten Bahnhof abgeholt werden. Sonst kann man für Anfahrt und Rücktransport beim Kanutaxi anrufen (Tel. 03307/420800, mobil: 0175/7916779) oder bei der Kanustation Wallapoint oder Natur-Kanu Adam (s. Bootsvermietung). Alternativ kann man über den Oder-Havel-Kanal und den Malzer Kanal weiter bis nach Oranienburg paddeln (ca. 18–20 km je nach Route) und dort nur etwa 500 m vom Hauptbahnhof entfernt die Fahrt beenden.

Anschluss-
routen

- Routen 17 und 18 Eberswalde – Oderberg mit Abzweigroute 19 zum Werbellinsee
- Empfehlenswert ist auch die Route Zehdenick – Templin, die Anschluss an die Route 5 bietet.

Charakter der Tour

Auf dem Wentowsee fährt man durch eine sehr schöne Landschaft mit Mischwäldern, die bis ans Ufer reichen, mit stillen Seerosenbuchten und mit lauschigen Badeplätzen. Wer den mühsameren Weg durch das Fließ wählt, kommt durch eine geradezu urwüchsige Landschaft. Und auch die Strecke bis Zehdenick ist noch sehr reizvoll: mit Seerosen, Schilfufern, zahlreichen Teichen und Tümpeln (ehemalige Tongruben) links und rechts der Havel und vielen Wasservögeln. Bei Zehdenick gelangt man in den Vosskanal, einen breiten Kanal, zu dem parallel der Radfernweg Berlin-Kopenhagen verläuft. Die Schnelle Havel, in die man früher ab Zehdenick umsetzen konnte, ist stark verkrautet und darf heute als empfindliches NSG und Vogelschutzgebiet auch mit Paddelbooten nicht mehr befahren werden.

Biber Auf dem Havelabschnitt bis Zehdenick und noch etwas unterhalb davon haben sich die Elbebiber erfolgreich verbreitet. Mit etwas Glück kann man eines dieser eindrucksvollen Tiere beobachten (besonders auf der Schnellen Havel und am besten früh am Morgen oder bei Einbruch der Dunkelheit) oder zumindest ihre „Rutschbahnen" und Nagespuren entdecken.

Routenbeschreibung

Wentow- Vom Campingplatz Seilershof bei Dannenwalde
seen über den Kleinen und Großen Wentowsee bis Burgwall folgt man der in Route 15 beschriebenen Strecke.

So lässt's sich leben ...

Burgwall – Zehdenick

Auf der **Havel** angelangt, biegt man nach rechts und paddelt durch malerische Landschaft in Richtung Süden. Auf der 10 km langen Strecke zwischen Wentowkanal und Zehdenick lässt man die Wälder hinter sich und fährt durch unberührte Landschaftsschutzgebiete, die hinter jeder Flussbiegung neue Ausblicke bieten. Das Anlegen, Angeln und Zelten ist hier verboten. Stellenweise ist das Wasser von Seerosen bedeckt, und die flachen, aber abwechslungsreichen Ufer sind gesäumt von Erlen und Schilfdickicht, in dem viele Wasservögel ein Versteck finden.

Hinter dem Schilf liegen zu beiden Seiten der Havel zahlreiche kleine Teiche und Tümpel, die oft nur durch schmale Landstreifen vom Fluss getrennt sind. Es handelt sich um ehemalige **Tongruben** (Stiche) für die Ziegelindustrie von Zehdenick, die bis in die jüngste Vergangenheit betrieben wurde. Heute sind die Gruben ein Paradies für Wasservögel mit dichtem Schilf und Seerosenfeldern, das man auf Wegen durchstreifen kann. Zum Baden sind nicht alle Teiche geeignet, da sie steile Ufer haben und Gegenstände am Grund – wie alte Loren und Gerät – Gefahren bergen. Einzige Ausnahme ist das Waldbad von Zehdenick (mobil: 0178/

1417375) am letzten Tonstich rechts, gegenüber von den ersten Häusern und der Ziegelei.

Am Westufer, etwa auf halber Strecke zwischen Burgwall und Zehdenick, wurde die Anlage einer alten Ziegelei zum **Ziegeleipark Mildenberg** ausgebaut – mit einem sehr interessanten Ziegeleimuseum, einer multimedialen Ausstellung, historischen Werkstätten, Dampfmaschine, ausgedehnten Fahrten mit der Ziegelei- und Tonloren-Schmalspurbahn, Gaststätte, Campingplatz und Marina im Ziegeleipark (Tel. 03307/420504; mit Bootsverleih). Eine Fahrt mit der Tonlorenbahn durch die Tonstich-Landschaft erschließt dem Besucher die reiche Vielfalt dieser Landschaft. Hier kann man ebenso anlegen wie bei der Kanustation Mildenberg am Welsengraben.

●**Nähere Informationen:** Ziegeleipark Mildenberg, Ziegelei 10, 16792 Zehdenick/OT Mildenberg, Tel. 03307/310410, Fax 310411, www.ziegeleipark.de

Wie in den Niederlanden: Zugbrücke

DANNENWALDE BIS LIEBENW.

● Am Ortseingang von Zehdenick (Richtung Templin) befindet sich das **"Grüne Klassenzimmer"** der Oberförsterei Zehdenick, Anmeldung: Tel. 03307/2476, und nicht weit davon entfernt, im "Wolfsgarten", gibt es einen Naturlehrpfad mit Förstergedenksteinen und Göringbunker.

Zehdenick

In Zehdenick hat man vor der Schleuse verschiedene Anlegemöglichkeiten:
1. links am Steg der Wasserfreizeit Klienitz (umfangreiches Serviceangebot),
2. links am Steg der Marina Zehdenick (umfangreiches Serviceangebot),
3. rechts im Jachthafen des WSC mit Slipanlage (in der Gaststätte melden,
4. im Stadthafen an der Schleuse mit Bootssteg (in der Gaststätte oder beim Hafenmeister, mobil: 0172/9053612 melden),
5. gegenüber der Elisabethmühle.

Alle Anlegestellen sind nicht weit vom Bahnhof entfernt – falls man beabsichtigt, die Tour hier zu beenden.

In Schleusennähe liegen auch das sehenswerte **Schiffermuseum** und die Tourist-Information in der **Elisabethmühle**.

Besichtigen kann man in Zehdenick die **Ruine des Zisterzienserinnen-Klosters "Zum Heiligen Kreuz"**, das 1250 gebaut und 1638 zerstört wurde (heute sehenswerte Ruine mit Kunstgalerie). Empfehlenswert ist auch ein Bummel durch die Geschäftsstraße (Berliner Straße) bis zur **Dammhastbrücke**, einer Zugbrücke, die nur zum Passieren größerer Boote geöffnet wird.

Vosskanal

Hinter der Schleuse von Zehdenick gelangt man in den 1881/82 erbauten Vosskanal, der die Havel besser schiffbar macht und eine Verbindung zum Havel-Oder-Kanal eröffnet, aber für Paddler wenig interessant ist. Doch auch hier kann man manchmal Kraniche, Reiher und Störche beobachten, die an der parallel verlaufenden Schnellen Havel ihr Zuhause haben. Die Landschaft ist flach und wenig abwechslungsreich.

Am Ufer entlang sieht man Viehweiden und kleine Wäldchen, angepflanzt von den Holländern, die nach dem Dreißigjährigen Krieg durch das Edikt von Nantes in diese damals noch menschenleere Einöde geraten sind. Der Ortsname „Neuholland" (westlich von Liebenwalde) erinnert noch heute daran.

Schleuse Bischofswerder

Direkt an der Schleuse Bischofswerder befindet sich in ländlicher Einsamkeit der *Preußische Hof,* ein komfortables Hotel mit vielfältigen Freizeitmöglichkeiten, das sich auch Paddlern gegenüber sehr freundlich und hilfsbereit gezeigt hat. Es hat ein gutes Restaurant, und bei schönem Wetter kann man im schattigen Innenhof ein kühles Bier trinken. Für einen längeren Aufenthalt und zu Exkursionen in die Umgebung ist es eine ideale Basis.

Liebenwalde

Von Bischofswerder paddelt man noch etwa 4 km den Vosskanal abwärts bis nach Liebenwalde. Dort kann man links in die Einmündung des **Langen Trödel** schwenken und bei der Brücke links anlegen.

Man kann auch weiter den Malzer Kanal abwärts bis zum **Oder-Havel-Kanal** paddeln und dort entweder nach rechts über Oranienburg und Brandenburg bis zur Mündung der Havel in die Elbe gelangen oder nach links biegen und in Richtung Eberswalde paddeln (s. Route 17).

Um auf den **Mühlensee** und **Wutzsee** zu paddeln, muss man die Boote bei der Badestelle in den Mühlensee umsetzen.

Tipps für Wanderer

Bischofswerder

Wer einen Teil der beschriebenen Wasserroute aus einer anderen Perspektive erleben will, der kann vom Zielpunkt der Tour eine kurze, aber schöne Wanderung an der Havel entlang unternehmen. Dazu legt man bei der Brücke der B 167 in Liebenwalde rechts an und folgt dem Südufer

des Vosskanals auf dem Uferdeich. Dort, wo die B 167 vom Kanal wegführt, zweigt nach rechts ein mit Betonfahrspuren ausgelegter Weg rechts ab. Nach einigen 100 Metern gelangt man am Deich entlang auf einen Pirschweg der Angler und Jäger und wandert zwischen Vosskanal und Schneller Havel in nördliche Richtung.

Schorf-heide

Schöne Wanderungen und Radtouren kann man vom Preußischen Hof oder ab Zehdenick entlang des Deiches vom Vosskanal nach Krewelin unternehmen (Teil des Fernradwegs Berlin – Kopenhagen und des Havelradwegs) bzw. durch die Tonstichlandschaft bei Mildenberg. Hier verläuft auch die Deutsche Tonstraße. Fahrräder kann man in Zehdenick ausleihen. Sehr reizvoll und interessant ist überdies ein Abstecher in die Schorfheide zu den Wildpferden bei Liebenthal oder zum Wildpark bei Groß Schönbeck.

Kürzere Touren

Eine Möglichkeit für kürzere Fußtouren durch eine malerische Landschaft mit Teichen, Schilfwäldern und zahlreichen Wasservögeln bietet der Flussabschnitt **zwischen Burgwall und Zehdenick** (siehe Routenbeschreibung).

Liebenwalde bis Üdersee

Route 17

Länge: ca. 21 km, **Dauer:** Tagesfahrt

Oder-Havel-Kanal (OHK) bzw. Langer Trödel und Finowkanal (FK): Liebenwalde bis Üdersee oder Weiterführung nach Eberswalde

Überblick Problemlose Strecke ohne Strömung auf der Obere-Havel-Wasserstraße und dem Oder-Havel-Kanal, die mit allen Bootstypen und zu jeder Zeit befahren werden kann. Sie hat weder lange Landtransporte noch besondere Schwierigkeiten aufzuweisen und wird viel von motorisierten Booten – auch von Frachtkähnen – befahren. Verglichen mit bisherigen Touren ist dieser schnurgerade Großschifffahrtsweg für Paddler nicht sehr reizvoll und hier eher als Verbindung zu den Routen 18 und 19 gedacht. Schöner ist die Alternativstrecke über den Langen Trödel und den Finowkanal.

Info
- **Marina Liebenwalde,** Berliner Str. 45a, 16559 Liebenwalde, Tel. 033054/39030, Fax 033054/26793, www.marina-liebenwalde.de
- **KAG Region Finowkanal,** 16227 Eberswalde, Am Alten Walzwerk 1, Tel. 03334/384913, www.finowkanal.info
- **Wasser- und Schifffahrtsamt Eberswalde,** Schneidemühlenweg 21, 16225 Eberswalde, Tel. 03334/2760 und Außenbezirk Gemeinde Schorfheide, OT Finowfurt 03335/45160, www.wsa-eberswalde.de

Anreise
- **Boot:** Route 16
- **Auto:** ab Berlin: A 10 bis Ausfahrt Mühlenbeck und über Wensickendorf nach Liebenwalde
Von Westen: A 24 und A 10 bis Ausfahrt Mühlenbeck und über Wensickendorf nach Liebenwalde oder Ausfahrt Neuruppin und auf der B 167 nach Osten

Liebenwalde bis Üdersee

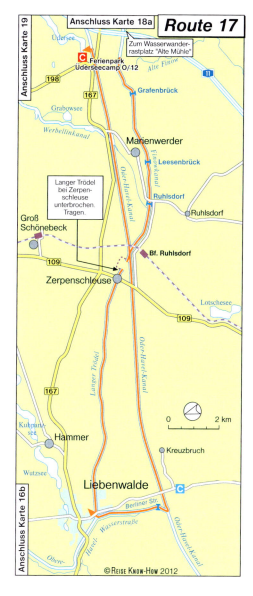

Liebenwalde bis Üdersee

Einsetzen	An der Marina Liebenwalde – FK (km 0,0) Einfahrt in den Langen Trödel oder südlich von Liebenwalde direkt in den Oder-Havel-Kanal einsetzen.
Bootsverleih	• **Ferienpark Üdersee O/12,** s. u. bei „Übernachtung" • **Wasserwanderrastplatz „Alte Mühle",** s. u. bei „Übernachtung" • **Marina Liebenwalde,** s. o. bei „Info" • **Kanuverleih Zerpenschleuse,** Kanalstraße 11, 16348 Wandlitz/OT Zerpenschleuse, Tel. 033395/70099, mobil: 0152/23057342, www.am-langen-troedel.de • **Bootshaus Ruhlsdorf,** Am Finowkanal 4, 16348 Marienwerder/OT Ruhlsdorf, Tel. 033395/70489, mobil: 0176/61078891, www.bootshaus-ruhlsdorf.de • **Maritim Marienwerder,** Klandorfer Straße 2, 16348 Marienwerder, Tel. 03335/31397, www.maritim-marienwerder.de • **Kanuverleih Eberswalde Triangel Tour,** Bergerstraße 99, 16225 Eberswalde, mobil: 0172/3806858, www.triangeltour.de
Route und Entfernungen	• Marina Liebenwalde über den Malzer Kanal bis zum Oder-Havel-Kanal: 3 km • Oder-Havel-Kanal bis Zerpenschleuse: 9 km • Zerpenschleuse – Abfahrt Werbellinkanal: 5 km • Werbellinkanal – Zeltplatz Üdersee: 4 km
Schleusenzeiten	**Schleuse Liebenwalde** • 1. April bis 30. September – tägl. von 7 bis 20 Uhr • 1. Oktober bis 30. November – tägl. von 8 bis 18 Uhr • 1. Dezember bis 31. März – tägl. von 8 bis 16 Uhr
Übernachtung	• **Ferienpark Üdersee-Camp** O/12 (ehem. E/23), 16244 Schorfheide, OT Finowfurt, Tel. 03335/218, mobil: 0171/2457811, www.uedersee.de (siehe Route 19) • **Wasserwanderrastplatz „Alte Mühle",** Erzbergerplatz 1, 16244 Schorfheide/OT Finowfurt, Tel. 0174/941462, www.triangeltour.de
Rückfahrt	Diese Route ist nicht als einzelne Tour gedacht. Busverbindungen: Regionalverkehr ab Bernau, Linie 905 zwischen Zerpenschleuse und Liebenwalde. Bahnverbindungen mit der „Heidekrautbahn" ab Berlin Karow über Zerpenschleuse/Ruhlsdorf bis Groß Schönebeck. Autobegleitung und Abholung ist problemlos möglich.
Anschlussrouten	• **Route 16** über Vosskanal und Havel nach Norden • **Route 18** nach Oderberg und **Route 19** zum Werbellinsee

Charakter der Tour

Die Hauptroute durch den von der Binnenschifffahrt genutzten und schnurgeraden Oder-Havel-Kanal ist recht monoton und für Paddler eher als „Anfahrtroute" gedacht. Dabei ist zu beachten, dass die Binnenschifffahrt in jedem Fall Vorfahrt genießt. Weit reizvoller sind die Alternativen Langer Trödel und Finowkanal (s. u., Varianten). Beide Routen führen durch das Eberswalder Urstromtal, das vor ca. 14.000 Jahren durch das Schmelzwasser beim Abtauen der eiszeitlichen Gletscher entstanden ist.

Routenbeschreibung

Obere-Havel-Wasserstraße

Von der Marina Liebenwalde paddelt man westwärts auf der Wasserstraße Obere-Havel und folgt dieser nach links (Süden). Nach knapp 2 km passiert man die Schleuse Liebenwalde (keine Bootsschleppe), und etwa einen Kilometer hinter der Schleuse gelangt man auf den Oder-Havel-Kanal, auf dem man nach links (Osten) fährt.

Oder-Havel-Kanal

Etwa 7 km weiter unterfährt man die Brücke der B 109 und passiert den Ortsteil **Zerpenschleuse** (links). Der kleine Ort entstand – wie der Name vermuten lässt – bei einer Schleuse des bereits ab 1603 erbauten Finowkanals. Die Schleusenanlage existiert nicht mehr. Sie wurde 1925 nach der Inbetriebnahme des Oder-Havel-Kanals zugeschüttet, sodass es keine direkte Verbindung zum Langen Trödel mehr gibt (110 m umtragen!).

Unterhalb der zugeschütteten Schleusenanlage zweigt nach rechts der historische Finowkanal ab, der von Booten bis 1,20 m Tiefgang befahren werden kann (s. Varianten).

Vor der Bahnüberführung befindet sich das Bootshaus Ruhlsdorf – OHK km 50,02 – mit Bootsverleih und Imbissangebot (siehe oben bei „Bootsverleih").

LIEBENWALDE BIS ÜDERSEE

Rund 4 km nach dieser Kreuzung der beiden Wasserstraßen zweigt nach links der Werbellinkanal zum Werbellinsee ab (s. Route 19).

Üdersee Auf dem Oder-Havel-Kanal unterquert man zwei weitere Brücken, setzt ca. bei km 58,8 das Boot aus und erreicht dann nach einem 10-minütigen Fußmarsch den Campingplatz am Üdersee, der links zwischen Kanal und See am Rand des Biosphärenreservats Schorfheide liegt. Idealer Ausgangspunkt für weitere Touren.

Varianten

Langer Trödel Da der Oder-Havel-Kanal z. T. recht monoton ist, bietet sich für Paddler die reizvollere Alternativroute durch den Langen Trödel (10 km) und den Finowkanal an (bis Finowfurt 10 km, vier Schleusen). Bei Befahrung des Langen Trödel, die zurzeit nur mit Paddelbooten erlaubt ist, müssen im OT Zerpenschleuse bei km 7,9 ein Straßendamm (40 m) und bei km 9,3 ein weiterer Straßendamm (30 m) umtragen werden. Der Lange Trödel endet an der zugeschütteten Zerpenschleuse. Ein ca. 110 m langer Landtransport ist erforderlich bis zum erneuten Einsetzen unterhalb der ehemaligen Schleusenanlage. Dafür ist diese Route von ungeahnter Romantik.

Finowkanal Der Finowkanal führt parallel zum Oder-Havel-Kanal nach Osten. Auf der Strecke müssen **12 historische, handbetriebene Schleusen** passiert werden, die einen Niveau-Unterschied von 36 m ausgleichen. Auf dem Oder-Havel-Kanal übernimmt das Schiffshebewerk Niederfinow (s. Route 18) den Niveauausgleich. Der Finowkanal wird seit 1972 nicht mehr von der Frachtschifffahrt genutzt. Im Laufe der Jahre hatte sich die Natur die Landschaft zurückerobert und der Kanal ist von üppigem Pflanzenwuchs gesäumt. Seit 1998 ist der Finowkanal wieder für die Sportschifffahrt durchgängig befahrbar. Die Schleusen des Finowkanals sind in der Saison (1. Mai bis 30. September) täglich von 9 bis 17 Uhr mit Personal besetzt. Eine vorherige Anmeldung zur Schleusung ist in der Saison nicht erforderlich.

Schleuse Ruhlsdorf

Die westliche Eingangsschleuse zum Finowkanal ist die Schleuse Ruhlsdorf mit ihren blau angestrichenen Aufbauten. Man kann die Route übrigens auch erst hier beginnen, wenn man von Berlin aus mit der Niederbarnimer Eisenbahn (NBE) in Richtung Groß-Schönebeck fährt und am Haltepunkt Ruhlsdorf-Zerpenschleuse aussteigt. Von der Eisenbahnbrücke hat man eine schöne Aussicht auf die „dicken Pötte", die den Oder-Havel-Kanal entlangfahren.

Vor der Schleuse Ruhlsdorf biegt man nach links direkt in den **Werbellinkanal.** Seit 2011 besteht die direkte Verbindung vom Finowkanal zum Werbellinsee. 3 km windet sich die neue Kanalstrecke zwischen Feldern und Wiesen, bis der Oder-Havel-Kanal bei Marienwerder erreicht ist. Nach der Querung des Oder-Havel-Kanals geht es auf der alten Strecke des Werbellinkanals bis zum Werbellinsee weiter. Auf dem Finowkanal erreicht man nach zwei Kilometer hinter der Schleuse Ruhlsdorf die **Schleuse Leesenbrück** (km 61,1) in der Gemeinde Marienwerder.

Marienwerder

Bootsanleger jeweils im Ober- und Unterhafen jeder Schleuse machen einen Landgang möglich. Schiffsanlegestellen vor und hinter der Straßenbrücke, die den Finowkanal in Marienwerder überquert, laden zum Festmachen und zur Einkehr in das **Restaurant „Goldener Anker"**, unmittelbar an der Straßenbrücke gelegen, ein: Biesenthaler Str. 17/18, 16348 Marienwerder, Tel. 03335/7400. Eine ordentliche Einsetzstelle bei km 62,0 und gute Parkmöglichkeiten machen auch hier noch einen guten Start möglich. „Maritim Marienwerder" bietet an dieser Stelle in der eisfreien Zeit einen

Bootsverleih (Kanus, Kajaks, Tretboote, führerscheinfreie Motorboote), siehe auch oben bei „Bootsverleih"

Die **Schleuse Grafenbrück** (km 63,3) hat einen Hub von 3,60 m. Vor der Schleusenanlage auf der rechten Uferseite des Finowkanals können Paddler die hauseigene Steganlage der Raststätte „Der Schleusengraf" zum Ausstieg und zur Einkehr nutzen. Im Magazingebäude der ehemaligen königlich-preußischen Wasserbaudirektion entstand hier ein architektonisches Kleinod mit ausgesuchter Gastlichkeit (Tel. 03335/330293 oder mobil: 0172/5331991, www.derSchleusengraf.de. War die Landschaft bisher durch weite Blicke ins Eberswalder Urstromtal geprägt, so umgibt den Paddler ab Marienwerder eine urwüchsige Waldlandschaft. Man vergisst, dass man sich auf einer künstlich angelegten Wasserstraße befindet. Sumpfgebiete zu beiden Seiten des Kanals bieten einer Vielzahl von Wasservögeln ideale Lebensbedingungen. Bei km 65,0 fließt die Alte Finow in den Kanal, die im Biesenthaler Becken entspringt und ihm seinen Namen gab. Am idyllisch gelegenen **Hafen „Hubertusmühle"** bei km 65,3 bietet die Marina „Eisvogel" seit April 2009 einen umfassenden Service für Wasserwanderer (siehe unten bei „Übernachtung").

Finowfurt Hat man die Autobahn A 11 unterquert, erreicht man den OT Finowfurt. Der **Flößerhof** rechts macht auf die Traditionen der Flößerei auf dem Finowkanal aufmerksam, die durch den hier heimischen Flößerverein liebevoll gepflegt werden. Das alljährlich im Juni stattfindende Flößerfest ist bereits weit über die Landesgrenzen hinaus bekannt. Der Flößerhof markiert auch die Einfahrt zum **Wasserwanderrastplatz „Alte Mühle"** (km 67,5) mit Dusche, WC und Bootsverleih. Öffnungszeiten: Mai bis September täglich von 10 bis 18 Uhr; weitere Informationen siehe oben bei „Übernachtung". Wer hier eine Pause einlegen möchte, sollte

Geschichte des Finow- und des Oder-Havel-Kanals

Die ersten Pläne zur Herstellung eines Kanals zwischen Havel und Oder unter Nutzung des Finowtales entstanden bereits um 1540. Chronischer Geldmangel ermöglichte die Umsetzung der Idee aber erst Jahrzehnte später. 1603 erteilte der Brandenburgische Kurfürst *Joachim-Friedrich* den Befehl, eine **Verbindung zwischen Havel und Oder** herzustellen. 1620 war der Kanal mit 11 Holzschleusen fertig, wurde jedoch im Dreißigjährigen Krieg fast vollständig zerstört.

1743 verfügte *Friedrich II.* die Erneuerung des verfallenen **Finowkanals** mit verändertem Streckenverlauf und stabileren Schleusen. Bereits 1746 erfolgte die erste Probefahrt zweier Schiffe. Die Fertigstellung sämtlicher Schleusen dauerte bis 1749. Auch in der Folgezeit waren ständige Schleusenreparaturen und -umbauten notwendig. Der Finowkanal entwickelte sich zu einer der wichtigsten deutschen Binnenwasserstraßen und beeinflusste die rasante wirtschaftliche Entwicklung des Finowtals bis ins 20. Jahrhundert. Bald aber waren die Kapazitäten erschöpft. Der wirtschaftlich effektivere Oder-Havel-Kanal wurde 1914 für die Binnenschifffahrt eröffnet. Jahrelang diente der Finowkanal nur noch zur Regulierung des Wasserhaushaltes. Nach umfangreichen Sanierungsmaßnahmen und der Schaffung notwendiger Infrastruktur wurde die idyllische Wasserstraße Ende des 20. Jahrhunderts für den Tourismus wiederentdeckt.

Der **Oder-Havel-Kanal** nahm nach 8-jähriger Bauzeit 1914, noch unter dem Namen Hohenzollern-Kanal, seinen Betrieb auf. Die Binnenschifffahrt erlebte durch die Verkürzung der Transportwege einen enormen Aufschwung. Der Niveauunterschied wurde in Niederfinow anfangs durch eine Schleusentreppe mit 4 Schleusenkammern überwunden. Schnell erwies sich auch diese Lösung als uneffektiv, sodass 1927 bis 1934 ein Schiffshebewerk in unmittelbarer Nähe der Schleusentreppe errichtet wurde. Bis heute versieht der gigantische Schiffsfahrstuhl seinen Dienst. In nur 5 Minuten werden 36 Meter Höhenunterschied überwunden. Der stetig zunehmende Schiffsverkehr auf dem Oder-Havel-Kanal macht den Bau eines weiteren Schiffshebewerkes, parallel zum bestehenden, notwendig. Die vorbereitenden Bauarbeiten haben bereits begonnen.

das **Luftfahrtmuseum Finowfurt** besuchen, Museumsstraße 1, 16244 Schorfheide, OT Finowfurt, Tel. 03335/7233, www.luftfahrt-museum-finowfurt.de.

Schleusen im Finowkanal

Auf dem Finowkanal geht es weiter bis zur **Schleuse Schöpfurth** (km 67,5). Im Zuge der umfassenden Sanierungsarbeiten wurde die Schleuse Schöpfurth als erste der 12 Finowkanalschleusen auf manuelle Selbstbedienung umgestellt.

Die Tour verläuft weiter in Richtung Eberswalde. Dabei werden die **Schleusen Heegermühle** (km 71,0), **Wolfswinkel** (km 72,9) und **Drahthammer** (km 73,9) durchfahren. Vor der Schleuse Drahthammer muss die Hubbrücke in Eberswalde, OT Finow passiert werden. Sie wird von 8 bis 18 Uhr im 2-Stunden-Takt zur Durchfahrt angehoben. Im ungünstigen Fall müssen sich größere Boote auf eine gewisse Wartezeit einstellen. Paddler können die Hubbrücke jederzeit durchfahren. Gleich hin-

Nicht „Landunter", sondern ein altersschwacher Bootsschuppen

ter der Hubbrücke schließt sich das 16 Hektar große Gelände des Familiengartens (ehemals Landesgartenschau) an. Nach Durchfahren der Schleuse Drahthammer kann die Anlegestelle im Unterhafen rechts zum Festmachen und Landgang genutzt werden. Kanufahrer sollten die kleine Landzunge umfahren und die zum Aussteigen bequemeren Bootsstege nutzen.

Ab Schleuse Schöpfurth verläuft der **Treidelweg** als gut ausgebauter Rad- und Wanderweg parallel zum Finowkanal. Von Liebenwalde kann man auf diesem Weg bis zum Schiffshebewerk gelangen. Er führt aber teilweise durch den Wald und nicht direkt am Ufer des Finowkanals entlang.

Bei km 75,9 ist die **Schleuse Kupferhammer** erreicht. Mit 4,0 m Hub übertrifft sie alle anderen Schleusen am Finowkanal.

Eberswalde Nach dem Unterqueren der Eisenbahnbrücke, über die die Strecke Eberswalde – Stralsund führt, fährt man an dem Gebäude des Wasser- und Schifffahrtsamts Eberswalde vorbei. Nach Durchfahren einer weiteren Straßenbrücke ist die Bootsanlegestelle „Finow-Kanal-Park" (km 77,2) erreicht (Trinkwasseranschluss, Stromversorgung und WC-Entleerung gegen Gebühr).

Seit 2008 gibt es hier einen **Kanuverleih:** Triangel Tours, siehe auch oben bei „Bootsverleih". Eine Gaststätte, Parkplatz, Post und Einkaufsmöglichkeiten ergänzen das Angebot. Ein Rundgang durch das nahe gelegene Zentrum der Stadt und ein Museumsbesuch sind ebenfalls möglich.

Die **denkmalgeschützte Eberswalder Stadtschleuse** (km 77,9) wurde 1831 erbaut und ist somit die älteste funktionstüchtige Kanalschleuse Deutschlands. Sie wurde 2001 denkmalgerecht saniert. Hier gibt es beiderseits des Kanals Aussetzmöglichkeiten, und wer seine Tour hier beenden möchte, findet Anschluss mit Auto oder Bahn. Man kann aber auch Richtung Oderberg weiterpaddeln (s. Route 18).

FINOWFURT BIS ODERBERG

Route 18

Länge: ca. 25 km ab Üdersee, ca. 18 km ab Eberswalde, **Dauer:** Tagesfahrt

Oder-Havel-Kanal oder Finowkanal: Finowfurt bis Oderberg

Überblick Einfache Route auf dem Oder-Havel-Kanal, einem breiten, schnurgeraden und viel befahrenen Großschifffahrtsweg in West-Ost-Richtung. Bei Eisfreiheit jederzeit befahrbar, keine Strömung, keine Landtransporte und außer dem Schiffshebewerk Niederfinow keine Schleusen. Auf Frachtschiffe und große Motorboote achten! Die Binnenschifffahrt hat in jedem Fall Vorrang. Reizvoller ist die Fahrt auf dem historischen Finowkanal, der parallel zum Oder-Havel-Kanal verläuft und den Höhenunterschied mit 12 Schleusen überwindet (s. auch Route 17, Varianten). Der Finowkanal ist durchgehend befahrbar – die Schleusen sind jedoch nur in der Saison (1. Mai bis 30. September) mit Personal besetzt. Vor Antritt der Fahrt sollte man sich aber beim Wasser- und Schifffahrtsamt Eberswalde, Außenstelle Finowfurt (siehe unter „Info") über eventuelle Baumaßnahmen und Sperrungen erkundigen.

Info
● **KAG Region Finowkanal,** 16227 Eberswalde, Am Alten Walzwerk 1, Tel. 03334/384913, www.finowkanal.info
● **Wasser- und Schifffahrtsamt,** 16225 Eberswalde, Schneidemühlenweg 21, Tel. 03334/2760 und Außenstelle Finowfurt, Tel. 03335/45160, www.wsa-eberswalde.de

Anreise
● **Boot:** Route 17 zum Campingplatz am Üdersee
● **Bahn:** Linie Berlin – Stralsund bis Hbf. Eberswalde
● **Auto:** Über die A 24 und Berliner Ring auf die A 11; dort in Richtung N bis Ausfahrt Finowfurt und über die

FINOWFURT BIS ODERBERG

B 167 entweder nach W zum Campingplatz Üdersee bei Finowfurt oder in Richtung O nach Eberswalde

Parken
Die Parkplätze an der Anlegestelle „Finow-Kanal-Park" sind kostenpflichtig; kostenlose Plätze für Langzeitparker gibt es im Zentrum von Eberswalde an der Marienstraße.

Einsetzen
- Auf den Oder-Havel-Kanal: am Campingplatz Üdersee bei Finowfurt
- Auf dem Finowkanal im Ober- und Unterhafen jeder Schleuse

Route und Entfernungen
- Oder-Havel-Kanal: Campingplatz Üdersee – Schiffshebewerk Niederfinow: 20 km; Schiffshebewerk – Oderberg: 7 km
- Finowkanal: Schleuse Kupferhammer – Stadtschleuse: 2 km; Stadtschleuse – Schleuse Ragöse: 3 km; Schleuse Ragöse – Schleuse Stecher: 3 km; Stecherschleuse – Klappbrücke Niederfinow: 2 km; Klappbrücke Niederfinow – Schleuse Liepe: 2,5 km; Schleuse Liepe – Einmündung Oder-Havel-Kanal: 100 m; Oder-Havel-Kanal unterhalb des Schiffshebewerkes Niederfinow – Oderberg: 6 km.

Schleusen
Die 12 Schleusen des Finowkanals sind während der Saison (1. Mai bis 30. September) täglich von 9 bis 17 Uhr mit Personal besetzt. Eine vorherige Anmeldung zur Schleusung ist nicht erforderlich. Für Schleusungen außerhalb dieser Zeiten informieren Sie sich bitte beim Wasser- und Schifffahrtsamt Eberswalde, siehe oben bei „Info"

Übernachtung

- **Ferienpark Üdersee-Camp O/12** (ehem. E/23), 16244 Gemeinde Schorfheide, OT Finowfurt, Tel. 03335/218 u. 033363/52477, www.uedersee.de
- **Naturfreundehaus Üdersee,** Üdersee Süd 111, 16244 Gemeinde Schorfheide, OT Finowfurt, Tel. 03335/45290, www.nfh-uedersee.de
- **Hotel am Brunnenberg,** 16225 Eberswalde, Brunnenstr. 7, Tel. 03334/25870
- **Marina „Eisvogel",** Werbelliner Str. 54, 16244 Gemeinde Schorfheide, OT Finowfurt, Tel. 03335/30203, mobil: 0172/3204931, www.mst-touristikfloesserei.de
- **Hotel Finesse,** Angermünder Str. 43a, Tel. 03334/38696, www.hotel-finesse.de
- **Waldsolarheim,** Brunnenstraße 25, 16225 Eberswalde, Tel. 03334/289245, www.waldsolarheim.de
- **Triangel Tour** (Camping), Dorfstr. 31, 16248 Niederfinow, Tel./Fax 033362/70437, www.triangeltour.de
- **Hotel Am Schiffshebewerk,** Hebewerkstr. 44, 16248 Niederfinow, Tel. 033362/70099, www.hotel-schiffshebewerk.de

FINOWFURT BIS ODERBERG

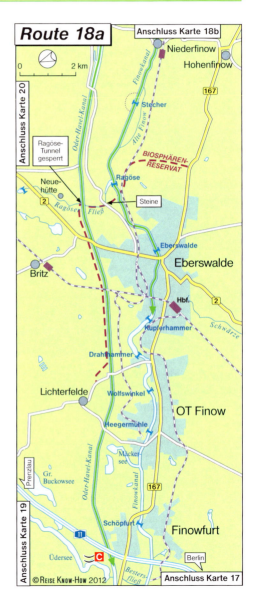

FINOWFURT BIS ODERBERG

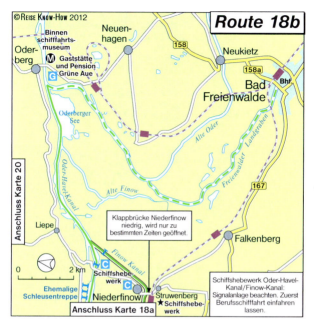

- **Zimmervermittlung:** Sehr gute und preiswerte Privatzimmer vermittelt die Tourist-Information Eberswalde, Tel. 03334/64520, Fax 64521
- **Naturfreundehaus „Eisguste",** Eberswalder Chaussee 14, 16248 Oderberg, Tel. 033369/749119, www.eisguste.de

Essen und Trinken

- **Gaststätte und Pension Grüne Aue,** Hermann-Seidel-Str. 1, 16248 Oderberg, Tel. 033369/73620
- **Meltzer's Gasthof** (Gaststätte und Pension), Teufelsberg 5, 16248 Oderberg, Tel. 033369/7320, Fax 516
- **Yachthafen Oderberg** (Restaurant, Hotel), Altes Bruch 5, 16248 Oderberg, Tel. 033369/75540, Fax 75578, www.marina-oderberg.de
- **Gasthaus an der Schleusentreppe,** Hebewerkstr. 60, 16248 Niederfinow, Tel. 033362/248
- **Schwarzer Adler,** 16248 Oderberg, Berliner Str. 73, Tel. 033369/283 (Di bis So 11–22 Uhr geöffnet)
- **Bierakademie,** Eberswalde, Eisenbahnstr. 27, Tel. 03334/22118, www.eberswalder-bierakademie.de
- **Gasthaus am Finowkanal,** Bergerstraße 99, 16225 Eberswalde, Tel. 03334/3899441

FINOWFURT BIS ODERBERG

- **Restaurant und Hotel „Oma's Waschküche",** Angermünder Straße 15, 16227 Eberswalde, Tel. 03334/526990
- **Restaurant & Hotel „Wilder Eber",** Heegemühler Str. 16, Tel. 03334/24551
- **Matisse im Quartier N°7,** Steinstraße/Ecke Kirchstraße, 16225 Eberswalde, Tel. 03334/526409, www.matisse-im-quartier.de
- **Fischrestaurant an der Schleuse Ragöse,** 16225 Eberswalde, Tel. 0333423173
- **Haus am Stadtsee,** 16225 Eberswalde, Tel. 03334/20224, Fax 03334/2022599

Rückfahrt **Busverbindung** nach Eberswalde. Von Niederfinow auch **Bahnverbindungen** nach Eberswalde. Von Oderberg ebenfalls Busverbindungen nach Eberswalde. **Autoabholung** und streckenweise Autobegleitung möglich.

Charakter der Tour

Der Oder-Havel-Kanal selbst ist breit und gerade und als Wasserweg für Paddler nicht sonderlich reizvoll. Aber es herrscht dort viel Leben – Boote und Frachtschiffe aller Art sind ständig unterwegs, stets gibt es etwas zu sehen, und wer dieses Leben und Treiben der Flussschiffer interessant findet, dem wird die Kanalfahrt überhaupt nicht monoton erscheinen.

Der historische Finowkanal war die erste Verbindung zwischen zwei Strömen in Deutschland. Er ist ein ruhiger, eingewachsener und von Bäumen und Buschwerk gesäumter Wasserweg für beschauliches Paddeln. Hier herrschen Stille und Idylle – im Gegensatz zum belebten Oder-Havel-Kanal. Allerdings machen die 12 Schleusen die Fahrt etwas langsamer, dafür aber auch abwechslungsreicher (siehe Route 17).

Routenbeschreibung

Oder-Havel-Kanal In den Oder-Havel-Kanal kann man bei km 58,8 nahe dem Campingplatz Üdersee und der Autobahnbrücke einsetzen. Der Kanal umgeht Eberswalde und führt streckenweise am **Biosphärenreservat Schorfheide** entlang. Nördlich von Ebers-

FINOWFURT BIS ODERBERG

walde überquert er zunächst die Bahnlinie Berlin – Stralsund und dann in 29 m Höhe (!) das Tal der Ragöse.

Schiffshebewerk Niederfinow
Die technische Hauptattraktion der Route ist jedoch das Schiffshebewerk Niederfinow ca. 20 km vom Campingplatz entfernt. In einem Trog von 12 m Breite, 85 m Länge und 4300 Tonnen Gewicht werden dort bis 1000 Tonnen schwere Schiffe innerhalb von 5 Minuten um 36 m gehoben

Das zweitgrößte Schiffshebewerk Europas

bzw. gesenkt, um vom Eberswalder Urstromtal hinunter in den Oderbruch zu gelangen bzw. umgekehrt (siehe Exkurs „Urstromtäler"). Und das Erstaunliche: Was wie eine gewaltige Kraftleistung aussieht, wird von vier Elektromotoren à 75 PS bewältigt! Wie das möglich ist? Nun, die 256 Stahlseile, an denen der Trog hängt, laufen über Seilrollen zu entsprechenden Gegengewichten, sodass die Last exakt ausgeglichen wird. Sogar das Gewicht der Seile selbst (immerhin auch 90 Tonnen, also mehr, als 1000 Menschen wiegen!) wird durch vier Ausgleichsketten kompensiert. Dieses technische Wunderwerk – das zweitgrößte Hebewerk Europas! – wurde 1927–34 mit einem Kostenaufwand von 27,5 Millionen Reichsmark erbaut, um die stark überlastete Schleusentreppe mit vier Einzelschleusen zu ersetzen. Der 60 m hohe, 94 m lange und 27 m breite Stahlkoloss ist bis heute in Betrieb – zugleich aber als technisches Denkmal eine Touristenattraktion, die jährlich von mehr als 300.000 Menschen besucht wird. Von der Plattform des Hebewerks genießt man einen herrlichen Ausblick über das Oderbruch bis nach Bad Freienwalde und Polen. Neben diesem imposanten Bau entsteht zurzeit ein neues Schiffshebewerk mit einer deutlich erhöhten Kapazität. 2014 soll es parallel zum Vorhandenen in Betrieb gehen.

Für Sportboote ist die Benutzung des Hebewerkes kostenlos. Signalanlage beachten! Paddler müssen zunächst die Lastschiffe einfahren lassen.

Kostenpflichtige Parkplätze stehen im Ober- und Unterhafen des Hebewerks zur Verfügung. Fahrten durch das Schiffshebewerk bietet:

●**Fahrgastschifffahrt Neumann,** Tel./Fax 03334/24405 vom Unter- und Oberhafen.

Oderbruch Unterhalb des Hebewerks, im Oderbruch, kommen Oder-Havel-Kanal und Finowkanal wieder zusammen und führen durch den **Lieper** und **Oderberger See** in das kleine Städtchen Oderberg.

Wer die Fahrt hier beendet, legt am besten am Stadtbollwerk oder am Wasserwanderrastplatz (km 86,0) links an.

Wer noch weiterpaddeln möchte, kann entweder auf der **Alten Oder** stromab nach Hohensaaten fahren oder zunächst ca. 5 km die Alte Oder aufwärts und dann über den **Landgraben** nach **Bad Freienwalde** (ca. 12 km), von wo es Bahnverbindungen nach Eberswalde gibt.

Wanderung

Sehr zu empfehlen ist eine Wanderung von Oderberg oder Liepe aus ins Gebiet des Parsteiner Sees: Durch die Angermünder und Brodowiner Straße, dann rechts ab nach Marienpfuhl und wenig später auf dem blau markierten Hauptwanderweg zur Försterei Breitefenn; danach wieder rechts und zum Campingplatz am Parsteiner See; ca. 8 km.

Oderberg

Sehenswert sind in Oderberg auf dem **Albrechtsberg** die Reste der einstigen Grenzfeste der Askanier (1205) und eine vorgeschichtliche Kultstätte. Von dort oben hat man einen weiten Blick über die Stadt und die herrliche Umgebung. Der Wanderweg führt weiter in das waldreiche Gebiet um den Parsteiner See (ca. 8 km; Markierung: blauer Querstrich/gelber Punkt).

In der Stadt, entlang der Promenade südlich der Alten Oder (in Richtung Odertalstadion), gelangt man zur ehemaligen Festung Bärenkasten (1355) mit Überresten 3 m dicker und bis zu 8 m hoher Mauern.

Die weithin sichtbare Nikolaikirche wurde 1850–55 von **Baumeister Stüler,** einem Schüler *Schinkels,* erbaut.

Besonders zu empfehlen ist das **Binnenschiffahrtsmuseum Oderberg** (Tel. 033369/470) mit Ausstellungen zur Ur- und Frühgeschichte der Region, zu Geologie, Binnenschifffahrt und Fischerei. Hauptattraktion im Außenbereich ist jedoch das technische Denkmal: der von einer Dampfmaschine betriebene Seitenraddampfer „Riesa", Baujahr 1897.

Finowkanal Die Reise auf dem schönen alten Finowkanal kann man entweder in Eberswalde beginnen oder bereits von Zerpenschleuse her (siehe auch Route 17, Varianten).

Eberswalde In jedem Fall sollte man sich etwas Zeit nehmen, um die Waldstadt Eberswalde näher kennen zu lernen. Bekannt ist die Stadt für ihre lange Tradition forstwirtschaftlicher Forschung und Lehre – eine Tradition, an die nicht nur die beschaulichen Grünanlagen erinnern, sondern auch die Alte Forstakademie und der **Forstbotanische Garten** im NSG „Schwärzetal/Nonnenfließ" (Richtung Spechthausen) mit seinem 1992 eröffneten *Geologischen Lehrpfad*, der sich besonders mit eiszeitlichen Vorgängen befasst.

Ebenfalls im Naturschutzgebiet liegt der **Eberswalder Zoo** mit etwa 1400 Tieren von über 120 Arten in einem reizvollen Mischwaldgebiet. Sehenswert ist auch das Museum in der Adler-Apotheke. Der **Familiengarten** (Am Alten Walzwerk 1, 16227 Eberswalde, Tel. 03334/384910, Fax 384 922) zwischen Hubbrücke und Drahthammer Schleuse, direkt am Finowkanal gelegen, ist eine ungewöhnliche Symbiose: 300 Jahre Industriegeschichte eingebettet in einen modernen Park mit vielen Freizeitangeboten.

Schleuse Kupferhammer Von der Einsetzstelle an der Schleuse Drahthammer (km 73,9) oder Kupferhammer (km 75,9) paddelt man durch romantische Winkel der alten Stadt. An den Ufern versuchen Angler ihr Glück, Seerosen schwimmen auf dem ruhigen Wasser und überall begegnet man den Spuren des aktiven Bibers, der sich in den letzten Jahren im Stadtgebiet von Eberswalde besonders wohl zu fühlen scheint. Es ist kaum noch vorstellbar, dass hier früher die Lastkähne auf ihrem Weg zur Oder

vorüber glitten. An der **Bootsanlegestelle "Finow-Kanal-Park"** (km 77,2) gibt es Trinkwasser und Stromanschlüsse. Eine Gaststätte, Parkplätze, ein Postamt und Einkaufsmöglichkeiten in der unmittelbaren Nähe ergänzen das Angebot. Die denkmalgeschützte **Eberswalder Stadtschleuse** (km 77,9) wurde 1831 erbaut und ist die älteste funktionstüchtige Schleuse Deutschlands. Sie wurde 2001 von Grund auf saniert. Nach Durchfahren der Eberswalder Stadtschleuse mit einem Hub von 3,50 m geht es weiter in Richtung Osten. Bei km 81,0 sind die **Schleuse Ragöse** und die Stadtgrenze von Eberswalde erreicht. Die Schleuse Ragöse hat nur noch einen Hub von 2,30 m.

Im Unterhafen der Schleuse befindet sich links ein Bootsanleger, der zur Rast und Einkehr in die nahe gelegene Fischgaststätte einlädt. Wer es eilig hat, kann sich aber auch einen leckeren frischen oder geräucherten Fisch kaufen.

Hinter der Schleuse Ragöse mündet links das **Ragöser Fließ** in den Finowkanal, das vom Hopfengarten-See (gesperrt!) her durch einen über 150 m langen Tunnel unter dem Oder-Havel-Kanal

Schiffshebewerk Niederfinow

hindurchgeleitet wird. Das Ragöser Fließ ist Teil des Biosphärenreservats Schorfheide-Chorin und für Paddler gesperrt.

Schleuse Stecher

Etwa 3 km nach der Ragöse-Einmündung folgt die Schleuse Stecher (km 84,4). Vor Erreichen der Schleuse links können Wasserwanderer im Triangel Tour Camp (km 84,2; Tel. 033362/70437) Station machen, das auch für einen längeren Aufenthalt gut geeignet ist (www.triangeltour.de). Durch die Schleuse Stecher gelangt man mit Blick über die Randgebiete des Oderbruchs nach **Niederfinow.**

Niederfinow

Bei km 86,5 verbindet eine Klappbrücke die Gemeinden Niederfinow und Hohenfinow, OT Struwenberg. Die Öffnungszeiten der Klappbrücke, sind an die Schleusenzeiten angepasst. Für Paddler stellt sie mit einer lichten Höhe von 2 m kein Hindernis dar. Links erblickt man das hoch aufragende **Schiffshebewerk** (s. Oder-Havel-Kanal). Die **Schleuse Liepe** (km 88,9) mit einem Hub von 2,40 m ist das Ausgangstor in den Oder-Havel-Kanal. Im Unterhafen der Schleuse Liepe kann der Wasserwanderer am Bootssteg anlegen und das Schiffshebewerk zu Fuß erkunden oder eine Besichtigungsfahrt mit der Fahrgastschifffahrt Neumann unternehmen. Nach rechts geht es über den Oderberger See nach **Oderberg** mit Anlegemöglichkeiten am Stadtbollwerk (rechts), am Wasserwander-Rastplatz Oderberg (Oder-Havel-Kanal km 86,0 links) und an der Marina Oderberg (Oder-Havel-Kanal km 87,0 rechts).

Neben dem Stadtbollwerk bietet der **Kanu Verleih Oderberg** seine Dienste und geführte Touren an (Straße der Jugend 17a, 16248 Oderberg, mobil: 0174/5315452, www.kanu.barnim.de). Die **Marina Oderberg** (Altes Bruch 5, 16248 Oderberg, Tel. 033369/75540, www.marina-oderberg.de) bietet allen Komfort, wie Yachthafen, Hotel, Restaurant und vieles mehr.

Karte S. 284 **WERBELLINKANAL BIS SCHORFHEIDE**

Route 19

Länge: ca. 22 km, **Dauer:** 1–2 Tage

Über den Werbellinkanal in die Schorfheide

Überblick Einfache, abwechslungsreiche Route (ca. 19,8 km) ohne Landtransporte, die mit Kanus zu jeder eisfreien Zeit befahren werden kann. Die Schleusen Rosenbeck (km 6,1) und Eichhorst (km 8,7) ohne Bootsschleppe, können notfalls umtragen bzw. umgangen werden. Besonders entlang dem Oder-Havel-Kanal ist auf die sehr aktive Berufsschifffahrt Rücksicht zu nehmen. Auf dem malerisch von Bäumen überdachten Werbellinkanal sind keine Frachtschiffe unterwegs; er wird jedoch gerne von größeren Sportjachten benutzt (Tauchtiefe 1,20 m bei Normalstau 37,25 m über NN). Seit 2011 ist der Werbellinkanal um 3 km länger: Er beginnt vor der Schleuse Ruhlsdorf, links abzweigend vom Finowkanal.

Info und Landkarten

- **Tourist-Information im Jagdschloß Groß Schönebeck,** Schlossstraße 6, 16244 Schorfheide/OT Groß Schönebeck, Tel. 033393/65777, www.gemeinde-schorfheide.de
- **Wasser- und Schifffahrtsamt Eberswalde,** 16225 Eberswalde, Schneidemühlenweg 21, Tel. 03334/2760 und Außenstelle Schorfheide, OT Finowfurt Tel. 03335/45160, www.wsa-eberswalde.de (aktuelle Informationen über die Schleusen)
- **Tourist-Info Eichhorst,** Am Werbellinkanal 13 b, 16244 Schorfheide, OT Eichhorst, Tel. 03335/330934, www.gemeinde-schorfheide.de (April bis Oktober, täglich von 10 bis 18 Uhr)

Anreise

- **Boot:** Route 17 zum Campingplatz O/12 (ehem. E/23) am Üdersee oder Route 18 in entgegengesetzter Richtung
- **Bahn:** Linie Berlin – Basdorf – Klosterfelde in Richtung Groß-Schönebeck; am Bahnhof Ruhlsdorf-Zerpenschleu-

WERBELLINKANAL BIS SCHORFHEIDE

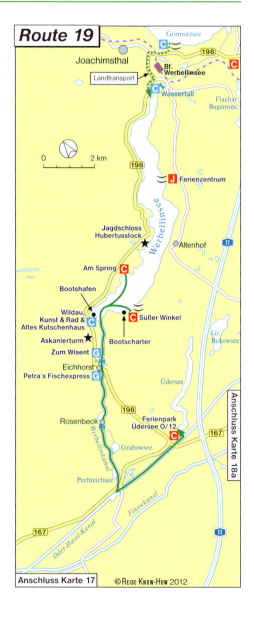

se aussteigen und über den Oder-Havel-Kanal nach Osten bis zum Werbellinkanal paddeln (ca. 4 km)

Auch möglich, aber mit einer längeren Paddelstrecke verbunden: Linie Berlin – Stralsund bis Hbf. Eberswalde; dort einsetzen wie für Route 18 und über den Finowkanal nach West zum Oder-Havel-Kanal (10 km) und diesen nach Osten bis zum Werbellinkanal (4 km) bzw. Taxi vom Bahnhof Eberswalde zum Campingplatz Üdersee

●**Auto:** Über die Autobahn A 24 und Berliner Ring auf die A 11; dort in Richtung N bis Ausfahrt Finowfurt und über die B 167 nach W entweder zum Campingplatz O/12 Üdersee bei Finowfurt oder gleich bis zur Brücke über den Werbellinkanal am Pechteichsee

Einsetzen Verschiedene Möglichkeiten, je nach Anreise:
●**Campingplatz** Üdersee O/12
●**Bhf. Ruhlsdorf** – Zerpenschleuse unterhalb des Kanuverleihs
●**Eichhorst** oberhalb (rechts) der Schleuse (da verpasst man allerdings den größten Teil des Werbellinkanals)

Routen und Entfernungen
●Campingplatz Üdersee – Werbellinkanal: 4 km
●Werbellinkanal und Pechteichsee bis Schleuse Rosenbeck: 3 km
●Rosenschleuse – Schleuse Eichhorst: 3 km
●Eichhorst – Werbellinsee: 1 km
●Werbellinsee: 10 km

Schleusen **Schleusenzeiten am Werbellinkanal:**
Aktuelle Informationen über die Schleusen erteilt das Wasser- und Schifffahrtsamt Eberswalde, siehe oben unter „Info und Landkarten".

Übernachtung

●**Ferienpark Üdersee-Camp** O/12 (ehem. E/23), 16244 Schorfheide OT Finowfurt, Inh.: Herr Kirste, Tel. 03335/218 u. 033363/52477, www.uedersee.de (400 Stellplätze, davon 200 Dauercampingplätze)
●**Familiencamping Süßer Winkel,** Werbellinkanal O/14 (ehem. E/26), 16244 Gemeinde Schorfheide, OT Eichhorst, Tel. 03335/237, Fax 033767/81740 (200 Dauercampingplätze, 40 Kurzzeitcamping, 6 Mietbungalows und Bootsliegeplätze)
●**Campingplatz Am Spring** O/03 (ehem. E/25), 16247 Joachimsthal, Tel. 033363/4232, Fax 033363/4313, www.camppartner.de (mit Einkaufsmöglichkeit, Boots- und Fahrradverleih)
●Vermietung von Privatunterkünften über die **Touristinformation im Jagdschloss Groß Schönebeck,** Schlossstraße 6, 16244 Schorfheide, OT Groß Schönebeck, Tel. 033393/65777, www.gemeinde-schorfheide.de

Werbellinkanal bis Schorfheide

Personen-schifffahrt	Kleine Personenschiffe verkehren ab Joachimsthal und Altenhof (Reederei Wiedenhöft, Seerandstr. 22, 16247 Joachimsthal, Tel. 03361/474, mobil: 0171/5426867).
Rückfahrt	Bahnverbindungen von Joachimsthal nach Eberswalde; Busverbindungen ab Joachimsthal und Altenhof sowie ab den Campingplätzen O/03 und O/14. Von Mai bis September verkehrt wieder samstags, sonntags und an Feiertagen die Touristenbuslinie 917 um den Werbellinsee – ideal für Radfahrer. Ausgangs- und Endpunkt ist Eberswalde. An 47 Stationen kann jeweils zu- und ausgestiegen werden. Infos: www.bbg-eberswalde.de
Natur-schonung	Die gesamte Route befindet sich im Reservat Schorfheide-Chorin, dem zweitgrößten Biosphärenreservat Deutschlands. Hier ist aus gutem Grund äußerste Rücksichtnahme erforderlich, und als Paddler sollten wir dabei Vorbilder sein. Wildes Anlegen und Zelten kommt selbstverständlich nicht in Frage; außerdem ist es verboten und wird bestraft.

Charakter der Tour

Die Tour gliedert sich in drei äußerst unterschiedliche Etappen. Zunächst folgt man dem Oder-Havel-Kanal, einem betriebsamen Großschifffahrtsweg, der schnurgerade verläuft und recht monoton ist. Ganz anders der Werbellinkanal, ein vergleichsweise schmales und ruhiges Gewässer, das durch die teilweise dichten Wälder der Schorfheide führt, gesäumt von alten Bäumen, die sich weit über das stille Wasser neigen. Danach folgt der 10 km lange und kaum mehr als einen Kilometer breite Werbellinsee, ein tiefer Rinnensee inmitten einer Waldlandschaft und im Herzen des Biosphärenreservats gelegen.

Jabelscher See

Routenbeschreibung

Oder-Havel-Kanal

Vom Campingplatz Üdersee paddelt man auf dem Oder-Havel-Kanal etwa 4 km in Richtung Westen.

Werbellinkanal

Hinter der Straßenbrücke nach Marienwerder (2. Brücke) biegt man nach rechts in den Werbellinkanal (bereits 1766 unter *Friedrich II.* erbaut) und fährt unter der B 167 hindurch auf den kleinen **Pechteichsee.** Knapp 2 km nach Verlassen des Oder-Havel-Kanals zweigt rechts ein kurzer Graben ab, der zu dem kleinen und fast kreisrunden **Grabowsee** führt.

Von dort verläuft links in Richtung Norden ein knapp 1 km langer Graben, der nach Auskunft des Schleusenwärters von Rosenbeck als **Biberwanderweg** bekannt ist und von Paddlern genutzt werden kann, um die Schleuse Rosenbeck zu umgehen (300 m umtragen rechts der Schleuse). Oberhalb von Rosenbeck weitet sich der Kanal zu einem Schleusenteich mit einem Havarieliegeplatz, an dem Motorboote repariert werden können.

WERBELLINKANAL BIS SCHORFHEIDE

Dann geht es weiter den von Wald gesäumten Kanal aufwärts durch eine zauberhafte Landschaft. Das Blätterdach über dem stillen Wasser schafft eine Atmosphäre, als würde man durch den Urwald paddeln.

Eichhorst Unterhalb der **Schleuse Eichhorst** kann man an einer hohen Steintreppe anlegen, um in den Ort zu gehen. Unterhalb der Schleuse lädt die Gaststätte **„Petra's Fischexpress"** Liebhaber von leckeren Fischgerichten zum Schmaus (Eberswalder Chaussee 1b, Tel. 03335/330532, www.petras-fischexpress.de). Oberhalb der Schleuse findet man die Gaststätte **„Zum Wisent"** (Am Werbellinkanal 13, mobil: 0172/9088035, täglich ab

Rinnensee

Rinnen wie die des Werbellinsees sind durch das unter dem Gletscher abfließende **Schmelzwasser** ausgewaschen worden und reichen oft durch die Endmoräne und weiter bis zu den Urstromtälern. Nach dem Abschmelzen des Gletschers blieben sie als teilweise 60–70 m tiefe Gräben zurück. Vom Werbellinsee strömte das Schmelzwasser durch das heutige Eichhorst (dort, wo jetzt der Werbellinkanal verläuft) zum Eberswalder Urstromtal.

Als typischer Rinnensee ist der **Werbellin** schmal, langgezogen und tief in die umliegende Ebene eingeschnitten. Der Werbellin liegt auf 43 m ü.NN und er ist stellenweise über 50 m tief, d. h. er reicht tiefer als der Meeresspiegel! Und droben über den steilen Ufern dehnen sich weite Mischwälder. Das Westufer des Sees wird vom ausgedehnten Werbellin-Sander (Schwemmsandflächen) gesäumt. Mehr als 20 km in gerader Linie könnte man von hier aus durch die Wälder nach Westen wandern, ehe man die Grenze des Reservats und die erste Ortschaft erreicht.

Nördlich des Sees bildet eine jüngere Endmoräne fast wie eine Staumauer die Grenze zum 21 m höher liegenden **Grimnitzsee.** Hier findet man daher etwas, was man in dieser Landschaft sicher nicht erwarten würde: einen veritablen Wasserfall!

11.30 Uhr geöffnet). In der Touristinformation Eichhorst (siehe oben bei „Info und Landkarten") erhält man u. a. den Schlüssel zur Besichtigung des Askanierturms (s. u.).

Wem es nichts ausmacht, sein Boot die hohe Treppe hinaufzuschaffen, der kann die Schleuse hier auch umtragen. Gleich oberhalb der Schleuse kann man rechts nochmals anlegen; am Passagierkai hingegen ist das Anlegen verboten. Etwas weiter kann man bei einigen Privatstegen links zur nahen Straße gelangen, falls man die Tour abbrechen möchte. Zwischen Erlen hindurch gleitet das Boot dem Ende des Kanals entgegen.

Kurz vor dem Werbellinsee erblickt man links den **Askanierturm.** An dieser Stelle hatten die As-

WERBELLINKANAL BIS SCHORFHEIDE

kanier für ihre Jagdgesellschaften 1215 die Burg Werbellin erbaut. Einer der letzten *Askanier, Waldemar der Große,* hat hier bis 1319 seine letzten Jahre verbracht. Um 1400 wurde die Burg von Raubrittern zerstört, und seither ranken sich geheimnisvolle Legenden um diesen Ort. Zur Erinnerung an die *Askanier* ließen die *Hohenzollern* 1879 an der Stelle der versunkenen Burg diesen Turm errichten (s. o.).

Werbellinsee

Nach Durchfahren einer imposanten Fußgängerbrücke öffnet sich der Kanal und man paddelt auf den Werbellinsee hinaus.

„Wie ein Gottesauge glänzet
drüber dunkle Brauen glühn
liegt von Berg und Wald umkränzet
märchenhaft der Werbellin"

Blick auf den Werbellinsee

Karte S. 284 WERBELLINKANAL BIS SCHORFHEIDE

So reimte der Heimatdichter *Ferdinand Meyer,* der unter dem Namen *Brunold* 1834–79 in Joachimsthal wirkte. (Hat mit dem Schweizer Dichter *Conrad Ferdinand Meyer* nichts zu tun.) Und auch der allgegenwärtige *Fontane* nennt den See einen „Märchenplatz".

Unmittelbar nach der Einmündung erblickt man links den Jachthafen des Segelvereins Finow, und wer regionale Fisch- und Wildgerichte liebt, nutzt die hauseigene Anlegestelle des **„Café Wildau"** (Hotel & Restaurant am Werbellinsee, Wildau 19, 16244 Schorfheide, OT Eichhorst, Tel. 033363/52630, www.cafe-wildau.de). Gleich daneben lädt die Gastronomie **„Kunst & Rad"** zur Einkehr mit Übernachtungsmöglichkeiten ein (Radpoint Wildau 3, 16244 Schorfheide, OT Eichhorst, mobil: 0160/5878104). Das **„Alte Kutschenhaus Werbellinsee"** mit eigenem Boots- und Badesteg bietet ebenfalls Übernachtungen in 2 Häusern sowie einen Platz zum Zelten an (16244 Schorfheide, OT Eichhorst, Tel. 033363/449897 oder mobil: 0172/5615540).

Gleich hinter dem Steg liegt der Campingplatz Süßer Winkel mit Einkaufsmöglichkeit. Und genau nördlich davon erstreckt sich am jenseitigen Ufer der Campingplatz Am Spring, ebenfalls mit modernen Sanitäranlagen, mit Boots- und Fahrradverleih sowie mit Busanschluss.

Von dort aus kann man das ehemalige **Jagdschloss Hubertusstock** besuchen. Seit es Adelsherren gab, war die wildreiche Schorfheide ein beliebtes Jagdrevier (und das ist bis *Honecker* so geblieben). Preußens König *Friedrich Wilhelm IV.* ließ sich 1847–49 am Werbellinsee ein Jagdschloss im Stil eines bayerischen Landhauses errichten. Es diente später als Gästehaus für hohen Staatsbesuch, und 1981 trafen sich dort *Schmidt* und *Honecker*.

Altenhof

Quer über das klare Wasser des Sees paddelt man weiter nach Altenhof am Ostufer. Der beschauliche kleine Erholungsort auf halber Länge des Sees ist die einzige Siedlung direkt am sonst kaum verbauten Ufer. Er geht zurück auf die alte Askanierburg Breden, deren Eichenpfähle sich am Seegrund zum Teil bis heute erhalten haben. Altenhof bietet gastronomische Einrichtungen und Anlagen für Wassersportler und einen Fahrradverleih.

Etwa 2 km weiter nördlich liegt am gleichen Ufer die **Europäische Jugenderholungs- und Begegnungsstätte** EJB Werbellinsee GmbH, Joachimsthaler Str. 20, 16247 Joachimsthal, Tel. 033363/6296, www.ejb-werbellinsee.de.

Getreidegarben wie zu Großvaters *Zeiten*

Karte S. 284 WERBELLINKANAL BIS SCHORFHEIDE

Joachimsthal

Nach insgesamt gut 10 km Paddelstrecke über den Werbellinsee gelangt man in dessen nordöstlichen Zipfel. Dort kann man bei der Einmündung des kleinen Wasserlaufes oder links davon bei der Badestelle von Joachimsthal sein Boot aus dem Wasser nehmen.

Nur ca. 400 m den Bachlauf aufwärts gelangt man übrigens zum Wasserfall, den man sich nicht entgehen lassen sollte.

Zum „Kaiserbahnhof" an der Eisenbahnstrecke Eberswalde – Joachimsthal (etwa 1 km vom Ufer) folgen Sie der B 198 nach rechts (NO) und biegen kurz hinter der Einmündung der Straße von Altenhof rechts ab.

Wer noch auf dem Grimnitzsee paddeln möchte, folgt, nach rechts schwenkend, weiter der B 198 bis zum Badeufer bei der Anlegestelle am Grimnitzsee.

Route 20

Nur für Paddler

Natur-Urlaub Parsteiner See

Überblick Früher gab es über das Ragöser Fließ und den Nettelgraben eine etwas mühsame, aber durchgehend befahrbare Verbindung zwischen dem Finowkanal und dem Parsteiner See. Diese Route kann heute leider nicht mehr gepaddelt werden, da viele Abschnitte stark zugewachsen sind, und sie darf auch nicht mehr befahren werden, weil sie durch das Biosphärenreservat Schorfheide-Chorin verläuft, das diesen Schutz dringend braucht. Die Landschaft ist eine der schönsten der gesamten Region, und Naturfreunde können sie noch immer zu Fuß oder mit dem Fahrrad erkunden und den 7 km langen Parsteiner See auch noch mit dem Paddelboot. Besondere Vorsicht ist dort allerdings bei Wind geboten, da der Parsteiner See eine große offene Wasserfläche ist und keinen schützenden Wald hat.

Info
- **Tourist-Information Eberswalde,** Steinstraße 3, 16225 Eberswalde, Tel. 03334/64520, Fax 64428, www.eberswalde.de/tourismus.1674.0.html
- **Haus Pehlitzwerder,** 16230 Brodowin, Tel. 033362/70686 (zurzeit geschl.; die Ausstellung über Brodowin und das „Sieben-Seen-Paradies" ist vorübergehend im Haus Chorin untergebracht)
- **Klosterverwaltung Kloster Chorin,** Amt 11a, 16230 Chorin, Tel. 033366/70377, 70379, Fax 70378, www.kloster-chorin.info/klostver.htm
- **Binnenschiffahrtsmuseum,** Hermann-Seidel-Straße 44, 16248 Oderberg, Tel. 033369/470, www.bs-museum-oderberg.de

Reiseveranstalter Besonders für Gruppen empfehlenswert sind kombinierte Touren in die Region Chorin/Parsteiner See: ein Tag Radeln zum Parsteiner See, ein Tag Wandern zum Kloster Chorin, ein Tag Paddeln auf dem Finowkanal oder dem Oderberger See. Infos und Organisation bietet:

Natur-Urlaub Parsteiner See 295

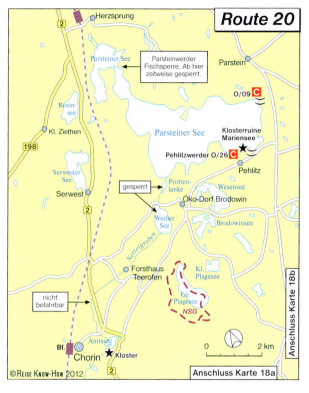

- **TriangelTour,** Johannes Kroel, Dorfstr. 31, 16248 Niederfinow/OT Stecherschleuse, Tel. 033362/70437, mobil: 0172/3806858, www.triangeltour.de

Anreise

- **Boot:** keine direkte Verbindung möglich; allenfalls für wackere Wanderer mit Bootswagen vom Oder-Havel-Kanal ab der oberen Kammer der alten Schleusentreppe bei Liepe oder ab Oderberg (s. Route 18) auf dem Fußweg zum Parsteiner See (ca. 8 km; durch die Angermünder und Brodowiner Straße, dann rechts ab nach Marienpfuhl und wenig später auf dem blau markierten Hauptwanderweg zur Försterei Breitefenn; danach wieder rechts und zum Campingplatz O/26 am Parsteiner See)

Vom Bahnhof Chorin über Brodowin bis Parstein sind es ca. 10 km, Bootswagen auf beiden Wegen benutzbar

Natur-Urlaub Parsteiner See

●**Bahn:** Die Bahnstrecke ist leider nicht mehr in Betrieb!
●**Busverbindungen:** von Eberswalde vor dem Bahnhof nach Brodowin und Parstein
●**Auto:** A 11 bis Abfahrt Finowfurt; B 167 in Richtung Ost bis Eberswalde, dort links und wieder rechts nach Oderberg und in Oderberg links (Nord) nach Parstein; am Ortseingang von Parstein links zu den Campingplätzen

Einsetzen
An einem der u. g. Campingplätze zwischen Parstein und Brodowin; bei Autoanreise Platz O/09 Parstein

Entfernungen
Seerundfahrt: ca. 15–20 km

Gesperrter Bereich

Zu bestimmten Zeiten ist der Nordteil des Sees bei der Insel vor dem Parsteiner Werder durch Reusen und Netze abgesperrt und auch für Paddler nicht befahrbar. Wer diesen Teil befahren will, sollte sich unbedingt vorher erkundigen, unter Tel. 033365/404 (Herr Paulick).

Übernachtung

●**Campingplatz Parsteiner See** O/09 (früher E/24), 16248 Parstein, Seestraße 1, Tel. 033365/362, Fax 34806, www.parsteiner-see-camping.de
●**Campingplatz Pehlitzwerder** O/26 (früher „Kloster Mariensee" E/54), 16230 Brodowin, Dorfstr. 76, Tel. 033362/284 (einfacher Naturcampingplatz, der für Wanderer und Paddler gedacht ist; Autoreisende bitte O/09 benutzen)
●**Hotel Haus Chorin,** Neue Klosterallee 10, 16230 Chorin, Tel. 033366/500 (ab ca. 47 €)
●**Landhaus Parsteinsee,** Dorfstr. 57, 16248 Parstein, Tel. 033365/41449

Essen und Trinken

●**Alte Klosterschänke,** 16230 Chorin, Am Amt 9, Tel. 033366/433 (nur Speiserestaurant)
●**Seehotel-Restaurant Neue Klosterschänke,** Neue Klosterallee 12, 16230 Chorin, Tel. 033366/5310
●**Gaststätte „Schwarzer Adler",** Brodowin, Am Storchennest, Tel. 033362/71240

Charakter der Landschaft

Parsteiner See und Kloster Chorin liegen im sogenannten Choriner Endmoränenbogen, einer einzigartigen Landschaft, die durch das Biosphärenreservat Schorfheide-Chorin geschützt wird. Es ist nach dem Wattenmeer das größte Schutzgebiet Deutschlands und umfasst eine ganze Reihe von äußerst interessanten Hochmooren, Sümpfen und anderen Feuchtbiotopen mit vielfältiger Vegetation und Vogelwelt; z. B. das **NSG Plagefenn** östlich von Chorin, das als Totalreservat nur im Rahmen von Führungen betreten werden darf. Dort brüten, geschützt durch die Unzugänglichkeit des umgebenden Niedermoors, sogar Kraniche und andere seltene Vogelarten wie Großrohrdommel, Graugans und Flussseeschwalbe. In dieser Gegend findet man auch den einzigen Perlgras-Buchenwald der gesamten Region, während sonst auf den Grund- und Endmoränen der Waldboden in den Buchenbeständen überwiegend von ausgedehnten Waldmeister-Teppichen bedeckt ist. Eine schöne Möglichkeit, die Feuchtbiotope zu entdecken, bietet der **Fennweg.** Dass man sich im gesamten Reservat behutsam bewegt und die Wege nicht verlässt, sollte klar sein.

Der Parsteiner See ist ein eiszeitlicher Zungenbeckensee und mit einer Fläche von über 1000 Hektar der größte See der Region. Er liegt 44 m über dem Meeresspiegel und erreicht eine maximale Tiefe von 27 m (durchschnittlich 7 m).

Seine durch zahlreiche Buchten stark gegliederten Ufer sind nahezu unverbaut und werden überwiegend als Weideland genutzt. Waldufer gibt es kaum, aber südlich des Sees erstrecken sich die waldreichen Höhenzüge des Choriner Endmoränenbogens.

Früher hatte der Parsteiner See keinen oberirdischen Abfluss. Erst durch den von Mönchen ausgehobenen **Nettelgraben** (der heute jedoch nicht mehr befahrbar ist) erhielt er Anschluss an das Einzugsgebiet der Oder.

Das Wasser des Sees ist recht sauber und beherbergt die selten gewordene Maräne, einen kleinen, lachsartigen **Fisch.** Im Parsteiner See ist die Maräne „nur" eingesetzt. Der Werbellinsee hingegen hat einen eigenen Maränenbestand. Der Nordzipfel des Sees bei Herzsprung dient der Fischzucht und ist zeitweise für Paddler gesperrt (Info: Tel. 033365/404, Herr *Paulick*).

Natur-Urlaub Parsteiner See

Dank seines Schilfgürtels und umliegender Sumpfwiesen, Verlandungszonen und Moorgebiete ist der Parsteiner See ornithologisch einer der reichsten Seen Brandenburgs. Unter anderem sind hier folgende Brutvögel heimisch: Haubentaucher, Rothalstaucher, Zwergtaucher, Zwergrohrdommel, Große Rohrdommel, Stockente, Krickente, Knäkente, Spießente, Reiherente, Tafelente, Graugans, Wasserralle, Tüpfelralle, Teichralle, Blessralle, Flussuferläufer, Trauerseeschwalbe; und in der näheren Umgebung können Bekassine, Großer Brachvogel, Beutelmeise, Sperbergrasmücke, Raubwürger, Seeadler und Fischadler beobachtet werden.

Routenbeschreibung

Pehlitzwerder

Vom Campingplatz O/09 paddelt man am südöstlichen Ufer entlang zum Platz O/26 Pehlitzwerder. Dieser Platz wurde in letzter Zeit im Rahmen des Projekts „Öko-Dorf Brodowin" (s. u.) komplett neu organisiert. Er sollte nicht mit dem Auto angefahren werden und ist daher ideal für Paddler und Wanderer.

Außerdem findet man dort im Haus Chorin die **Ausstellung** *„Von der Eiszeit bis zum Ökodorf"* – für interessierte Besucher eine hervorragende Informationsquelle über Frühgeschichte, Geologie, Flora und Fauna der Region.

Parsteinwerder

Überquert man den See in Richtung Norden (Vorsicht bei Wind!), so passiert man am jenseitigen Ufer hinter einer Landzunge eine kleine Insel, auf der Spuren slawischer Besiedelung gefunden wurden (nicht betreten, NSG!). Etwa 3 km weiter liegt in einer Verengung des Sees eine zweite Insel. Hier wird der See gelegentlich für die Fischzucht abgesperrt (s. o.). Links erstreckt sich die Halbinsel Parsteinwerder mit einer riesigen alten Linde. Von der Engstelle führen Fußwege im Osten nach Parstein

Urstromtäler

Auf den Routen 14, 17 und 18 paddelt man durch das **Eberswalder Urstromtal** und wird sich vielleicht fragen, was ein Urstromtal eigentlich ist und wie es sich von anderen Tälern unterscheidet.

Während der **Weichsel-Eiszeit** vor etwa 12.000–27.000 Jahren war fast ganz Mecklenburg von der geschlossenen Masse des skandinavischen Inlandeises bedeckt, das den von den Mittelgebirgen kommenden Wasserläufen den Zugang zur Ostsee versperrte. Die Gewässer suchten sich daher entlang der Eiskante in nordwestlicher Richtung ihren Weg zur Nordsee. Sie wuschen die sogenannten „Urstromtäler" aus, die quer zum heutigen Nordgefälle der Landschaft in Ost-West-Richtung verlaufen, darunter das Eberswalder Urstromtal zwischen Oderbruch und dem Ruppiner Land. Beim Rückzug der Gletscher kam verstärkt deren Schmelzwasser hinzu, und das gesamte Entwässerungssystem verlagerte sich – dem Eisrand folgend – weiter nach Norden, sodass nach und nach mehrere parallele Urstromtäler entstanden.

Nördlich des Eberswalder Urstromtals verläuft eine Kette von 90–125 m hohen Bergen. Dieses „Rückgrat" der Landschaft entstand als **Pommersche Endmoräne** durch das Geröll, das der Gletscher vor sich her geschoben hatte und beim Abschmelzen zurückließ. Diese Endmoräne wurde später vom Schmelzwasser bei Chorin durchbrochen (s. Route 19, Werbellinkanal).

Hat man sich diese Zusammenhänge einmal klargemacht, so wird man sich bei Niederfinow wahrscheinlich wundern, dass dort plötzlich ein viel tiefer eingeschnittenes Tal nach Norden verläuft, genau dorthin, wo doch eigentlich die Gletscher den Weg versperrt haben sollen. Dieses Tal – das Urstromtal der Oder – ist viel früher entstanden, bereits in der Saale-Kaltzeit vor etwa 200.000 Jahren. Während der Weichsel-Kaltzeit war es mit einer 50–60 m starken Schicht sogenannten **Beckentoteises** ausgefüllt (Toteis sind Eismassen, die sich nicht zusammen mit dem Gletscher bewegen), und das Eberswalder Urstromtal verlief darüber hinweg! Beim Abtauen dieser Toteismassen im Oder-Urstromtal entstand der hohe Steilabfall zwischen dem Eberswalder Urstromtal und dem Oderbruch, den das Schiffshebewerk von Niederfinow überwindet. Erst als die Ostsee eisfrei war, konnte das Schmelzwasser durch den heutigen Oderbruch nach Norden abfließen.

Wer sich näher für eiszeitliche Zusammenhänge und ihre tiefen Auswirkungen auf die Landschaft Brandenburgs interessiert: Geplant ist eine **Märkische Eiszeitstraße** im Zeichen des Mammuts.

●**Nähere Informationen:** Gesellschaft zur Erforschung und Förderung der Märkischen Eiszeitstraße e.V., Poratzstraße 75, 16225 Eberswalde, Tel. 03334/64270, www.eiszeitstrasse.de

und im Westen bis Brodowin. Am Westufer entlang kann man schließlich zum Campingplatz zurückpaddeln.

Protten-
lanke

Dabei passiert man den Zugang zur Prottenlanke nahe dem Ortsrand von Brodowin. Dieses idyllisch gelegene Verlandungsgebiet genießt als Gelegezone vieler Vogelarten besonderen Schutz. Ebenso wie der anschließende **Weißensee** ist es für sämtlichen Bootsverkehr gesperrt. Man kann jedoch eine herrliche Wanderung von hier zum **Kloster Chorin** unternehmen – entlang des Amtsweges oder des Langen Gestells und über die Försterei Teerofen (oder mit einer Führung sogar durch das herrliche **Naturschutzgebiet Plagefenn**).

Kloster
Chorin

Viele Wanderungen im Biosphärenreservat um den Parsteiner See enden in der **Alten Klosterschänke** beim Kloster Chorin, in der 1863 schon *Fontane* eingekehrt ist.

Klosterruine

Man sollte sich die Zeit nehmen, nicht nur die Schänke von innen, sondern auch die **Klosterruine** zu besichtigen. Sie liegt eingebettet in die prächtigen Laubwälder der uckermärkischen Endmoränenlandschaft am Ufer des malerischen Amtssees und ist das älteste und schönste Denkmal märkischer Backsteingotik. Als Tochtergründung des Lehniner Klosters sollte das Zisterzienserkloster zunächst unter dem Namen Mariensee auf der Halbinsel Pehlitzwerder im Parsteiner See entstehen, wo nur noch geringe Mauerreste vorhanden sind. 1272 verlegte man die Bautätigkeit an die heutige Stelle. Durch mehrere Unterbrechungen verzögert, dauerte der Bau über 60 Jahre lang. Das Bauwerk weist romanische und sogar orientalische Elemente auf, wurde aber im Stil der Backsteingotik vollendet. 1542 wurde das Kloster im Zuge der Reformation aufgelöst und zerfiel im Laufe der Jahrhunderte immer mehr. Nur durch das Eingreifen *Schinkels* wurde es vor der endgültigen Zerstörung bewahrt und seither restauriert

NATUR-URLAUB PARSTEINER SEE

und teilweise rekonstruiert. Bekannt wurde es nicht zuletzt durch den *Choriner Musiksommer*.

Öko-Dorf Brodowin

Mitten im „Sieben-Seen-Paradies" (Parsteiner See, Weiße-See, Sesen-See, Brodowin-See, Rosin-See, Plage, Pehlitz-See) westlich des Parsteiner Sees und umgeben von vielfältigen Biotopen liegt das Dorf Brodowin mit einer Gemarkung von rund 1350 Hektar und 400 Einwohnern. Das gesamte Gemeindegebiet liegt im Biosphärenreservat Schorfheide-Chorin und ist als Landschaftsschutzgebiet ausgewiesen.

Seine Bewohner bemühen sich, landwirtschaftliche Nutzung und Naturschutz in Einklang zu bringen. Angeregt durch Schriftsteller und Künstler, die sich hier seit den 1980er Jahren zu den **Brodowiner Gesprächen** trafen, sind die Landwirte seit dem Sommer 1990 dabei, das Dorf in eine Art Modellgemeinde zu verwandeln, indem sie die Landwirtschaft – vorwiegend extensive und artgerechte Weidewirtschaft – nach den Demeter-Richtlinien auf eine biologisch-dynamische Nutzung umstellen. Eine Gärtnerei und eine Meierei arbeiten bereits. Darüber hinaus wurden im Rahmen des umfassenden Gesamtkonzepts eine Vielzahl unterschiedlichster Maßnahmen durchgeführt – vom Ausbau eines Bauernhauses zum Informationszentrum über die Biotop-Pflege und die Neuordnung des Campingplatzes bis hin zu Bildungsangeboten und der Herausgabe eines Informationsblattes.

●**Info:** Öko-Dorf e.V., Dorfstr. 76, 16230 Brodowin, Tel. 033362/252 oder 284, www.brodowin.de

Anhang

Anhang

Literaturtipps

Reiseführer
- **Höh, Rainer und Peter: Ostseeküste Mecklenburg-Vorpommerns,** Reise Know-How Verlag, 408 Seiten.

Lesebücher
- **Mein grenzenloses Seestück,** Kiepenheuer & Witsch
  Tagebuch einer Segelreise durch die Gewässer Mecklenburg-Vorpommerns mit Routenkarten, Tipps und Infos für Wasserwanderer.
- **Typisch Mecklenburg,** Weidlich-Verlag, Geschichten und Histörchen über Land und Leute
- **Mecklenburg-Vorpommern, historische Landeskunde,** Weidlich-Verlag.
  Umfassende Darstellung der Früh-, Sozial-, Siedlungs-, Rechts- und Militärgeschichte, Geografie, Kultur, Sprache, Volkskunde, Musik etc.

Paddelbücher
- **Höh, Rainer: Kanu-Handbuch,** Praxis-Reihe, Reise Know-How Verlag.
  Grundlegende Einführung ins Wasserwandern; von der Paddeltechnik bis zu Orientierung, Ausrüstung und dem Campleben auf großer Tour.
- **Herbert Rittlinger: Die neue Schule des Kanusports,** Brockhaus, 1967.
- **Bill Mason: Die Kunst des Kanufahrens,** BusseSeewald Verlag
  Umfangreiche und detaillierte Beschreibung der Fahrtechnik für Kanadier mit Schwerpunkt Wildwassertechnik.

Orientierung
- **Höh, Rainer: Outdoor-Praxis,** Reise Know-How Verlag.
  Das Standardwerk für Anfänger und Fortgeschrittene.
- **Höh, Rainer: Orientierung mit Kompass und GPS,** Reise Know-How Verlag.
- **Höh, Rainer: GPS Outdoor-Navigation,** Reise Know-How Verlag.

Wandern
- **Wanderatlas Müritzgebiet** (Band 1) und Rheinsberg/Neuruppin (Band 3), Tourist Verlag/Kümmerly & Frey, Ostfildern.
  Sehr brauchbare Taschenbücher mit Routenbeschreibungen, Karten und Fotos.

Radwandern
- **Rad-Wanderführer Mecklenburg-Vorpommern,** Kompass-Radwandern.
  Fundierter Führer mit Beschreibung und Skizzen der einzelnen Routen.

Landkarten
- **Wassersport-Wanderkarte Nr. 6 Deutschland Nordost/Mecklenburger Seenplatte,** Jübermann Kartographie,

GLOSSAR

(www.juebermann.de). Hervorragende und sehr genaue Karten für Wasserwanderer; sie werden ständig aktualisiert.

- **Wasserwanderkarten** – Feldberg-Lychener Seenlandschaft, Stelitzer Seenplatte und Vom Plauer See zur Müritz – im Maßstab 1:50.000, Studio Verlag, Gabriele Maiwald, Lärchenstieg 19, 22850 Norderstedt, Tel. 040/5238333, Fax 5239479, www.studioverlag-maiwald.de. Diese Blätter decken das gesamte Gebiet der Mecklenburger Seenlandschaft ab. Sie sind sehr übersichtlich, aktuell und informativ und sie enthalten eine Fülle von speziellen Informationen für Wasserwanderer.
- **Rad- und Wanderkarten** – ebenfalls vom Studio Verlag (s. o.) gibt es sehr gute Rad- und Wanderkarten der beschriebenen Region im Maßstab 1:50.000, z. B. Müritz Nationalpark.
- **Wasserwander-Atlas Mecklenburger Gewässer** und **Wasserwander-Atlas Märkische Gewässer,** Tourist Verlag/Kümmerly & Frey, Ostfildern. Gute Karten im Maßstab 1:100.000, mit vielen nützlichen Hinweisen zu wassertechnischen Besonderheiten, Camping, Sehenswürdigkeiten etc.
- **Wasserwanderkarten Mecklenburger Seenplatte** (1:120.000) sowie **Havelseen** (1:50.000), Tourist Verlag/Kümmerly & Frey, Ostfildern.
- **Ferien- und Freizeitkarte Mecklenburgische Seen,** (1:75.000). Tourist Verlag/Kümmerly & Frey, Ostfildern.
- Ebenfalls empfehlenswert, obwohl nicht erforderlich: **Gewässerkarten** (1:25.000), DSV Verlag.
- **Topografische Karten** erhält man beim Landesvermessungsamt in Mecklenburg-Vorpommern, Lübeckerstr. 289, 19059 Schwerin (Verzeichnis kostenlos) und beim LVA Brandenburg, Heinr.-Mann-Allee 103, 14467 Potsdam.

Glossar

Anfangsstabilität	Kippsicherheit des Kanus in Ruhelage, ⇨ Endstabilität
Arbeitsseite	Diejenige Seite des Paddelblattes, mit der gegen das Wasser gedrückt wird (auch aktive Seite genannt).
Aufkanten	*Auf-die-Kante-Stellen* des Kanus durch Gewichtsverlagerung zur Seite hin, um das Boot – meist in Verbindung mit einer Paddelstütze (⇨ Ausleger) zu stabilisieren; z. B. beim Kehrwasserfahren

GLOSSAR

Ausleger	Paddelstütze, bei der das Paddel wie ein *Ausleger* eingesetzt wird, um das Boot zu stabilisieren, d. h. um ein Kentern zu verhindern
Bogenschlag	Das Paddel wird nahe der Bordwand eingesetzt und in einem weiten Bogen vom Boot weg und dann wieder heran geführt. Der Bug dreht sich von der Paddelseite weg.
Bootsrutsche	Speziell für Paddler gebauter Gefällekanal bei einer Stauanlage, durch den genügend Wasser abfließt, sodass er mit dem Kanu befahren werden kann.
C-Schlag	Spiegelbildlicher, nach außen offener Bogenschlag, bei dem das Paddel weit von der Bordwand entfernt eingesetzt, im Bogen dazu her und dann wieder davon weg geführt wird. Er dreht den Bug zur Paddelseite hin.
Deckwalze	Walze an der Wasseroberfläche. Kleinere Walzen können von erfahrenen Paddlern durchfahren werden. Größere Walzen (besonders unterhalb von Wehren) sind selbst für Könner lebensgefährlich, da sie das Boot zum Kentern bringen und der Paddler in der darunter liegenden, gegenläufigen Grundwalze festgehalten werden kann.
Dollbord	Obere Bootskante; beim offenen Kanadier mit dem ⇨ Süllrand identisch
Doppelpaddel	Paddel mit je einem Blatt an beiden Enden des Schaftes, wie es zum Paddeln von Kajaks benutzt wird. Die Blätter sind gewöhnlich gegeneinander verschränkt.
Endstabilität	Kippsicherheit des Kanus unter Fahrt
Faltboot	Kajaktyp, bei dem ein zerlegbares Holzgerippe mit einer teilweise gummierten wasserdichten Bootshaut überzogen wird. Es ist leicht zu transportieren und vielseitig einsetzbar. Es gibt Einer- und Zweierfaltboote, meistens mit Steuervorrichtung. Faltboote sind weit weniger windempfindlich als Kanadier und können sogar besegelt werden. Sie sind oben dicht verschließbar und für leichtes bis mittleres Wildwasser geeignet. Sie sind sehr beliebt, bieten jedoch nicht so viel Platz wie Kanadier.
Freibord	Abstand zwischen Dollbord (am tiefsten Punkt) und Wasserspiegel
Gieren	Seitliches Abweichen vom Kurs durch Drehen um die senkrechte Achse. Paddelt man z. B. den Kanadier nur auf einer Seite, so wird er von der Paddelseite weggieren.

GLOSSAR

Gleithang	Die Innenseite der Kurve eines Flusses. Das Wasser kann hier durch Ablagerungen seicht sein und die Strömung gering oder sogar gegenläufig (siehe Kehrwasser)
Grundwalze	⇨ Walze, die sich zwischen dem Grund eines Gewässers und der ⇨ Deckwalze gegenläufig zur Deckwalze dreht.
Joch	Vorrichtung zum Tragen des Kanadiers auf den Schultern.
J-Schlag	Grundschlag im Kanadier, um das Gieren von der Paddelseite weg auszugleichen. Das Paddel wird dabei zunächst parallel zur Bordwand geführt und am Ende des Schlags mit der Arbeitsseite bogenförmig nach außen gedrückt (der Daumen an der oberen Hand zeigt nach unten).
Kajak	Ursprünglich von Eskimos entwickelte ⇨Kanuform mit geschlossenem Deck und Doppelpaddel. Es ist schmaler als der ⇨Kanadier und hat weniger Anfangsstabilität und geringere Zuladekapazität. Andererseits ist es für Wildwasser und weite, offene Wasserflächen besser geeignet.
Kanadier	Offenes, mit einem oder mehreren Stechpaddeln bewegtes Kanu mit breitem, flachem Rumpf, großer Anfangsstabilität und hoher Zuladekapazität. Durch die hohen Bordwände ist es aber windempfindlicher als ein ⇨ Kajak.
Kanu	Oberbegriff für Paddelboote, der die Bootsformen ⇨ Kajak und ⇨ Kanadier zusammenfasst. In der Umgangssprache wird der Begriff *Kanu* oft mit *Kanadier* gleichgesetzt.
Kehrwasser	Unterhalb von nicht überströmten Hindernissen oder im Innenbogen schärferer Kehren entstehende Zone „bergauf" strömenden Wassers (Wirbelzone). Bei stärkerer Strömung wird ein Kanu beim Überqueren dieser Linie schlagartig kentern, sofern man nicht durch ⇨ Aufkanten und Paddelstütze stabilisiert.
Kiel	Wulst oder Schiene an der Bootsunterseite, bei modernen Bootsmaterialien nicht erforderlich und nachteilig.
Kiellinie	Linie vom Bug zum Heck an der tiefsten Stelle des Bootes
Kielsprung	Biegung der Kiellinie
Lee	Die vom Wind abgewandte Seite
Lenzen	Wasser aus dem Boot herauspumpen oder -schöpfen
Logjam	Ein Gewirr aus Treibholz, das Flussarme oder die gesamte Flussbreite blockieren kann. Abstand halten! Logjams, unter denen eine starke Strömung hindurchzieht, sind lebensge-

GLOSSAR

	fährlich. Sie können ein Kanu zum Kentern bringen und die Insassen unter das Holzgewirr reißen. Auf den genannten Gewässern sind uns keine gefährlichen Logjams bekannt.
Luv	Die dem Wind zugewandte Seite
Paddelbrücke	Ein- und Ausstiegshilfe, die besonders beim Kajak hilfreich sein kann. Dazu wird das Paddel quer über beide Süllränder und aufs Ufer gelegt und der Paddelschaft zusammen mit den Süllrändern umgriffen. So wird das Boot am Ufer stabilisiert und kippt nicht so leicht.
Persenning	⇨ Spritzdecke
Prallhang	Der Außenbogen einer Flusskehre. Dort ist das Wasser tiefer und die Strömung stärker als am ⇨ Gleithang. Bei schnell strömenden Flüssen ist an Prallhängen Vorsicht geboten, da das Boot gegen Uferfelsen gedrückt werden kann. Auch ist mit Unterspülungen und gefährlichen ⇨ Sweepern zu rechnen.
Rocker	An Bug und Heck hochgezogene Kiellinie
Rumpf	Bootskörper ohne Anbauten wie Sitze, Joch etc.
Schlauch-Kanadier	Schlauchboote in Kanadierform mit robuster Bootshaut und getrennten Kammern, die klein verstaubar, leicht zu transportieren und rasch einsatzbereit sind. Für Seeflächen sind sie weniger ideal, da sie windempfindlich und nicht kursstabil sind.
Schürze	Wasserdichte Plane, die den Raum zwischen Süllrand und Körper verschließt.
Seilfähre	Paddeltechnik, um einen Fluss zu überqueren, ohne dabei abgetrieben zu werden. Dabei wird das Kanu schräg zur Strömung gestellt und gegen die Strömung gepaddelt, sodass der Druck des anströmenden Wassers dazu genutzt wird, das Boot seitlich zum jenseitigen Ufer hin zu versetzen. Der Anstellwinkel richtet sich nach der Stärke der Strömung.
Spant	Querverstrebung zum Verstärken der Außenwand; bei den heutigen Kanus meist nicht erforderlich; auch: Form des Querschnittes durch den Rumpf
Spritzdecke	Wasserdichte Plane zum Schließen offener Kanadier
Stechpaddel	Paddel mit einem Blatt und einem Knauf am oberen Schaftende, wie es zum Paddeln des Kanadiers benutzt wird

GLOSSAR

Steven — Vorderes und hinteres Ende des Bootes

Sweeper — Unterspülte Bäume, meist am Prallufer, die dicht über die Wasseroberfläche hinausragen. Das können einzelne Bäume sein, die nur für ein paar Kratzer sorgen, falls man nicht rechtzeitig ausweicht, aber es können auch ganze Baumverhaue sein (⇨ Logjams), die dem Boot und seinen Insassen gefährlich werden, wenn eine starke Strömung unter ihnen hindurchzieht. In den in diesem Buch beschriebenen Gewässern sind Sweeper selten und keine ernste Gefahr.

Treideln — Ziehen des Bootes, meist vom Ufer aus und mit Hilfe von zwei Leinen. Damit das Boot nicht zum Ufer hin gezogen wird, muss dabei das stromauf weisende Bootsende etwas weiter vom Ufer entfernt sein, als das stromab weisende, damit das Boot vom Ufer weggedrückt wird (wie ein Drachen im Wind). Der Winkel muss mit zunehmender Strömung spitzer werden, damit das Boot nicht kentert.

Trimm — Lage des Bootes im Wasser, kann durch Zuladung verändert werden. Ein leeres Kanu hat einen symmetrischen Trimm – sowohl in der Längs- als auch in der Querachse. An diesem Trimm sollte sich auch mit Zuladung und Besatzung nichts ändern. Bei Rückenwind und beim Paddeln gegen den Strom kann ein leicht hecklastiger Trimm, bei Gegenwind und beim Rückwärtspaddeln ein leicht buglastiger Trimm vorteilhaft sein. Um den Trimm zu verändern, das Gepäck entsprechend verstauen. Es können auch Steine verwendet werden. Dies kann jedoch verhängnisvoll werden, wenn das Boot kentert und sich die Steine so verklemmen, dass sie nicht herausfallen. Besser ist ein (Falt-)Kanister, den man je nach Gewichtsbedarf mit Wasser füllt.

Unterwasserschiff — Nicht ein U-Boot, sondern der Teil des Rumpfes, der unter der Wasserlinie liegt; auch kurz Unterschiff genannt.

Walze — Wasserstrudel unterhalb von gleichmäßig überströmten Hindernissen (z. B. Wehren oder Schwellen), in denen das Wasser an der Oberfläche „flussauf" strömt. Kleinere Walzen können mit Schwung durchfahren werden. Grundsätzlich ist jedoch Vorsicht geboten, da eine Walze das Boot abrupt bremst, es festhalten und selbst in Längsrichtung (!) kippen kann. Besonders die Walzen unterhalb von Wehren sind lebensgefährlich, da sie den Paddler in der ⇨ Grundwalze festhalten können.

Wehre — Künstliche Hindernisse auf ganzer Flussbreite, um die Strömung zu schwächen oder das Wasser in einen Kanal zu leiten. Wehre sind oft gefährlicher als Wildwasserstrecken und sollten im Zweifelsfalle immer umtragen werden.

REISE KNOW-HOW
das komplette Programm fürs Reisen und Entdecken

Weit über 1000 Reiseführer, Landkarten, Sprachführer und Audio-CDs liefern unverzichtbare Reiseinformationen und faszinierende Urlaubsideen für die ganze Welt – *professionell, aktuell und unabhängig*

Reiseführer: komplette praktische Reisehandbücher für fast alle touristisch interessanten Länder und Gebiete **CityGuides:** umfassende, informative Führer durch die schönsten Metropolen **CityTrip:** kompakte Stadtführer für den individuellen Kurztrip **world mapping project:** moderne, aktuelle Landkarten für die ganze Welt **Edition REISE KNOW-HOW:** außergewöhnliche Geschichten, Reportagen und Abenteuerberichte **Kauderwelsch:** die umfangreichste Sprachführerreihe der Welt **Kauderwelsch digital:** die Sprachführer als eBook mit Sprachausgabe **KulturSchock:** fundierte Kulturführer geben Orientierungshilfen im fremden Alltag **PANORAMA:** erstklassige Bildbände über spannende Regionen und fremde Kulturen **PRAXIS:** kompakte Ratgeber zu Sachfragen rund ums Thema Reisen **Rad & Bike:** praktische Infos für Radurlauber und packende Berichte von extremen Touren **sound)))trip:** Musik-CDs mit aktueller Musik eines Landes oder einer Region **Wanderführer:** umfassende Begleiter durch die schönsten europäischen Wanderregionen **Wohnmobil-TourGuides:** die speziellen Bordbücher für Wohnmobilisten

Erhältlich in jeder Buchhandlung und unter www.reise-know-how.de

www.reise-know-how.de

Unser Kundenservice auf einen Blick:

Vielfältige Suchoptionen, einfache Bedienung

Alle Neuerscheinungen auf einen Blick

Schnelle Info über Erscheinungstermine

Zusatzinfos und Latest News nach Redaktionsschluss

Buch-Voransichten, Blättern, Probehören

Shop: immer die aktuellste Auflage direkt ins Haus

Versandkostenfrei ab 10 Euro (in D), schneller Versand

Downloads von Büchern, Landkarten und Sprach-CDs

Newsletter abonnieren, News-Archiv

Die Informations-Plattform für aktive Reisende

REISE Know-How online

Strand und Watt

Reiseführer für Sonnenanbeter, Wattwanderer, Nord- und Ostseeliebhaber und Leute, die einfach nur ausspannen wollen. Hunderte von Adressen, detaillierte Tipps, verlässliche, praktische Angaben: Reiseführer von
REISE KNOW-HOW (Auswahl)

Nordseeinsel Föhr
204 Seiten, 14 detaillierte Inselkarten und Ortspläne, durchgehend farbig illustriert

Nordseeküste Schleswig-Holstein
320 Seiten, 13 Ortspläne und Karten, durchgehend farbig illustriert

Amrum
204 Seiten, 17 Exkurse, 75 Fotos, 9 Karten und Pläne, durchgehend farbig illustriert

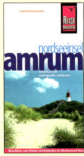

Borkum
228 Seiten, 12 Exkurse, 9 Karten und Pläne, 80 Fotos, durchgehend farbig illustriert

Dänemark Nordseeküste
336 Seiten, ca. 90 Fotos, 28 Karten und Pläne, durchgehend farbig illustriert

REISE KNOW-How Verlag,
Bielefeld

Wasser und Sand

Weitere Nord- und Ostseetitel von REISE KNOW-HOW:

Insel Fehmarn
264 Seiten, 100 Fotos,
14 Karten und Pläne,
durchgehend farbig illustriert

Ostseeküste Schleswig-Holstein
384 Seiten, über 100 Fotos,
17 Karten und Ortspläne,
durchgehend farbig illustriert

Insel Pellworm
216 Seiten, über 70 Fotos,
8 Karten und Pläne,
durchgehend farbig illustriert

Deutschlands Nordseeinseln
26 Eilande, 480 Seiten,
42 Inselkarten und Pläne,
durchgehend farbig illustriert

Rügen & Hiddensee
336 Seiten, 70 Fotos,
17 Karten und Pläne,
durchgehend farbig illustriert

Nordseeinsel Sylt
288 Seiten, über 90 Fotos,
17 detaillierte Inselkarten und
Ortspläne, durchgehend farbig
illustriert

REISE KNOW-HOW Verlag,
Bielefeld

HILFE!

Dieser Reiseführer ist gespickt mit unzähligen Adressen, Preisen, Tipps und Infos. Nur vor Ort kann überprüft werden, was noch stimmt, was sich verändert hat, ob Preise gestiegen oder gefallen sind, ob ein Hotel, ein Restaurant immer noch empfehlenswert ist oder nicht mehr, ob ein Ziel noch oder jetzt erreichbar ist, ob es eine lohnende Alternative gibt usw.

Unsere Autoren sind zwar stetig unterwegs und versuchen, alle zwei Jahre eine komplette Aktualisierung zu erstellen, aber auf die Mithilfe von Reisenden können sie nicht verzichten.

Darum: Schreiben Sie uns, was sich geändert hat, was besser sein könnte, was gestrichen bzw. ergänzt werden soll. Nur so bleibt dieses Buch immer aktuell und zuverlässig. Wenn sich die Infos direkt auf das Buch beziehen, würde uns die Seitenangabe die Arbeit sehr erleichtern. Gut verwertbare Informationen belohnt der Verlag mit einem Sprechführer Ihrer Wahl aus der über 220 Bände umfassenden Reihe „Kauderwelsch" (siehe unten).

Bitte schreiben Sie an: REISE KNOW-HOW Verlag Peter Rump GmbH, Postfach 140666, D-33626 Bielefeld, E-Mail: info@reise-know-how.de
Danke!

Kauderwelsch-Sprechführer –
sprechen und verstehen rund um den Globus

Afrikaans ● Albanisch ● Amerikanisch – *American Slang, More American Slang,* Amerikanisch oder Britisch? ● Amharisch ● Arabisch - Hocharabisch, für Ägypten, Algerien, Golfstaaten, Irak, Jemen, Marokko, Palästina & Syrien, Sudan, Tunesien ● Armenisch ● *Bairisch* ● Balinesisch ● Baskisch ● Bengali ● *Berlinerisch* ● Brasilianisch ● Bulgarisch ● Burmesisch ● Cebuano ● Chinesisch – Hochchinesisch, kulinarisch ● Dänisch ● Deutsch – *Allemand, Almanca, Duits, German, Nemjetzkii, Tedesco* ● *Elsässisch* ● Englisch – *British Slang, Australian Slang, Canadian Slang, Neuseeland Slang,* für Australien, für Indien ● Färöisch ● Esperanto ● Estnisch ● Finnisch ● Französisch – für Restaurant & Supermarkt, für den Senegal, für Tunesien, *Französisch Slang, Franko-Kanadisch* ● Galicisch ● Georgisch ● Griechisch ● Guarani ● Gujarati ● Hausa ● Hebräisch ● Hieroglyphisch ● Hindi ● Indonesisch ● Irisch-Gälisch ● Isländisch ● Italienisch – *Italienisch Slang,* für Opernfans, kulinarisch ● Japanisch ● Javanisch ● Jiddisch ● Kantonesisch ● Kasachisch ● Katalanisch ● Khmer ● Kirgisisch ● Kisuaheli ● Kinyarwanda ● *Kölsch* ● Koreanisch ● Kreol für Trinidad & Tobago ● Kroatisch ● Kurdisch ● Laotisch ● Lettisch ● Lëtzebuergesch ● Lingala ● Litauisch ● Madagassisch ● Mazedonisch ● Malaiisch ● Mallorquinisch ● Maltesisch ● Mandinka ● Marathi ● Mongolisch ● Nepali ● Niederländisch – *Niederländisch Slang,* Flämisch ● Norwegisch ● Paschto ● Persisch ● Pidgin-English ● *Plattdüütsch* ● Polnisch ● Portugiesisch ● Punjabi ● Quechua ● *Ruhrdeutsch* ● Rumänisch ● Russisch ● *Sächsisch* ● *Schwäbisch* ● Schwedisch ● *Schwiizertüütsch* ● *Scots* ● Serbisch ● Singhalesisch ● Sizilianisch ● Slowakisch ● Slowenisch ● Spanisch – *Spanisch Slang,* für Lateinamerika, für Argentinien, Chile, Costa Rica, Cuba, Dominikanische Republik, Ecuador, Guatemala, Honduras, Mexiko, Nicaragua, Panama, Peru, Venezuela, kulinarisch ● Tadschikisch ● Tagalog ● Tamil ● Tatarisch ● Thai ● Tibetisch ● Tschechisch ● Türkisch ● Twi ● Ukrainisch ● Ungarisch ● Urdu ● Usbekisch ● Vietnamesisch ● Walisisch ● Weißrussisch ● *Wienerisch* ● Wolof ● Xhosa

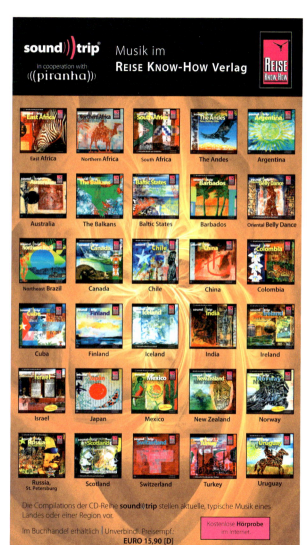

Kauderwelsch?
Kauderwelsch!

Die **Sprachführer der Reihe Kauderwelsch** helfen dem Reisenden, wirklich zu sprechen und die Leute zu verstehen. Wie wird das gemacht?

- Die **Grammatik** wird in einfacher Sprache so weit erklärt, dass es möglich wird, ohne viel Paukerei mit dem Sprechen zu beginnen, wenn auch nicht gerade druckreif.
- Alle Beispielsätze werden doppelt ins Deutsche übertragen: zum einen **Wort-für-Wort,** zum anderen in „ordentliches" Hochdeutsch. So wird das fremde Sprachsystem sehr gut durchschaubar. Ohne eine Wort-für-Wort-Übersetzung ist es so gut wie unmöglich, einzelne Wörter in einem Satz auszutauschen.
- Die **Autorinnen und Autoren** der Reihe sind Globetrotter, die die Sprache im Lande gelernt haben. Sie wissen genau, wie und was die Leute auf der Straße sprechen. Deren Ausdrucksweise ist häufig viel einfacher und direkter als z. B. die Sprache der Literatur. Neben der Sprache vermitteln die Autoren Verhaltenstipps und erklären Besonderheiten des Landes.
- **Jeder Band** hat 96 bis 170 Seiten. Zu (fast) jedem Titel ist ein begleitender **Tonträger** (60 Min.) erhältlich.
- **Kauderwelsch-Sprachführer** gibt es für über 130 Sprachen in **mehr als 220 Bänden,** z.B.:

Plattdüütsch –
das echte Norddeutsch
Band 120

REISE KNOW-HOW Verlag, Bielefeld

Notizen

Register

A
Abfälle 45
Adler 187
Ahrensberger Hausbrücke 85
Albrechtsberg 279
Alfred Wegener-Museum 157
Alte Bischofsburg 195
Alt Gaarz 193
Alt Ruppin 219
Alt Ruppiner Korsofahrt 220
Alt Ruppiner Schleuse 219
Altenhof 292
Altfriesacker Schleuse 235
Anfangsstabilität 305
Ankershagen 66
Anlegestellen 44
Arbeitsseite 305
Arboretum 136
Arboretum Erbsland 171
Askanierturm 289
Aufkanten 305
Ausleger 306
Ausrüstung 25

B
Baalsee 194
Babke 59
Bad Freienwalde 279
Bäk 100
Biber 256
Bikowsee 133, 157
Binenbach 217
Binenwalde 225
Binnensee, Müritz 179
Bischofswerder 260
Biwakplätze 28
Blankenförde 61
Boek 187
Bogenschlag 306
Bohnenwerder 111
Boltenmühle 218
Bolter Kanal 167
Boote 17
Bootsrutsche 306
Bootssack 23
Bootsschleppe 33
Bootsvermietung 20
Bootswagen 23
Bootszubehör 20
Braminsee 155
Bredereiche 248
Breiter Luzin 99
Brodowin 301
Bruchsee 120
Buchholz 195
Bützrhin 236
Bützsee 221, 236
Bug- und Heckleinen 23
Burgwall 244, 248

C
Caarpsee 167
Camping 28
Canower Schleuse 143
Canower See 143
Carl von Diebitsch 224
Carwitz 100
Carwitzer See 100
C-Schlag 306

D
Dagow 137
Damerower Werder 182
Dannenwalde 110, 240, 251
Deckwalze 306
Diemitzer Schleuse 142
Dolgensee 121
Dollbek 144
Dollbord 306
Dollgowsee 158
Döllnitz 202
Doppelpaddel 306
Dreetzsee 101
Drewensee 83
Drosedower Bek 145

E
Eberswalde 262, 271, 276, 280
Eberswalder Stadtschleuse 271, 281
Eberswalder Zoo 280
Fichhorst 288
Eisvogel 203
Eiszeit 299
Elbe 185
Elde 185
Ellbogensee 86, 131
Endmoränenwall 202
Endstabilität 306

F
Fahrrad-Draisine 108
Fährsee 120
Fallada-Haus 100
Faltboot 17, 306
Federow 187
Fehrbellin 238
Fehrbelliner Kanal 238
Feisnecksee 186
Feldberg 90, 110
Feldberger Endmoränengebiet 98
Feldberger Mulde 102
Fenchelberg 137
Fennweg 297
Ferienpark Marina Wolfsbruch 132
Ferienpark Mirow 171
Ferienpark Pelzkuhl 131
Fernradweg 261
Feuer 25, 44
Findlinge 98
Finowfurt 268
Finowkanal 262, 266, 280
Finowsee 85
Fischadler 119
Fischotter 65
FKK-Strand 180
Flachwasser 44
Flecken Zechlin 150
Fleesensee 184
Fleeth 145
Flussseeschwalbe 297

REGISTER

Fontane, Theodor 130, 149
Fontanehaus 137
Försterei Aalkasten 103
Försterei Schönhorn 89
Forsthistorisches Erlebniszentrum 88
Forstreviere Holm und Schwarz 149
Freibord 306
Friedrich der Große 136
Friedrich Wilhelm IV. 292
Fristower Plagge 216
Fünfstern 89
Fürstenberg/Havel 77, 90, 112, 126, 240
Fürstenhagen 111

G

Gastronomie 30
Georg Wenzeslaus von Knobelsdorff 224
Gieren 306
Glashütte 157
Glashüttenweg 136
Gleithang 307
Gletscher 299
Gleuensee 120
Glockenblumen-Weg 186
Glossar 305
Gnewikow 232
Gobenowsee 145
Görtowsee 62
Gr. Boberowsee 89
Gr. Kuhwallsee 125
Gr. Küstrinsee 105
Gr. Labussee 64
Gr. Lankensee 124
Gr. Lychensee 109
Gr. Peetschsee 144
Gr. Priepertsee 86
Gr. Schwerin 179
Gr. Stechlinsee 88, 136
Gr. Wentowsee 250
Gr. Zechliner See 154
Grabowsee 287
Graf von Arnstein 220
Gransee 224
Granzin 57

Granziner Mühle 58
Granziner See 57
Granzow 166
Granzower Möschen 165
Graugans 297
Greifvögel 119
Grienericksee 133
Grimnitzsee 289
Groß Quassow 65
Großmenow 86, 89
Großrohrdommel 297
Groß-Schönebeck 267
Grundwalze 307
Gudelacksee 206, 209
Gühlener Heide 206

H

Halbinsel Amtswerder 99
Halbinsel Steinhorn 178
Hans Joachim von Zieten 233
Hauptmannsberg 100
Haus Brandenburg 137
Haussee von Himmelpfort 110
Havel 54, 57, 63
Havel-Müritz-Wasserstraße 86, 132
Havelquelle 66
Heinrich-Schliemann-Museum 66
Himmelpfort 110, 246
Hirsch-Weg 188
Hofsee 182, 188
Hünengräber 187
Hüttenkanal 132
Husarengeneral 233
Huwenowsee 209, 224

I

Insel Werder 154

J

Jabelscher See 182
Jagdschloss Hubertusstock 292
Jägerhof-Pfad 216

Jagowkanal 132, 157
Jamelsee 61
Jäthensee 61
Joachimsthal 293
Joch 307
J-Schlag 307

K

Käbelicksee 57
Kagar 133
Kagarbach 133, 159
Kagarsee 159
Kajak 17, 307
Kakeldütt 61
Kammerkanal 65, 71
Kanadier 17, 307
Kanalbau 32
Kanu 18, 307
Karten 26
Kartenverzeichnis 323
Kehrwasser 307
Kemmeter 136
Kiel 307
Kiellinie 307
Kielsprung 307
Kiever See 195
Kleidung 27
Kleine Müritz 170
Kleiner Dolgensee 121
Kleiner Glitzensee 89
Kleiner Haussee 99
Kleiner Pälitzsee 143
Kleiner Rhin 202
Kleiner Wentowsee 250
Kleinmenow 87
Klink 180
Klocksin 182
Kloster Chorin 296, 300
Knobelsdorff 135
Kocher 25
Kochgeschirr 26
Kolbatzer Mühle 104
Kollwitz, Käthe 217
Kölpinsee 182
Kompass 26
Konzentrationslager Ravensbrück 88, 245

REGISTER

Konzentrationslager Sachsenhausen 238
Kormorane 86
Kotzower See 166
Kramnitzer Mühle 206
Kramsee 62
Kraniche 74
Kratzeburg 48
Kremmener Rhin 236
Kreuzottern 65
Kronsberg 83
Krüseliner Mühle 102
Krüselinsee 102
Krummer See 64
Kühn, Gustav 222
Küstrinchen 105
Küstriner Bach 91, 98, 106

L

Labüskekanal 120
Labüskesee 120
Labussee 144
Landgraben 279
Landwehrkanal 132, 154
Langenhagensee 194
Langer Trödel 260, 262, 266
Lanke 205
Lärm 45
Lee 307
Lenné, Peter Joseph 219
Lenzen 307
Leppinsee 166
Liebenwalde 110, 251, 260, 262
Lietze 206
Lindow 196, 206, 210
Lindower Rhin 196
Linum 238
Literaturtipps 304
Logjam 307
Luch 231
Lübbesee 125
Lütter See 99, 111
Luftfahrtmuseum Finowfurt 270

Luv 308
Lychen 98, 107

M

Malchiner See 184
Malzer Kanal 238, 260
Marienkirche 180
Markgrafenquelle 125
Mechowsee 103
Mellensee 109
Menowsee 87
Meseberg 209
Meyer, Ferdinand 291
Mietboote 20
Milan 119
Mirow 138, 148, 160
Mirower Adlersee 147
Mirower See 148, 165
Molchow 218
Molchowsee 218
Möllensee 206
Moor-Exkursion 102
Moorsee 186
Moränen 299
Mössel 166
Mössensee 147
Motorboot 39, 45
Mücken 27
Mückenkanal 147
Mühlenberg 147
Mühlensee 260
Mühlenteich 103
Müritz 160, 165, 169, 172, 178
Müritzeum 182
Müritz-Havel-Kanal 142, 148
Müritz-Nationalpark 59, 163
Müritzsee 193
Mufflon 119
Museum des Dreißigjährigen Krieges 195

N

Nationale Mahn- und Gedenkstätte Ravensbrück 88
Naturschonung 43

Naturschutz 35
Naturschutzstation 110
Naturwacht 119
Nebelsee 189, 194
Nesselpfuhl 108
Netzowfließ 121
Netzowsee 121
Neuglobsow 89, 137
Neuholland 260
Neumühle 219
Neuruppin 210, 221, 226
Neuruppiner Bilderbogen 222
Neustrelitz 67, 73
Niederfinow 282
Niedrigwasser 91, 106
Nikolaikirche 180
NSG Damerower Werder 183
NSG Kalkhorst 74
NSG Knehdenmoor 122
NSG Plagefenn 297, 300
NSG Stechlin 89
NSG Zähner Lank 178

O

Oberbek 144
Oberpfuhlsee 107
Oderberg 272, 279
Oderberger See 278
Oderbruch 278
Oder-Havel-Kanal 262, 269, 272, 276
Oranienburg 226, 238
Oranienburger Kanal 238
Ostpriegnitzmuseum 195

P

Paddel 22
Paddelbrücke 308
Pagelsee 58
Pälitzsee 131
Parsteiner See 279, 294
Parsteinwerder 298
Pechteichsee 287

REGISTER

Peene 184
Peetschsee 136
Pehlitzwerder 298
Persenning 22, 308
Petersdorfer See 184
Pieverstorf 66
Pilz-Weg 187
Pinnower Schleuse 238
Plagge 216
Platkowsee 108
Plätlinsee 82
Plauer See 185
Potsdam 238
Prallhang 308
Prebelowsee 132
Priepert 86
Priesterbäker See 188
Prottenlanke 300
Proviant 29

R

Ragöser Fließ 281
Rast- und Biwakplätze 29
Rätzsee 145
Ravensbrück Nationale Mahn- und Gedenkstätte 88
Rechlin 169
Rederangsee 186
Reeck-Kanal 182
Reiherberg 111
Remus-Insel 135
Repente 154
Repenter Kanal 156
Retzow 109
Rheinsberg 135, 196, 201
Rheinsberger Rhin 200
Rheinsberger See 133
Rheinshagen 203
Rhinkanal 206
Rhinluch 230
Rhinquelle 207
Rhinschleuse 236
Rhintal 206
Rinnensee 289

Röbel/Müritz 180
Röblinsee 88
Rocker 308
Röddelin 124
Röddeliner 124
Rönnebergsee 195
Rottstielfließ 217
Rügeband 187
Rumpf 308
Ruppiner Kanal 237
Ruppiner Schweiz 217
Ruppiner See 221, 232

S

Sachsenhausen 238
Schiffshebewerk Niederfinow 277
Schildscher Graben 194
Schillersdorfer Teeröfen 171
Schinkel, Karl Friedrich 219, 221
Schlabornsee 132, 157
Schlacht von Fehrbellin 239
Schlauch-Kanadier 18, 308
Schleusen 30
Schleuse Altfriesacker 235
Schleuse Alt Ruppiner 219
Schleuse Bischofswerder 260
Schleuse Bredereiche 248
Schleuse, Canower 143
Schleuse, Diemitz 142, 144
Schleuse Drahthammer 270
Schleuse, Eberswalder Stadt- 271, 281
Schleuse Eichhorst 288
Schleuse Grafenbrück 268
Schleuse Hohenbruch 237
Schleuse Kannenburg 124

Schleuse Kupferhammer 271, 280
Schleuse Leesenbrück 267
Schleuse Marienthal 249
Schleuse Pinnower 238
Schleuse Ragöse 281
Schleuse Regow 248
Schleuse, Rhin- 236
Schleuse Ruhlsdorf 267
Schleuse Schöpfurth 270
Schleuse Schorfheide 125, 248
Schleuse Stecher 282
Schleuse Steinhavel 88
Schleuse Strasen 131
Schleuse, Templiner 123
Schleuse, Tiergarten- 237
Schleuse Voßwinkel 71
Schleuse, Wesenberger 82
Schleuse Wolfsbruch 132
Schleuse Zaaren 248
Schleuse, Zerpens- 265, 280
Schleuse, Zwenzower 64
Schleuszeiten 33
Schliemannhaus 245
Schloss Klink 180
Schloss Rheinsberg 136
Schmale Luzin 100
Schmetterlings-Weg 186
Schnecken-Weg 188
Schnelle Havel 256
Schnitzaltar 233
Schorfheide 261
Schreiadler 119
Schreibermühle 104
Schürze 308
Schulzenfließ 125
Schulzensee 58, 148, 162, 165
Schulzenwerder 61

REGISTER

Schwaanhavel 82
Schwarzer See 147, 149, 155
Schwarzstörche 119
Schwedtsee 245
Schweriner See 185
Schwimmweste 23
Seeadler 52
Seehotel Ichlim 194
Seilfähre 100, 308
Seitenraddampfer Riesa 280
Siggelhavel 246
Sonnentor 61
Sowjetarmee 248
Spant 308
Specker Horst 187
Specker See 188
Sperrungen 42
Sperrzonen 44
Spritzdecke 22, 308
Stechlinsee 87, 89
Stechpaddel 308
Steinförde 87
Stendenitz 218
Steven 309
Stolpsee 110, 246
Storch 234
Störkanal 185
Strafkolonie „Fegefeuer" 106
Sumpfsee 170
Sumpfwälder 103
Sweeper 309

T

Templin 112, 120, 123
Templiner Kanal 120
Templiner Kirchenheide 120
Templiner Schleuse 123
Templiner Seenkreuz 118
Templiner Stadtsee 123
Tetzensee 218
Tholmannsee 206
Thomsdorf 101
Thürensee 193

Tiefer Trebbower See 76
Tiergartenschleuse 237
Tietzowsee 132, 157
Toiletten 45
Tongruben 257
Tonstich 258
Töpferhof 58
Torgelow 187
Tornowsee 217
Tralowsee 194
Treideln 23, 309
Trimm 309
Tucholsky, Kurt 130, 136

U

Übernachten 28
Üdersee 262, 266
Umweltstation 216
Untermühle 202
Unterwasserschiff 309
Urstromtal 299
Userin 63
Useriner See 62
Useriner Mühle 63

V

Verhaltenstipps 43
Verpflegung 29
Verstauen 28
Vielitzsee 208
Vietzen 170
Vilzsee 144
Vogelberg 154
Vorbereitung 16
Vosskanal 259
Vylym-Hütte 63

W

Wallensteingraben 185
Walze 309
Wangnitzsee 86
Waren 172, 181
Warnker See 186
Wasservögel 205
Wegener-Museum 133, 157
Wehre 309

Weißensee 300
Wentowkanal 249
Wentowsee 250
Werbellinkanal 283, 287
Werbellinsee 290, 292, 297
Wesenberg 48, 66, 70, 77
Wesenberger Schleuse 82
Wiesenweg 76
Wildwasserstrecke 106
Wisent 183
Wittpohl 72
Wittstock 195
Woblitz 109
Woblitzsee 65, 82
Wolfsfang 75
Wootzen 111
Woterfitzsee 167
Wurlsee 108
Wustrau 233, 239
Wuthenow 232
Wutzsee 208, 260

Z

Zaarsee 120
Zansen 111
Zechliner See 156
Zechlinerhütte 132, 157
Zechow 202
Zechower Berge 202
Zehdenick 110, 259
Zelten 26, 44
Zenssee 108
Zermützelsee 216
Zerpenschleuse 265, 280
Zethner See 147
Ziegeleipark Mildenberg 258
Zielow 170
Zierker See 71
Ziernsee 62, 87
Zippelsförde 203, 216
Zisterzienserkloster 246
Zootzensee 59, 132, 148, 156
Zwenzow 64
Zwenzower Schleuse 64

Kartenverzeichnis

Natur- und Landschaftsschutz-
    gebiete 36
Route 1 49
Route 2 68
Route 3 78
Route 4a/b 92, 93
Route 5 113
Route 6 127
Route 7 139
Route 8 151
Route 9 161
Route 10 173
Route 11 190
Route 12 197
Route 13 211
Route 14a/b 227, 229
Route 15 241
Route 16a/b 252, 253
Route 17 263
Route 18a/b 274, 275
Route 19 284
Route 20 295

Kartenlegende

- **H** Hotel
- **J** Jugendherberge
- **C** Camping
- **F** Ferienhaus
- **✕** Biwakplatz
- ★ Sehenswürdigkeit
- **Ⓜ** Museum
- ⌣ Badestelle
- **G** Gastronomie
- **C** Café
- **K** Kneipe
- **R** Wasserwander-Rastplatz
- **E** Einkaufen
- **P** Parkplatz
- **H** Schleuse

Über die Autoren

Horst Herbert Herm
1932 in Neuruppin geboren, erlernte nach dem Besuch der Oberschule zunächst den Beruf eines Kfz-Handwerkers und studierte später Pädagogik in Leipzig und Hohenprießnitz. Anschließend war er als Heimerzieher für Lehrlinge tätig. Als ein Anhänger von Wanderungen aller Art und in seiner Eigenschaft als Landeskulturwart erwarb er sich einen Namen als Kenner der Mark Brandenburg.

Er hat für dieses Buch über Jahre hinweg vor Ort recherchiert. Bei jedem Wetter und zu jeder Jahreszeit war er unterwegs und hat alle wichtigen Informationen gesammelt.

Rainer Höh
1955 auf der Schwäbischen Alb geboren, ist freier Reisejournalist und Autor zahlreicher Sachbücher, Reiseberichte, Bildbandtexte und Reiseführer. Auf mehreren Reisen und Kanutouren hat er das Gebiet der Mecklenburger Seen und Nordbrandenburger Gewässern kennen und lieben gelernt. Er hat die Informationen bearbeitet und die Texte geschrieben.

Das **Ergebnis der gemeinsamen Arbeit** ist jedoch nicht nur das vorliegende Buch, sondern eine deutsch-deutsche Annäherung zwischen den beiden so unterschiedlichen und im Innersten doch ähnlichen Autoren aus Nordost und Südwest. Ein kleiner Beitrag zum vielbeschworenen Zusammenwachsen.